决策参考(7)

直面危机

——两次金融危机中的思考和建议

熊贤良 著

中国言实出版社

图书在版编目（CIP）数据

直面危机：两次金融危机中的思考和建议 / 熊贤良
著. -- 北京：中国言实出版社, 2013.8
ISBN 978-7-5171-0184-0

Ⅰ. ①直… Ⅱ. ①熊… Ⅲ. ①金融危机—研究—世界
Ⅳ. ①F831.59

中国版本图书馆 CIP 数据核字（2013）第 185271 号

责任编辑：安耀东

出版发行　中国言实出版社
　　　　　地　址：北京市朝阳区北苑路 180 号加利大厦 5 号楼 105 室
　　　　　邮　编：100101
　　　　　电　话：64924716（发行部）　64924735（邮　购）
　　　　　　　　　64924853（总编室）　64914138（编辑部）
　　　　　网　址：www.zgyscbs.cn
　　　　　E-mail：zgyscbs@263.net
经　　销　新华书店
印　　刷　北京市书林印刷有限公司
版　　次　2013 年 8 月第 1 版　　2013 年 8 月第 1 次印刷
规　　格　710 毫米×1000 毫米　1/16　15 印张
字　　数　243 千字
定　　价　38.00 元　　ISBN 978-7-5171-0184-0

《决策参考》书系出版前言

决策是对未来工作行动的目标、途径和方法所作出的选择和决定，是做好一切工作的必经步骤和前提条件。决策水平是衡量领导水平、执政水平的重要标准。决策上差之毫厘，工作中就会失之千里。决策是否科学和正确，不仅事关经济社会发展的成败兴衰，而且事关党和国家的前途命运。正因为如此，党中央、国务院历来高度重视决策能力建设，特别是党的十六大以来，更是把提高科学民主决策能力作为提高党的执政能力和领导水平的重要方面，要求各级领导机关"树立科学决策意识，健全决策机制，完善决策方式，规范决策程序，强化决策责任，保证决策的正确有效"。党的十八大报告进一步明确指出，要"坚持科学决策、民主决策、依法决策，健全决策机制和程序，发挥思想库作用，建立健全决策问责和纠错制度"。

在中央大政方针的指引下，在党和政府率先科学决策、民主决策、依法决策的示范带动下，各地区、各部门把提高决策科学化民主化水平作为落实科学发展观的具体体现，作为推动依法行政的重要环节，作为促进社会和谐的重要举措，不断健全决策机制、完善决策程序、强化责任追究制度，加快推进决策的科学化民主化。各级党政部门、企事业单位的政策研究和决策咨询部门，不仅自觉发挥推动科学决策的思想库作用，还主动围绕提高科学决策水平深入开展调查研究，为推进决策科学化民主化提供了大量重要参考依据。综观党和政府近些年来作出的正确决策，不论是全面建设小康社会、构建社会主义和谐社会等重大任务和科教兴国、可持续发展、人才强国等重大战略的提出，还是农民工权益保护、土地管理制度改革、农业补贴、能源价格、社会保障、科技、文化、教育、医疗卫生事业发展等具体政策措施的制定出台，都是在深入调查研究基础上作出的科学决策，也都凝聚着政策研究和决策咨询工作者的智慧和汗水。本套丛书所收录的书稿，就是国务院政策研究和咨询部门——国务院研究室同志，以及全国党委、政府、企事业单位的政策研究部门围绕中心工作，独立或与其他部门同志合作调查研究后形成的优秀调研成果。其中，很多成果得到了国务院领导同志，省、部领导同志的重视和批示，为相关政策制定和实施发挥了重要推动作用，为党和政府科学决策、民主决策、依法决策提供了重要参考。总的看，这些决策参考成果主要有三个特点：一是把调查研究作为提出决策参考的基本方法和必经程序，充分体现了我们党坚持实事求是、与时俱进，运用马克思主义的立场、观点和方法积极探索建设中国特色社会主义的科学精神；二是把调查研究作为把握工作主动权、推动工作创新的重要抓手，针对经济社会发展中的重点、难点、热点问题，集中力量深入研究，提出解决问题的目标和措施，创造性地推动工作；三是把调查研究作为密切联系群众的基本实现形式，坚持问政于民、问需于民、问计于民，既认真总结群众在实践中创造的好经验、好做法，又注重倾听群众对现行政策措施的看法和意见，提出的政策建议最终都受到群众的欢迎和拥护。

我们相信，认真分析研究这套丛书中的决策参考成果和其推动出台的政策措施，对于及时跟踪和发现经济社会发展中的热点、难点问题，深入开展调查研究，提出具有针对性、操作性的政策建议，更好地推动科学民主决策将具有重要作用。

编　者

2012 年 12 月

自　序

　　这里汇集的主要是笔者在两次金融危机期间完成的调研报告和提出的对策建议。

　　前一次，我在国务院发展研究中心工作，亚洲金融危机爆发后，参加了单位组织的危机跟踪研究小组，任务是研究形势、剖析原因、提出对策，供决策者和有关主管部门参考。至今印象特别清晰的一个场景是：1998年春节放假前夕，我正坚守工作岗位，突然接到研究小组负责人的电话，要我随同他前往中南海出席临时通知的危机应对会议——正是在这次会议之后，"中国的罗斯福新政"的说法开始在社会上流传。我大概是当时除工作人员之外最年轻、层级最低的参会者。

　　后一次，国际金融危机爆发前后的几年间，我在国务院研究室工作，承担的任务包括跟踪研究美国的对华经济政策和全球经济金融形势，并提出对策建议。与前一次有所不同的是，这一次离决策者更近，对美欧等发达国家的关注更多，建议的现实针对性和时效性也更强。很多在工作中认识的人和经历的事，都是我永远难以忘怀的。印象特别深刻的是这样几件事：一是作为随从人员参加2007年5月和12月的两次中美双边的战略经济对话。虽然议题都涉及美国次贷危机，但习惯于"教训"和"指点"别国的美国政府高官们，对已经逼近的后来被称为"百年一遇"的巨大危机，仍很麻木，缺乏自省、过于自信。二是在危机最严峻的时刻，近距离目睹中国政府果断、迅速出台一揽子应对措施，尤其是决策者在2009年初宣示"结果最重要"的场景和2009年二季度中国迅速扭转经济下行走势、引领全球复苏的过程。三是2009年夏秋之交，美国经济开始显露复苏的迹象时，受单位领导指派，我带一个跨部门小组赴美实地考察三周，密集走访美国财政部、商务部、美联储、纽联储、联邦储蓄存款保险公司等多个单位，以及世界银行、国际货币基金组织等国际组织，并与布鲁金斯学会、国际经济研究所等智库专家交流。当时的所见所闻和对方的所思所想，有助于我们准确研判这场危机对美国和全球经济的深远影响。

在两次金融危机到来的紧急时刻，有机会把自己的观察和思考贡献出来，与那些能够对现实发挥影响、造福国家人民的决策者分享，实属人生中难得的际遇。在我决定再一次改变自己职业生涯的轨迹时，就萌生了整理、汇编这些"字纸"的念头——既是为了纪念过去，更是为了面向未来。在此，谨向那些当年给予帮助和机会的领导、同事们，表示衷心的感谢！也向促成本书面世的中国言实出版社的领导和编辑们表示衷心的感谢！

"金融乃百业之母"，无论是对于发达国家还是发展中国家，其重要性都不言而喻。这两次金融危机给全世界造成的巨大影响也从反面证明了这一点。置身日益全球化的环境中，中国金融未来发展的漫漫旅程和整个国家的发展一样，肯定不会是一帆风顺的。我们不仅要审慎地防范应对来自外部世界的各种危机冲击，还要妥善地解决好国内金融市场发展和金融体系完善过程中的利率自由化、资本流动自由化、汇率自由浮动等一系列问题，内外部因素相互交织、相互影响，许多挑战在前面等着，许多理论、体制、战略、政策问题待解。我虽然因为工作的变化而中断了面向决策者的相关政策咨询研究，但仍然希望在新的岗位，面对新的环境，以新的方式，保持对金融问题的持续思考和关注。

过去的 30 多年间，中国保持了经济快速发展的态势，成功实现了由低收入水平到中等收入水平的跃迁。特别是珠三角、长三角等沿海地区，作为"中国奇迹""中国制造"的代表，抓住经济全球化和国际产业分工转移的机遇，走出了通过面向海外市场进行大规模加工制造、贴牌生产的新模式。随着国内外环境的变化，中国所选择发展战略的缺陷日益显露出来，最突出的表现是：面对外部冲击时的脆弱性，对外部技术和服务的高度依赖性，国内市场深受各级行政力量干预而继续被分割，国内投资与消费之间不平衡，东部与中西部地区之间不平衡，二、三产业之间不平衡，收入分配不公平，社会群体之间机会不均等——特别是跨区域流动的农民工及其家庭饱受歧视、市民化待遇问题没有得到普遍解决，许多农民也没有充分分享到土地城市化的利益。从长远看，诸多约束条件，比如外部市场持续低迷和其他国家的保护主义政策、内部劳动力成本不断上升、有限的资源和环境承载力、创新能力缺乏等，将使中国难以继续在这一战略引领之下向着高收入发达国家的目标迈进。

身处这个大变革、大发展的新时代，在上大学以来 20 多年的求学和工作生涯中，我始终无法忘怀的，是以国际经济学和发展经济学的视角，探讨中国作为后进大国在国际竞争压力下的最佳发展路径问题。不仅为此写作了多篇调研报告和政策建议，也出版和发表了一些获得"孙冶方经济科学奖""安子介国际贸易研究奖""中国发展研究奖"等奖项的成果。我理解的"最佳路径"，就是能够最大限度地激发全体国人投身发展的潜能、能够引导中国最快并最终成为处于世界最前沿的一流国家的路径。在研究中我得出的最重要结论是，国内统一的自由公平有序竞争市场的培育、成长和完善，对于中国发挥大国优势，对于中国的"纵向增长"和在最前沿的创新活动，对于中国达到一流国家的境界，都具有不可替代的极端重要性——这既是在外部市场不景气情况下抵御外部冲击并保持大国经济系统稳定性、实现内需外需双轮驱动增长的必然选择，也是激发全体人民永不枯竭的积极性和创造性，促进持续不断的向上发展的动力之源，更是实现最具包容性的发展、让绝大多数人分享发展成果的基石。我在研究过程中最大的担忧则是，一旦中国在开放、转型和发展初期"十字路口"面临的关键问题上选择不当，那么在"路径依赖"的作用下，未来达到的发展高度将会受到限制，难以顺利地发展成为一个"一流国家"。记得10多年前，适逢中国加入世界贸易组织100天的时候，我正在重庆工作，曾在当地出版社为我出版的一本少时旧作的后记里，明白地表露过这样的担忧。在这里"重提旧话"，是因为过去的担忧在今天仍然有着强烈的现实意义。在未来的日子里，我们会看到中国经济规模继续扩大、越来越多的中国经济指标成为"世界第一"，但我们将不得不承认，国家发展的基础依然脆弱，推动向上提升和向最前沿挺进的力量依然不足，内外部各种约束也越来越强烈，中国由"现实此岸"到达"理想彼岸"的路途还会充满挑战和坎坷……

熊贤良

2013 年 5 月 8 日于香港

目 录

《决策参考》书系出版前言

自 序

第一编 国际金融危机及其应对

新世纪经济全球化过程中的三个新现象 …………………… 002

金融危机前美国官方人士对其经济形势的一些看法 …………… 009

美国次贷危机的负面影响在扩散 ………………………… 015

从美国次贷危机到国际金融危机 ………………………… 017

国际金融危机导致全球经济走势急剧变化 ……………… 021

应对当前世界经济变局的政策建议 ……………………… 027

日本经济金融政策的新动向 ……………………………… 032

全球经济由衰退趋向萧条形势下的对策建议 …………… 034

国际金融危机背景下促进我国经济持续增长的对策建议 … 040

出口降幅又趋扩大，政策措施急需加码 ………………… 046

美国经济开始回升，复苏之路曲折漫长 ………………… 051

经济回升在延续，结构调整有亮点 ……………………… 056

外贸持续复苏面临的突出问题及相关政策建议 ………… 062

拓展对外开放的广度和深度 ……………………………… 068

持续复苏态势下着力促进外贸调结构、上水平 ………… 076

希腊主权债务危机的影响为什么被放大 ………………… 081

欧洲主权债务危机的前景及对策建议 ……………………… 084

对世界经济走势的预判 ……………………………… 087

第二编　亚洲金融危机成因及其防范

金融市场的全球化及其驱动力 ……………………… 094

20世纪八九十年代的危机是怎样发生的 ………… 102

韩国金融危机成因分析 …………………………… 110

东亚金融危机与东亚经济发展模式 ……………… 118

转轨国家的金融改革及启示 …………………… 123

针对货币、银行双重危机提出的政策建议 ……… 129

如何避免金融市场全球化过程中的金融危机 …… 132

改革国际金融体系，防范金融危机 ……………… 140

第三编　人民币汇率与中国经济的对内对外平衡

对维持中国经济对外平衡的一些基本认识 ……… 146

美国为什么要求人民币升值 …………………… 153

美国学术界有关人士对人民币汇率问题的看法 … 159

对我国外汇储备突破万亿美元的几点思考 ……… 162

中国的经济结构升级必将为中美经贸合作带来新机遇 ……… 170

全面深化中美经贸关系必须解决的几个问题 …… 173

应对近期外汇储备快速增长的几点政策建议 …… 180

关于人民币汇率问题的几点看法 ……………… 182

第四编　其他热点问题

实行东中西互动促进区域经济协调发展 ……… 190

有关国家设置区域发展机构的模式及启示 …… 198

韩国稳定住房市场价格的经验值得借鉴 ……… 204

对抑制房地产价格过快上涨的几点建议 ……… 207

构建合理的原油溢价利益分配机制 …………… 210

加强和改善城市政府对农民工的管理和公共服务 … 215

中国与印度：国外的一些比较研究 …………… 219

美国的创新驱动型增长及启示 ……………… 223

第一编
国际金融危机及其应对

新世纪经济全球化过程中的三个新现象

一、外包贸易与全球分工新格局

随着发达国家将更多的生产和增值环节"外包"到发展中国家，更多处于生产过程中的中间产品和服务成为国际贸易对象，全球分工和贸易格局发生了新的变化。过去最终产品之间的分工和贸易，如 200 多年前亚当·斯密所说的英国生产的衣服与葡萄牙生产的葡萄酒之间的贸易，不再是贸易的唯一方式，生产链条、增值链条上不同环节和不同任务（TASK）之间的分工和贸易越来越常见，发展中国家生产和出口了更多以前由发达国家生产和出口的产品、服务。

经济全球化的这一新发展是由发达国家的跨国公司主导和驱动的，是信息革命和交通条件改善促进分工进一步超越时间和空间限制的自然结果，也与中国以及前苏联、东欧前社会主义国家和大批发展中国家进行体制改革、实行对外开放所创造的环境密切相关。一句话概括，是各相关方在新的技术和制度条件下理性选择的必然结果，难以阻挡。这也是一种互利互惠的发展，而不是你输我赢、你死我活、非此即彼的"零和游戏"。发展中国家可以超越瓶颈制约、更迅速更充分地进入国际市场，分享国际分工和贸易的利益；发达国家可以因此而专注于自己更有优势的领域、集中人力物力和财力于创新活动，同时更充分地享受发展中国家在部分领域的高效率。

在这样的情况下，发达国家有越来越多的人担心就业因外包贸易而转移，担心国内工资水平因中国、印度等新进入全球市场国家的低工资而下降，担心国内未进行外包的同类企业利润率下降，从而成为全球化的反对者。比如，近些年很多美国人认为是中国制成品对美出口大幅度增加，造成美国制造业就业的减少。但实际上，关于美国经济有以下两个方面不争的事实，使上述论调"不攻自破"。其一，根据美国自己的统计，一方面，美国制造业就业减少是一个相当长时期以来的趋势：1979 年是 1900 多万，1995 年减少到 1700 多万，2005 年减少到 1400 多万；另一方面，美国制造业的实际产出却是大幅度增加的：1995～2005 年间增加了 39%，比美国整个 GDP 的增速还略快。其二，美国服务业的就业人数以比制造业就业减少快得多的速度增加：1979 年是近 6500 万，1995 年增加到 9400 多万，2005 年增加到 1.1 亿多，1/4 个世纪间翻了将近一番。这一事实背后的逻辑是美国经济发生了"持续的结构转型"：在全球化背景下变得越来越"服务化"了。

中国的对外贸易包括对美贸易具有鲜明的"加工贸易"和"相关方贸易"特征，是经济全球化这一新发展的生动写照。中国的生产和出口活动是全球生产链条、增值链条上的部分环节，特别是劳动力密集的加工、组装环节，发达国家和东亚新兴工业化国家和地区如韩国、新加坡和中国台港地区的跨国公司驱动了这些活动并从中获得丰厚的利润。现有的贸易总额和差额统计并不能很好地反映中国外贸的这些特点。展望未来，随着中国劳动力素质和技能的提高、技术的进步和知识产权保护等市场制度的完善，中国在全球分工链条和体系中的升级是不可阻挡的，近 20 多年的发展趋势已经证明了这一点。

说明这一现象的制造业典型例子很多。芭比娃娃：设计在美国加州；模具、部分饰物和包装物也在美国生产；头发在日本生产；躯干所用材料是我国台湾生产的，包括将石油加工成乙烯并将乙烯加工成塑料球；所穿的棉衣由中国大陆生产；在印尼和马来西亚组装；在美国加州进行质量检测并由这里销往美国和世界各地。一辆典型的美国造轿车：在韩国组装，占其价值的 30%；使用日本的部件和先进技术，占价值的 17.5%；德国设计，占价值的 7.5%；使用我国台湾和新加坡生产的零件，占价值的 4%；英国制作广告，占价值的 2.5%；爱尔兰进行数据加工，占价值的 1.5%，只有其余 37% 的价值是在美国生产的。一种高科技设备中使用的通信芯片：瑞典的工程师创造了设计理念，具体设计在美国完成，在日本生产，在台湾进行测试。有人估计全球制成品零部件贸易额已占到制成品贸易总额的 30%。

进入新世纪，经济学家常常举出印度承接多种国外服务外包的例子：顾客服务呼叫应答、软件开发、数据整理、财税报表整理、对美国心脏病患者实施远程外科手术等。美国著名学者、曾任美联储副主席的 Blinder 至把这种"不可贸易的服务变成可贸易产品"的现象称为"第三次产业革命"。

经济学家普遍认为以上制造业和服务业方面的新变化是导致全球贸易能够比生产增长得更快的主要因素。在上一轮全球化高涨期结束的 1913 年，全球进出口占生产总值的比重是 8%，1990 年这一比重是 15%，2005 年已达到 20%。

传统的以最终产品贸易为研究对象的国际贸易理论不足以解释和说明这一贸易格局新的变化对贸易双方的全面影响；现有的统计体系也不能准确地反映这类贸易的规模、比重，贸易统计中关于产品和服务用途的信息是缺乏的。最近美国普林斯顿大学的 Grossman 教授等人试图用一些相关数量指标对这一现象进行衡量。比如，使用生产的投入产出数据发现，近 20 多年来美国进口中间投入品占货物生产部门总投入品及总产出品的比重持续上升，前者已达到 18%。再比如，相关方贸易（美国母公司与其国外子公司的贸易及国外母公司与其美国子公司的贸易）从一定程度上反映的是跨国公司生产工序的全球分布，2005 年美国相关方贸易占到其进口总额的 47%；在美国从墨西哥进口中的比重更是超过 60%；1992~2005 年间，在美国从韩国进口中的比重由 27% 上升至 56%，在美国从中国进口中的比重由 11% 上升到 26%。在服务贸易方面，以商务、专业和技术服务为例，大部分是相关方贸易，在 1997—2004 年的 7 年间，扣除价格因素后的实际增长幅度超过 66%。

Grossman 教授等人用新理论研究这一新发展的影响得出的最重要结论是：外包贸易的影响与科技进步的影响相同。突出地表现在三个方面：一是对主导外包的美国企业而言，降低了生产成本，提高了生产率；二是在总体上改善了美国的贸易条件，即降低了进口产品相对于出口产品的价格；三是把劳动力从传统的生产活动中转移出来，增加了可用于新兴产业的劳动力供给。

Grossman 教授等人的研究还表明，受外包贸易直接影响最大的是美国技能最低的那部分蓝领工人，但其实际工资在 1997~2004 年间仍增长了 3.7%，并没有出现下降，包括他们在内的全部蓝领工人的实际工资增长更多，达到 6.3%；1993~2004 年间，相对于来自发展中国家的制成品的进口价格，美国出口价格上涨了 16%，这是美国贸易条件改善的强有力证据。

当然，还要特别注意到的是，有很多经济活动是不适合外包的；聚集经济的普遍存在，使得发达国家享受到了很多地理邻近性的好处。今后，他们能够以其现有优势为基础，吸引更多高技能、高技术的经济活动。纽约、巴黎等许多发达国家的大城市长盛不衰，伦敦作为世界级的金融中心历经三个世纪等，都为此提供了有力的证据。

二、新兴市场大规模的外汇储备积累

通过中央银行在外汇市场购买外汇，抑制本币升值压力，积累大量的外汇储备，并不是近几年中国的独特政策现象，也是进入新世纪后诸多新兴市场经济国家和地区不约而同的举措。据国际清算银行统计，在 2000 年至 2005 年间，新兴市场经济体每年积累的外汇储备约有 2500 亿美元（相当于其国内生产总值之和的 3.5%），比上世纪 90 年代初的水平要高出 5 倍以上。除中国外，韩国、印度、马来西亚、俄罗斯、中国台湾的外汇储备都增加较多，日本等发达国家和一批石油出口国也是如此。与此对应的是，美国贸易逆差大幅度增加。盈余国家的巨额储蓄为美国等发达的赤字国家所用，这就是国际社会广泛关注和讨论的"全球经济不平衡"问题。

与其说新兴市场大规模的外汇储备积累是全球经济不平衡的重要标志，不如说是新形势下实现全球经济平衡的一种方式。据美国有关专家研究，中国增加的外汇储备，有 70% 左右投资于美国的证券市场，主要购买了美国国债等债券，到 2006 年上半年总的持有量大约是 7000 亿美元。由此，美国巨额经常项目赤字获得了融资，可用资本供给得以增加，利率得以保持在较低的水平，消费增长、投资增长以及整个经济的增长可以达到较高的水平。事实清楚地表明，这样的平衡模式使美国获得了巨大的利益，美元作为世界储备货币给美国带来巨大的利益。真正能对这一平衡模式构成威胁的因素包括：美国经济中内在的不健康因素如政府的财政赤字、居民的负储蓄、房地产泡沫等，以及潜在的其他损害别国对美国经济和美元信心的因素如恐怖袭击等。这一平衡模式有着深刻复杂的原因。既是长期以来美国经济、美元和美国金融体系在全球的领导地位这一基础因素所决定的，也受到其他国家为避免像亚洲金融危机那样的风险、美国严重依赖扩大消费的增长模式而储蓄不足等因素的影响。

在积累大量的美元外汇储备过程中，这些国家也抑制了本币的升值压力。日本等发达国家在这方面有先例。日本的《外汇和外贸法》授权大藏省（财政部) 为稳定日元汇率而采取包括外汇交易在内的各种必要措施。日本干预外汇市场的决策一般由该部作出并由日本银行作为代理机构负责执行。每次干预所用的外汇或日元来自该部控制的日本政府外汇基金特别账户。为缓解长期面临的日元升值压力，日本的一个基本干预方式就是出售日元购买美元等外汇，并因此曾积累了长期位居世界第一的外汇储备。日本外汇储备的投资和使用决策也由财政部门负责，特别关注其流动性和安全，美国政府债券占有较大比重。比如，据 IMF（国际货币基金组织）的统计，在 2002 年第四季度至 2004 年第一季度之间，为阻止日元升值，日本的外汇储备增加了 3540 亿美元，其中80%以上是美元资产。

虽然美国实行比较彻底的浮动汇率制度，过去也曾为避免本国货币的市场汇率变化太快，或为向市场发出官方对市场汇率未反映经济基本面的看法方面的信号，对外汇市场进行过干预。美国政府干预外汇市场的决策由财政部与美联储协商后作出，由美联储负责执行。每次干预所用的外汇或美元来自财政部的外汇稳定基金和联储系统的公开市场账户，通常各占一半。总的看，20 世纪 90 年代后期以来，美国在外汇市场上干预的次数越来越少。比如，在 1995年 8 月中旬到 2003 年 10 月的 8 年多时间里，只干预了两次；而此前，在1995 年 1 月开始的 7 个多月时间里共有 8 天进行了干预。美国持有一些外汇储备主要是为满足此类干预的需要，而不是防范金融和货币危机。据美国财政部公布的统计，2006 年 10 月 6 日，美国共有官方储备资产 659 亿美元，其主要构成是：黄金 110 亿，欧元证券 119 亿，日元证券 107 亿，在国际货币基金组织的储备 66 亿和特别提款权 87 亿。格林斯潘曾说，储备货币要选择官方认为 "坚挺的外币"，至少要与美元一样坚挺，或比美元更坚挺。

美国对待外汇储备和美元汇率的态度和做法，对其他国家并不具有普遍的参考意义。这是因为美元本身是世界上最重要的储备货币，美国在全球经济和金融体系中独一无二的地位决定了它可以采取压迫其他国家调节其货币对美元汇率的战略，实行独立的服务国内经济目标的货币政策。

根据 IMF 对官方外汇储备货币构成的统计，可以看出，自 20 世纪 70 年代布雷顿森林体系瓦解以来，美元作为储备货币的地位总体上有所下降，但在不同阶段稍有波动：1973 年到 90 年代初是下降的；此后有所上升，比如在1995~1998 年间，在发达国家储备中的比重由 52%上升到 65%，在发展中国家储备中的比重稳定在 67% 至 70% 之间；在 1999 年欧元问世后，总的比重又有所下降，6 年来数量比重下降 2.8%，价值比重下降 4.5%。从总的下降幅度看，1980 年以来的 25 年间平均到每年度只下降了 0.2%，到 2005 年底，仍占 66.5%。这种下降对外汇市场的影响是很小的。以 2000 年为例，虽然当年美元对其他主要货币的汇率下降，但美元在全球外汇储备的价值比重只下降了 0.1%，换算成绝对量是 22 亿美元的，按全年 250 个交易日平均，每天仅 900 万美元，而该年全球外汇市场每天的平均交易量有 2 万亿美元，这样小的比重难以对美元市场汇率总体走势产生大的影响。

三、全球性的通货膨胀下降

20 世纪 70 年代初，布雷顿森林体系的固定汇率制度崩溃后，通货膨胀成为全球性的普遍现象。1972 年至 1995 年间，有将近一半国家，货币的购买力下降了 90%。德国被 IMF 认为是世界上物价最稳定的国家，这期间马克的购买力也下降了一半；巴西的物价上涨幅度是最高的，达到了 5 万倍。

20 世纪 90 年代后半期以来的 10 年间，出现了全球性的通货膨胀下降。发达国家由上世纪 80 年代 7% 的平均通货膨胀率下降到 2%；同期，发展中国家由 9% 下降到 4%。并且无论是在发达国家还是在发展中国家，人们的中长期通货膨胀预期都很低，普遍只有 2%~3% 左右；即使是在巴西和墨西哥这样经历过高通货膨胀的国家，通货膨胀预期也只有 3% ~ 4%。这一变化是由什么因素引起的呢？

——根据美国经济学家 McKinnon 等人关于"美元本位"的观点，这是美国很好地控制了其通货膨胀率、其他许多亚非拉国家为实行"钉住美元的汇率制度"而使自己的货币政策向美国货币政策看齐的结果。

——在货币和资本市场日益全球化的情况下，各国货币之间的竞争加剧了。不仅欧元的诞生及其与美元这样的硬通货之间的竞争，有助于欧元区和美元区通货膨胀率的降低，而且在实行"钉住美元的汇率制度"的亚非拉国家，人们可以更自由地将其流动资产转化为美元这样的硬通货，也形成了美元与其本国货币之间某种形式的竞争机制，迫使它们像美国一样努力降低本国通货膨胀。在这一过程中，非美国公民持有的美元通货的比重由 20 世纪 80 年代的 20% 上升到 50%，这也意味着美国从别国获得了巨额的美元无息贷款。

——在全球化的市场环境下，发达国家的支付网络完全拓展到了发展中国家，实现了电子支付体系的全球化，使得投资者、消费者和银行可以更快捷、更便宜地将高通货膨胀国货币计价的资产，转化为低通货膨胀国货币计价的资产，从而规避通货膨胀风险。

——全球范围的一些金融创新，如信用卡的广泛使用和货币市场基金等的出现，使得消费者和企业、银行持有的无利息的现金和低息（或无息）的央行储备减少，能够征收到通货膨胀税的基础收缩了。

——过去高通货膨胀的危害也使各国从制度上加强了央行货币政策的独立性、稳定性、可靠性和科学性。越来越多的央行把控制通胀放在更加突出的目标位置。

——实体经济方面的贸易自由化和跨国公司生产网络的全球化，也使得越来越多价廉物美的发展中国家产品进入发达国家，有助于稳定贸易品的价格。

低通货膨胀和低通货膨胀预期有很多益处：有助于金融市场的发展和深化，特别是长期债券市场的发展；有助于政府和企业实施中长期的投资计划；有助于改善政府的财政状况；有助于促进经济增长和就业；有助于社会稳定。

（2006 年 11 月成稿，供有关领导参阅）

金融危机前美国官方
对其经济形势的一些看法

美国国家经济研究局（NBER）所属商业周期测定委员会（Business Cycle Dating Committee）发布的美国历次经济衰退起始与终结时点，被人们普遍接受。该委员会一直到 2008 年 11 月底才认定，这一次由金融危机所引发的大萧条以来美国为时最久、程度最深的衰退，起始时间是 2007 年 12 月，而结束时间是 18 个月之后的 2009 年 6 月，这是该委员会在 2009 年 9 月宣布的。据统计，这次衰退共造成美国就业岗位减少 730 万个，经济产出下降 4.1%，美国人资产净值缩水 21%。并且在转向复苏的时候，美国经济仍深受持续不断的住房市场问题、居高不下的失业率以及财政预算等问题的拖累，增长明显乏力——甚至在复苏进入第三个年头后仍然如此。可以肯定的是，这次金融危机和经济衰退的长远影响尚未完全显现。

那么，在这次金融危机和经济衰退到来之前，那些美国经济的"掌门人"是否有所察觉呢？那段时间，笔者的一项工作职责是跟踪研究美国经济形势，为此曾收集过诸多美国权威人士的观点，现从中择要整理如下，"立此存照"。

一、美国总统经济顾问委员会主席拉齐尔

该委员会是依据美国《1946 年就业法》设立的，主要职责是向总统提出促进就业和生产的经济政策建议。其观点集中反映在每年初由美国总统向国会提交的《总统经济报告》中。在 2005 年 2 月至 2009 年 1 月间，Edward Lazear 是该委员会的主席。此前他是斯坦福大学教授，在专业上以劳动经济

学见长。

《2006年总统经济报告》在分析当时的美国经济形势时认为，美国经济显示出显著的活力、弹性和增长；未来几年，美国经济将由强劲的增长转向稳定状态（steady state），并达到其潜在的增长率。特别是报告还专门用一章，以自豪的语气分析了美国的金融服务部门，认为近30年来金融服务部门对美国经济增长的贡献越来越大，占GDP的比重已经由1977年的2%上升到2003年的4%。美国的金融服务生产在世界上具有比较优势，美国的金融企业在世界各地开设分支机构、提供金融服务，金融服务贸易顺差显著。美国的金融服务部门能以低成本的方式，解决金融资本配置过程中的信息问题，鼓励创新，促进经济增长，并有助于规避各种风险，保持经济稳定；美国的金融监管也比较适度，既能促进金融部门的安全、保护消费者的利益，也避免了过度管制而损害经济绩效。

《2007年总统经济报告》在分析当时的美国经济形势时认为，经历扩张期的快速增长之后，美国经济正在度过一个"再平衡期"：更高的非住宅投资和出口增长率，正在抵销更低的住宅投资的影响。然而，由于经济的基础性力量，未来数年经济继续增长的前景依然很好。预计美国经济将进入这样的稳定状态：实际国内生产总值每年增长大约3%，失业率大约为4.8%，通货膨胀保持温和、稳定，消费者价格指数上涨率在2.2%~2.6%之间。在促进增长的优先政策方面，布什总统在向国会提交该报告的信中强调了以下四个方面：一是降低贸易伙伴国的贸易壁垒和促进多哈谈判；二是医保改革，这与削减美国未来的财政赤字密切相关；三是能源供应多样化；四是加强教育。

《2008年总统经济报告》仍认为，虽然美国经济面临挑战，经济增长仍有望在2008年继续；多数市场预测显示，上半年增长步伐会放缓，但下半年会加强。总统小布什在向国会提交该报告的信中则指出，美国经济正经历一个阶段的不确定性，经济增长面临突出的风险，为应对这些风险，他呼吁国会通过能够保持经济增长的简单、有效的系列措施，主要是这样六个方面：一是保持低税收；二是针对住房市场的问题采取措施；三是继续开放贸易和投资；四是提高医保的可获得性；五是提高能源安全和应对气候变化；六是加强教育体系。他认为，基于美国经济的基础和活力，应该对持续的繁荣和经济增长抱有信心。

二、美国财政部部长保尔森

美国财政部的使命是："提升美国经济繁荣稳定的条件并鼓励世界其他地方的繁荣稳定"。它除有与中国财政部类似的财政、税收、国库、公债等方面的职能外，还兼有金融监管特别是银行监管、国际宏观经济政策协调、发行邮票等广泛职能。因此该部部长通常是美国最重要的经济官员。曾任美国总统经济顾问委员会主席和世界银行副行长的斯迪格利茨曾说，IMF 总裁和世界银行行长也都要听命于美国财政部长。

保尔森是 2006 年 7 月就任财政部长的。作为出身华尔街的财长，他曾披露自己的心迹，要进一步扩展作为财长的角色，"成就尽可能多的事"，并让所有人明白他就是"总统的头号经济顾问"，甚至期望"帮助美国在 21 世纪保持其竞争锋芒"。当然，其中也包括提出和进行他一直津津乐道的"中美战略经济对话"。

就任美国财长后，他在 2006 年 9 月的首次公开演讲中，分析了美国经济在中长期面临的四个主要挑战：第一，社会福利改革。因为福利开支是美国政府越来越沉重的一个负担，并且将严重影响美国经济的弹性和竞争力。第二，能源安全。第三，维持和强化国际贸易和投资政策，促进外国开放市场和保持美国市场的开放。第四，收入分配不公平问题。他引以为骄傲的是，当美国发现自己的问题的时候，总是能很快地加以解决。其中完全看不到关于房地产泡沫及次贷问题的只言片语。

他曾在就任后不久的 2006 年 8 月 2 日，第一次召集过总统金融市场工作组会议。并且在当年的 11 月 21 日，到纽约经济俱乐部作了关于美国资本市场问题的演讲，仍然对房地产及相关金融领域的问题"视而不见"。他强调资本市场是经济发展的血脉，美国的资本市场仍然是强大并有竞争力的；纽约是世界的"金融首都"，是作为美国和世界其他主要市场领导者的"金融机构之家"。前几年美国上市公司和会计公司的系列丑闻严重损害了美国资本市场的形象，而新的严格规制条款则有可能损害美国资本市场的活力，如何在资本市场的规制和竞争力之间保持平衡的"两难问题"，是他在自己的两年任期中必须解决也希望解决的一个重要问题。公平竞争的资本市场将会为美国新一轮的经济增长铺平道路，使所有美国人受益。而实际上，2006 年第四季度，美国房市已开始回落，美国次级房贷的违约率已开始显著上升，丧失抵押房屋赎回权的大潮正在孕育，次贷放贷人的损失也越来越惨重。

2007 年前几个月，相关问题继续蔓延。2 月 7 日，世界第三大银行，总部位于伦敦的汇丰集团宣布为其持有的美国次贷产品计提 106 亿美元的坏账准备。同日，美国第二大次贷放贷机构新世纪金融公司宣布 2006 年第四季度预计出现亏损。4 月 2 日，该公司倒闭。两星期之后，美国最大的储蓄贷款银行华盛顿互助银行承认，它的 2170 亿美元的贷款资产中有 95% 是次级贷款，2007 年一季度的利润同比下降 21%。即使在这样的情况下，当时美国财政部对住房次级抵押贷款及其坏账规模的估算，最坏的情况也就是 3000 亿美元左右会成为坏账。保尔森本人在 2007 年 4 月末的"百人会"及接下来几个月的多个公开场合，更是多次重申这样的观点：美国次级房贷问题"很大程度上是可控的"。在 2010 年出版的回忆录中，针对这一点，保尔森说，"我可以扇自己一个耳光。我们真是大错特错。"由此可见面对残酷的现实，他对"犯这样大的错误"的懊恼程度。

三、美国联邦储备委员会主席贝南克

美联储是美国的中央银行，除在货币政策上的主要职责外，也在金融监管、维护支付体系的功能和消费者信用法规制定和实施等方面负有职责。其决策和运行独立于行政系统，与很多国家的央行相比，能够更自主和独立地制定货币政策，以保持政策的稳定性、连续性。2006 年 2 月 1 日贝南克就任美联储理事会主席。此前他担任了半年的总统经济顾问委员会主席，并在 2002 至 2005 年间担任过美联储理事会成员。他亦曾长期任教于普林斯顿大学，是一个在宏观经济理论特别是货币政策领域颇有建树、很有影响的学者，尤其以对大萧条的研究著名。

2007 年 3 月下旬，他在国会联合经济委员会听证会上表示，尽管近几周来，有关经济前景的不确定性程度有所增加，但通货膨胀仍是 Fed（美联储）最主要的担忧。他在这篇总计七页的证词中，有几乎整整一页是在讲抵押贷款市场问题，而前一个月他在类似的国会证词中就这个话题只提到一句，这表明抵押贷款市场开始在 Fed 有关经济前景的评估中成为一个重要因素。但他的基

本观点是：高风险抵押贷款问题对总体经济的影响看上去能得到控制，出现经济衰退的可能性微乎其微。"看上去人们有一种经济增长要盛极而衰的感觉，但我认为相关迹象并不支持这种看法。"

2007年7月中旬贝南克在美国国会发表证词时表示，尽管住房市场依然在拖累经济，但是经济增长应会加速，下半年美国经济可能会以温和的步伐增长，并将在2008年小幅加快至接近潜在增长趋势的水平。"整体金融环境仍支撑经济增长；消费支出和商业支出应该会温和增长。"在这种情况下，通货膨胀仍然是主要的政策风险。这表明此时Fed仍延续着一年多来在八次会议上维持联邦基金利率不变和"通货膨胀仍是最主要风险"的政策基调。虽然在这篇证词中，他认为次级抵押贷款问题显著恶化，但他判断次级抵押贷款相关的信贷损失可能总计只有500亿~1000亿美元，比美国财政部在当年4月份时估计的还要低。

2007年11月上旬，贝南克在向国会联合经济委员会作证时表示，最近的一些数据表明美国经济"仍很有活力"，由于住宅市场跌势加剧，本季度直至进入2008年后的一段时期，美国经济将明显放缓；但2008年晚些时候，经济将随着住宅市场下滑的影响逐步消退而恢复强劲，而Fed最近的几次降息大致平衡了经济增长和通货膨胀的风险。因此，在他的心目中，虽然住宅市场和次级抵押贷款问题导致"金融市场仍处于波动和受压的状态"，美国的总体经济形势仍没有发生本质变化。

2008年7月上旬，贝南克在出席美国联邦存款保险公司（FDIC））举办的抵押贷款会议上还宣称，联邦监管机构、政策制定者和私人领域组织已经采取措施应对2007年市场动荡期间出现的部分问题。这样做的目的不仅是为了提高金融系统承受未来冲击的能力，而且还旨在减少可能引发政府干预的系统稳定性问题的发生。可以通过赋予央行更广泛的权力对美国金融企业进行信息收集和相关监管，实现将美国金融市场打造得更具承受能力、更稳定的目标。由此看来，这时他仍然对美国经济"感觉良好"。

保尔森在2010年出版的回忆录中说，"我预料中的金融市场危机于2007年8月9日骤然降临。它源自一个我们意想不到的领域——房市，而且它的危害之深和历时之长超出了我们任何一个人的想象。"实际上，从美国房地产泡沫开始破裂到2008年秋形势急剧恶化前的相当长时间里，他和许多美国经济界的头面人物一样，他们"预料中的金融市场危机"都只不过是"可控的次贷危机"。也就是说，他们完全没有意识到，在当时的金融系统中，变化了的住宅抵押贷款的产生和销售方式已经令银行和非银行金融企业所受到的潜在威胁急剧地放大了，进而把这些企业、金融系统以及整个美国经济都置于可怕的危险境地。对于这样一场实际上"蓄势已久"的危机，拉齐尔、保尔森、贝南克等人确实都应该懊恼，特别是保尔森，作为华尔街出身的财长，面对此前如此之多的重大危机迹象，更应该懊恼。

（2011 年 6 月成稿）

美国次贷危机的负面影响正在扩散

在多种传导机制的作用下，当前次贷危机的负面影响正在向全美国乃至全世界扩散，需要引起高度重视。主要表现是：

第一，美国发达的金融市场和先进的金融创新机制使涉入危机的机构越来越多。多年来，美国的金融创新催生了多种基于次级抵押贷款的信用衍生品，如按揭支持证券（MBS）、房产贷款支持证券（ABD）、担保债务凭证（CDO）等及其组合。这些产品的市场交易规模庞大，涉及的发行、持有、管理、保险机构数量众多，不仅有抵押贷款公司，还有更多的商业银行、资产管理公司、保险公司、养老基金和对冲基金等。房价下跌和基础抵押贷款违约，使多倍于基本债券数量的衍生债券遭受损失，损失的承受者是遍及整个金融体系交易链条上的多种金融机构。

第二，金融机构和金融市场之间的相互作用加剧美国金融部门所受的损失。商业银行由于自身损失不断积累、市场融资成本上升，进而削减对其他金融机构的贷款并提高贷款条件，迫使其他金融机构到流动性已经很缺乏的金融市场上出售资产，进一步降低市场流动性并压低资产价格，给更多市场参与者带来损失。

第三，金融部门与实体经济部门之间的相互作用扩大危机对美国实体经济的负面影响。美国整体信贷环境因次贷危机而恶化，非金融企业资金紧张，正常生产经营活动受到制约，反过来又增加金融部门面临的风险。许多美国家庭也因信贷环境恶化而减少抵押贷款再融资，缩减消费开支，这同样不利于总体经济活动的增长和金融环境的改善。实证研究表明，在危机前的1997~2006年期间，许多美国家庭与抵押贷款再融资相伴的资金流在促进其金融资产投资和扩大消费开支等方面发挥了重要作用。

第四，房地产部门与其他经济部门之间的相互作用进一步加剧危机对美国实体经济的负面影响。一方面，住房价格下降导致家庭财富缩水，利息上升增加居民还贷成本，迫使美国家庭减少消费、增加储蓄，这对其他许多经济部门的收入和投资产生不利影响，反过来进一步减少新房需求，加剧房地产业的危机程度。另一方面，住房建设与许多部门密切相关，新房建设大幅下降严重影响总体经济增长速度。对美国二战后 10 次经济衰退的实证研究表明，其中有 8 次都在此前发生了新房建设大幅下降的情况，另外 2 次是因为朝鲜战争和越南战争弥补了新房建设下降减少的需求，美国经济才未出现严重衰退。

第五，美国经济、金融与其他国家经济、金融的相互作用，使次贷危机的负面影响开始在全球扩散。美国金融市场是一个全球化的市场，不仅世界各地的商业银行、私人投资机构大量持有美国与次贷有关的金融资产，而且许多国家的中央银行和政府投资机构也持有相关资产，这使其关联损失蔓延到全球许多国家。比如，有包括中国、日本在内的多个国家的央行购买美国两大房贷机构房利美、房地美的债券，并因其债券价格下降而遭受损失。

同时，美国作为全球最大的开放型经济体，经济增速下滑直接导致进口减少，影响其他国家对美出口和经济增长，而其他国家经济增长放缓又通过贸易、投资等途径反作用于美国的经济增长。国际清算银行对 2001 年美国经济下滑的研究表明，美国经济增长低于平均水平 2 个百分点时，其进口将比平均水平低 15 个百分点，从而影响其他国家对美国的出口和经济增长；美国经济增长低于其平均水平 1 个百分点，中国经济增长将比平均水平低 0.6 个百分点，其他亚洲经济体下降更多，拉美经济体的下降幅度在 0.7~1.8 个百分点之间。亚洲开发银行的研究也证明，美国经济增长速度下降 1 个百分点，整个亚洲经济增长将下降 0.5 个百分点。2008 年上半年出口是美国实体经济的一个亮点，5 月份货物和服务出口同比增长 17.8%，对减少美国经济增长下滑幅度发挥了重要作用。随着其他国家受美国经济增长下滑的影响逐步显现，自美进口需求将下降，对美国出口和经济增长的负反馈作用也将日益显现，从而进一步加大全球经济增长下滑的幅度。

(2008 年 6 月成稿)

从美国次贷危机到国际金融危机

　　当前的这场国际金融危机，已成为 20 世纪大萧条以来最严重的金融危机。其起源是美国的次贷危机。所谓"次贷"即次级住房抵押贷款，主要是指对信用等级较低、还款能力较弱、首付比例较低的贷款人发放的住房贷款。这类贷款违约风险高，利率也较高。本世纪初，美国经济遭受 IT 泡沫破灭和"911"事件的双重打击而陷入衰退。从 2001 年初开始，为刺激经济增长，美国实行宽松的货币政策，将联邦基金利率从 2000 年 6.5% 的高点，连续 13 次下调到 2003 年 6 月至 2004 年 6 月间 1% 的低点。这使得企业、金融机构和居民能够以十分低廉的成本进行融资和借贷，促进了全社会债务大量增加、金融机构杠杆率大幅提高。这种低利率政策极大地刺激了房地产市场，房地产价格不断上涨，房地产泡沫和金融风险不断积累。为抑制过热，2004 年 8 月至 2006 年 6 月，美联储又连续 10 多次调升联邦基金利率至 5.25%。次级抵押贷款的还款利率也因此而大幅上升，购房者的还贷负担大为加重，住房市场持续降温，购房者出售住房或者通过抵押住房再融资变得困难。2007 年春，许多次级抵押贷款借款人不能按期偿还贷款，一些住房抵押贷款公司陷入困境，次贷危机初露端倪。其标志性事件是 2007 年 4 月美国第二大次贷供应商新世纪金融公司宣告破产。到 2007 年 7 ~ 8 月间，随着越来越多的次贷成为坏账，基于这些次贷的金融衍生产品也大幅贬值，数十家与次级住房抵押贷款有关的金融机构停业或破产，次贷危机全面爆发。

　　美国金融体系中的各种机构、产品、市场之间有着错综复杂的直接和间接联系，牵一发而动全身。以 2008 年 3 至 4 月间美国第五大投资银行贝尔斯登陷入困境并被强制收购为标志，美国次贷危机由房地产融资领域的局部性危机，发展演变成为影响美国金融体系正常运转的系统性危机。美国的金融创新催生了多种基于次级抵押贷款的信用衍生品，如按揭支持证券（MBS）、房产贷款支持证券（ABS）、担保债务凭证（CDO）等及其组合。这些产品的市场交易规模庞大，涉及的发行、持有、管理、担保、保险机构数量众多，如商业银行、资产管理公司、保险公司、养老基金和对冲基金等。在美国住房市场繁荣时期，这些机构投资者分享了房地产和次贷类金融资产泡沫的巨大利益。随着次贷危机的爆发和持续，次贷相关金融衍生品价格及其风险面临重估，损失的承受者远超出了购房人和贷款机构的范围，遍及相关交易链条上的多种金融机构，损失的规模多倍于基础抵押贷款，影响的机构越来越多、危害的程度也越来越大。尤其是越来越多的金融机构预期一致化、行为同步化，为求自保竞相抛售相关资产、停止发放贷款并开始储备资金，不仅加剧资产价格损失，而且导致金融系统惜贷气氛浓厚、流动性缺乏、信贷功能萎缩，严重影响美国整个金融体系的正常运转和功能发挥。而金融部门与房地产、汽车等多个实体经济部门之间的负反馈作用机制又使金融系统承受的风险成倍增加。有统计显示，2007 年三季度到 2008 年三季度期间，对美国私人环节的净放贷占 GDP 的比例下降了约 13 个百分点。美国房价下跌 15%，负资产抵押贷款房屋业主数上升 1000 万。并且由于美国金融市场是一个全球化的市场，世界各地的商业银行、私人投资机构大量持有美国与次贷有关的金融资产，许多国家的中央银行和政府投资机构也持有相关资产，美国金融体系的损失迅速蔓延到全球许多国家。

2008 年 9 月以后，随着美国雷曼兄弟等多家重量级金融机构短时间内集中破产、被兼并或由政府接管，次贷危机骤然升级并迅速演变成大萧条以来最严重的国际金融危机。美国五大投资银行一家破产，两家被收购，两家转型；多家中小型商业银行破产倒闭，花旗等大型银行也蒙受重大损失，美国银行和储蓄机构四季度亏损 262 亿美元，为 1990 年第四季度以来首次，亏损涉及接近三分之一的银行，四家大型银行的亏损额占到总亏损的一半；一大批对冲基金遭到毁灭性打击；股票市场深度下挫，信贷市场迅速萎缩，短期融资市场陷于停滞，拆借利率大幅飙升，市场功能和市场信心受到严重影响。美国金融体系和金融市场剧变在全球引发强烈的连锁反应，恐慌气氛迅速扩散蔓延，美国金融体系中的资产损失、流动性风险、违约风险和偿付风险也迅速向全球其他经济体扩散。欧洲、日本、澳大利亚等地的金融机构与次贷相关的损失也不断显现和扩大。新兴和发展中经济体的一些金融机构也出现亏损，有的商业银行遭到挤提，股市普遍下跌，俄罗斯、巴西等国因股市暴跌被迫宣布暂停交易。全球金融体系因次贷危机造成的损失急剧增加，英国央行在10月底时估计约为2.8万亿美元。

2008年全球股市大幅下跌是金融体系所受冲击的一个缩影。美国道琼斯指数全年下跌34%，创下1931年以来最大年度跌幅。最后4个月由8月末的11544点降到12月末的8776点，下跌24%，该指数历史上20大单日百分比跌幅中，有4个出现在这4个月，并且在10月初曾创下有史以来单周百分比跌幅的新纪录。其成分股中全年跌幅最大的个股是通用汽车公司，跌幅超过87%，跌幅第二大的个股是花旗集团。标准普尔500指数成分股几乎包括了美国所有大公司，该指数全年下跌38%，也是20世纪30年代后的最大年度跌幅。其中金融类股表现最差，全年市值缩水58%。欧洲大陆和英国股市也创下类似纪录，2008年富时300和富时100指数成为上世纪80年代开始编制以来表现最差的一年，德国DAX指数全年跌30%。日本日经指数全年下跌42.1%，最后4个月跌幅为39%。不包括日本在内的摩根士丹利资本国际亚太指数全年下跌52%。澳大利亚S&P/ASX 200指数和新西兰NZSX－50指数全年分别下跌了41%和33%。连续3年涨幅超过40%的印度孟买证交所Sensex指数下跌52%。新加坡海峡时报指数下跌49%。台湾加权指数和香港恒生指数全年分别下跌46%和48%。

综合起来看，这次源于美国的金融和经济危机主要通过以下传导机制向其他国家扩散蔓延：一是金融传导。美国金融市场是一个高度全球化的市场，吸引了多个国家的投资者，金融资产价格下跌和金融机构破产使许多国家金融机构蒙受损失。同时，一些新兴及发展中经济体高度依赖发达国家的资本流入，也因外来投资者大量抛售资产、资本回流而受到不利影响。二是贸易传导。美国作为全球最大进口国，美国进口需求增长趋缓甚至收缩，对其他国家出口影响大。三是汇率传导。美元汇率的急剧和大幅度波动对世界经济的稳定与增长形成冲击。四是信息传导。美国金融、经济状况恶化的信息，借助互联网等现代技术手段，迅速在全球范围同步传播，导致多国市场主体预期一致化、行为同步化，产生更大范围的负面影响。五是信心缺失的跨国传染。全球金融市场、房地产业乃至其他许多经济活动，都受到了美国危机引发的信心缺失的影响，导致许多国家资产价格下降、信贷收缩，从而不利于金融稳定和经济增长。

国际上有一种观点认为中国等新兴经济体的高储蓄率和高额贸易顺差造成的全球经济失衡，是导致国际金融危机的主要原因，这完全不符合事实。深入、全面、客观地研究这场危机，我们认为需要认真吸取以下三个方面的教训：第一，从宏观经济政策层面看。美国等发达经济体宏观经济政策失当是这场危机最直接的原因，长期低储蓄、高消费的发展模式不可持续，各个经济体都必须正确处理储蓄与消费的关系，刺激经济增长的宏观政策必须注意避免制造资产泡沫。第二，从金融层面看。金融发展必须与实体经济发展相互协调、相互促进，金融创新必须与金融监管能力相匹配，金融机构必须健全治理结构和制衡机制，避免片面追逐短期利润、漠视风险控制而过度扩张，信用评级机构也要加强自律，避免信息失真。第三，从国际层面看。危机迅速从金融领域向实体经济扩散、从发达国家向全球蔓延表明，当前的世界经济治理体系存在严重缺陷，尚不能与经济全球化的快速发展相适应，特别是现有国际金融货币体系的缺陷需要加以弥补，对世界主要储备货币的有效监管必须加强，发展中国家在国际金融货币事务上的知情权、话语权要有保证，国际金融救助机制有待完善。

(2009 年夏成稿，供有关领导参加外事活动时参阅)

国际金融危机导致全球经济走势急剧变化

这场国际金融危机不仅导致 2008 年美国和世界经济形势急剧变化，而且将对 2009 年和今后相当长时期的国际金融体系及全球经济产生深远影响。准确判断国际金融危机严重冲击之下的全球经济走势，清醒认识我国发展所面临外部经济形势的严峻性，不仅是我国制定科学合理的应对之策、把危机的不利影响降到最低程度的需要，也是深刻领会和贯彻落实 2009 年政府工作报告提出的各项工作部署的需要。

一、2008 年世界经济走势的急剧变化

在 2008 年 9 月份以后，世界经济形势急转直下。

第一，经济快速下行。根据国际货币基金组织 2009 年 1 月的测算，全球经济增长率由 2007 年的 5.2% 下降到 2008 年的 3.4%，其中发达经济体由 2.7% 降到 1%，新兴和发展中经济体由 8.3% 降到 6.3%。

主要发达经济体全部陷入衰退，经济下滑幅度加大。美国经济在 2007 年 12 月进入衰退，当年四季度 GDP 与三季度持平。虽然 2008 年一、二季度美国经济一度转向正增长，GDP 环比增长率分别为 0.2%、0.7%，但三、四季度 GDP 环比连续下滑，下滑幅度折年率由 0.5% 扩大到 6.2%，创 26 年之最。零售额连续数月下降，12 月比上年同期减少 10.8%；汽车零售额降幅更大，12 月为 22.4%。个人消费开支在 2008 年最后 3 个月连续下降 1.1%、0.8%、1.0%。12 月美国工业产值较上年同期下降 7.8%，其中制造业产值下降 9.9%。新屋开工数连续 6 个月下滑，12 月新屋开工数较上月下降 15.5%，全年新屋开工数较上年同期大幅减少 45.0%；10～12 月建筑支出环比分别下降 0.7%、

1. 2%、1. 4%。

欧元区 2008 年二、三季度 GDP 连续下滑，进入衰退。一季度 GDP 环比增长 0.7%，三季度下降 0.2%，四季度降幅扩大到 1.5%，较上年同期下降 1.2%。三、四季度德国 GDP 环比降幅由 0.5% 扩大到 2.1%；意大利由 0.6% 扩大到 1.8%；法国由增长 0.1% 转为下降 1.2%；英国由 0.6% 扩大到 1.5%。9 至 12 月欧元区工业产值环比连续下降，降幅分别为 1.8%、1.6%、2.2%、2.6%，12 月工业产值较上年同期大降 12.0%。欧盟 27 国 12 月工业产值较上月下滑 2.3%，较上年同期下滑 11.5%。9 至 12 月，欧元区建筑业产值和价格指数连续下降。新车登记数连续多月下降，11 月环比和同比分别减少 18.5% 和 10.1%。

日本经济也从二季度开始负增长。三季度 GDP 环比下降 0.6%，同比下降 0.2%。四季度环比下降 3.3%，折年率 12.7%，为 1974 年二季度后最大降幅；同比下降 4.6%。9 月份后零售额环比连续下降，降幅分别为 0.5%、0.6% 和 0.1%。11 月、12 月新车登记数分别比上年同期下降 19% 和 17%。10 月份至 12 月份工业产出连续下降，跌幅不断扩大，分别为 3.2%、8.5%、9.8%，12 月比上年同期下降超过 20%。

发展中和新兴经济体增长普遍减速，有的甚至在 2008 年四季度已经开始负增长或陷入衰退。在亚洲，韩国 12 月份工业产值较上年同期减少 18.6%，四季度 GDP 较三季度下降 5.6%，折年率超过 20%。新加坡三、四季度 GDP 折合成年率较上季度降幅由 5.4% 扩大到 12.5%。香港四季度 GDP 较上年同期下降 2.5%。台湾三、四季度 GDP 较上年同期降幅由 1.1% 扩大到 8.4%。印尼三季度 GDP 较上季度增长 3.5%，四季度转为下降 3.6%。泰国四季度 GDP 较上季度下降 6.1%，较上年同期下降 4.3%。印度四季度 GDP 同比增长 5.3%，其中制造业产值下降 0.2%。在中东欧，四季度保加利亚、罗马尼亚、波兰、捷克和斯洛伐克等多国已出现经济下滑或衰退，拉脱维亚和爱沙尼亚 GDP 降幅高达 10% 左右；乌克兰 12 月工业产值较上年同期下降 16%。在南美洲，巴西经济形势急剧逆转，12 月工业产值较上月下降 12.4%。

第二，失业人数大幅度增加。国际劳工组织（ILO）出版的《世界就业趋势》报告认为，全球出现就业危机。美国自 2007 年 12 月至 2008 年 12 月非农就业人数减少约 300 万，仅 2008 年 12 月就减少约 58 万；年底失业率已达

7.2%。欧元区失业率不断上升，2008年初为7.1%，11月为7.9%，12月为8.0%。日本失业率由10月的3.9%上升到12月的4.4%。2008年底北非和中东的失业率分别达到10.3%和9.4%，撒哈拉以南非洲国家为7.9%，拉丁美洲为7.3%，中欧、东南欧和前苏联地区为8.8%。

第三，物价由大幅上涨转向迅速下跌。经合组织（OECD）公布的数据显示，其30个成员国消费价格指数（CPI）2008年1~7月连续上涨，7月CPI曾创下4.8%的11年高点，美国为5.6%，欧元区为4.1%；一些新兴和发展中经济体更高，俄罗斯为14.7%，南非为13.4%，印尼为11.8%，印度为8.3%，巴西为6.4l%，我国香港为6.3%，韩国为5.9%；原油价格一度升至每桶147美元的高位。三季度，石油和其他大宗商品泡沫破裂，总体物价走势迅速逆转。世界银行国际市场能源商品价格指数由7月份的463降到12月的165；非能源商品价格指数由1月份的312降到12月的192。反映国际干散货海运价格的波罗的海综合运价指数（BDI）由6月的11793点跌至10月底的925点。经合组织成员国CPI从8月开始环比转向下降，10、11、12三个月降幅分别为0.4%、0.9%、0.5%,12月成员国CPI年涨幅降至1.5%，创1971年1月以来的最低水平。美国CPI年升幅仅0.1%，创半个多世纪以来的最低升幅。欧元区和日本CPI的升幅也分别下降到1.6%和0.4%。

第四，国际贸易和投资下滑。根据经合组织统计，二季度其30个成员国货物和服务出口、进口与上季度相比分别增长5.7%、5.4%；三季度转向负增长，出口减少1.6%，进口减少0.2%。其中，七大工业国货物出口比上季度下降0.2%，货物进口比上年同期下降1.4%。四季度降幅明显扩大。美国12月出口环比降幅6.0%，进口环比降幅5.5%；四季度出口和进口降幅折年率约为20%和16%。欧元区11月出口和进口环比分别下降4.7%和2.5%。日本出口10月份后连续下降，环比降幅由10月份的7.8%扩大到12月份的35%,11月、12月进口较上年同期分别下滑14%和22%。在发展中和新兴经济体，韩国11月、12月出口额同比降幅分别为19%和18%；我国台湾12月出口和进口同比降幅高达42%和45%。联合国贸发组织估计2008年全球国际直接投资流量大幅下降21%。

9月份以后国际金融危机对我国经济的不利影响也明显加重。一是外部需求明显收缩。11月、12月出口出现负增长，全年净出口对经济增长的贡献率大幅度下降，沿海地区大批外向型加工贸易企业停产甚至破产倒闭。二是部分行业产能过剩问题更加突出，企业生产经营困难加大。生产增速大幅下滑，利润出现负增长。39个工业大类中，有31个行业1~11月利润增幅低于1~8月的水平，部分行业由盈利转为净亏损。三是失业人员增多。大批企业减员、下岗待岗人员增加，大批农民工返乡，数百万大学毕业生就业困难，总体就业形势更加严峻。四是我国金融体系面临的风险有所增加。五是全国税收收入增幅明显回落。四季度连续负增长，10月同比下降0.5%，11月下降11%，12月下降11.9%。集中反映在经济增速下滑压力加大上，三季度GDP同比增长9%回落到四季度的6.8%。与此同时，通货膨胀压力明显缓解，CPI涨幅在2月时达到全年最高的8.7%，12月下降到1.2%；PPI涨幅在8月份时为全年最高的10.1%，12月时为下降1.1%。

二、2009年的世界金融经济形势不容乐观

2009年前两个月，国际金融危机继续扩散蔓延，主要发达国家经济衰退程度加深，新兴经济体和发展中国家增速减缓幅度加大，国际市场需求萎缩，全球通货紧缩趋势明显。全年的世界经济金融形势依然严峻，不容乐观。

从金融领域看，目前很难预料这场国际金融危机何时能见底。2月末，道琼斯指数下跌至7063点，创下1997年4月以来最低，1~2月下跌20%，而与16个月前创下的历史高点相比已下挫了一半，这是道指113年历史上仅次于1929~1932年股灾的跌幅。近期引领美国股市下跌的个股比较广泛，既有美国银行、花旗集团等银行股，也有高科技类、制造类和原材料类股，包括IBM、惠普、通用汽车、通用电气、美国铝业、美国钢铁等知名企业。1~2月许多银行财务状况持续恶化，10多家银行破产；今后3~5年内破产银行可能增加到近千家。信贷市场再次趋于紧张，美元伦敦银行同业拆息（Libor）与隔夜指数掉期利率之间的利差重回100个基点以上（在危机爆发前该利差通常在10个基点以下）；银行贷款回收率大幅下降，商用不动产违约率明显提高；公司信用评级下调案例递增。西欧大型银行处境更加艰难，中东欧国家经济恶化对西欧银行体系形成新的冲击。荷兰国际集团和德国商业银行等大型银行虽然接受了政府援助，但均在2008年第四季度出现巨额亏损，苏格兰皇家银行2008年亏损额高达240亿英镑。东京证交所一部所有股票的东证指数一度跌至25

年来最低水平。一些新兴和发展中经济体也出现了金融危机的征兆。种种迹象表明,这场金融危机有可能持续较长时间,甚至不能排除今后再次出现类似于2008年9月全球金融市场急剧动荡的情况。

从实体经济看,继续下滑的态势明显。发达国家经济衰退在加深加重。1月美国芝加哥联邦储备银行全国经济活动指数比上年12月下降26%,创下1975年2月份以来的最低水平;新屋开工数较上月下降16.8%,较上年同期下降56.2%,成屋销售量较上月下降5.3%,在全部交易中有45%属于被扣押房产;工业设备开工率进一步下降到72%;非农就业人数减少约60万;1月美国CPI同比增长率已降到零,为1955年8月以来最低;2月份大企业联合会消费者信心指数降至历史低点。欧元区1~2月整体经济景气指数连续下降并创1985年开始编制该指数以来的最低水平;2月衡量私营部门活动的制造业和服务业采购经理人指数(PMI)均较上月出现更大幅度下滑。日本1月出口下跌45.7%,高于上月10多个百分点,涉及的产品种类和地域范围也更为广泛;工业产值较上月下降10.0%,降幅创历史最大纪录;2月多家知名大企业纷纷宣布出现巨额亏损。一些新兴和发展中经济体经济下滑幅度之大、速度之快远超预期。在亚洲,韩国1月出口额较上年同期下降33%,工业产值同比下降26%;新加坡1月非石油出口较上年同期下降35%,制造业产值较上年同期下降29%,降幅是上年12月份的两倍多;台湾1月出口、进口较上年同期分别下降44%和57%,工业产值下降43%;香港1月国际机场几乎所有方向进出口货运量都呈双位数跌幅;泰国1月出口较上年同期下降26.5%。在中东欧,乌克兰、波兰、俄罗斯1月工业产值同比降幅分别为34%、15%、16%,俄罗斯GDP同比下降8.8%。在南美洲,巴西经济形势急剧逆转,预计全年GDP接近零增长。在国际贸易、国际金融、信息扩散、信心传染等多种传导机制作用下,2009年发达国家与新兴和发展中经济体经济下行相互影响、相互加强,将加剧全球经济下滑幅度、延缓复苏的到来。

还要特别注意的是,一些国家通货紧缩的压力明显增加。1月美国CPI与上年同期相比涨幅已降到零,这是1955年8月以来最低涨幅。2月泰国CPI与上年同期相比为下降0.1%。一旦通货紧缩预期普遍化并成为现实,不仅将直接提高实际利率、挤压货币政策空间,而且将加重消费者和企业的实际债务负担,很可能形成总需求萎缩(衰退)、价格下跌(通缩)和金融机构信贷损失（金融危机）之间的恶性循环，从而加大实施反周期政策的难度，延长衰退时间、加深衰退程度，甚至导致衰退向萧条方向发展。

另外，多个组织都调低了对全球经济增长的预测。国际货币基金组织2009年1月发布的预测认为，全年世界经济增长率将降至0.5%，为第二次世界大战以来的最低增速。发达经济体的经济将出现第二次世界大战以来的首次全年负增长，降幅达到2%；新兴和发展中经济体的经济增速将从2008年的6.3%降至3.3%。1月英国共识公司预测世界经济增长率为−0.2%，美国、欧元区和日本分别为−1.8%、−1.4%、−1.7%。摩根大通预计，全年将有不少于11个新兴经济体出现负增长。世界银行和国际货币基金组织还预测2009年全球贸易和跨境私人资本流动都将大幅度萎缩。

总之，2009年我国面临的外部经济形势十分严峻，各种不确定因素显著增多。目前尚难预料这次的国际金融危机何时结束，这一轮全球经济下行趋势还要持续多久。世界经济很可能要经历较长的低迷和调整期。我国必须做好应对更为复杂、困难局面的准备。

（2009年3月初成稿，为当年《政府工作报告辅导读本》一章）

应对当前世界经济变局的政策建议

以 2007 年美国次贷危机为导火线的全球性金融动荡和增长下滑还在发展的过程中。种种迹象表明，金融危机有可能持续较长时间，美国、欧元区、日本和英国等发达国家很可能出现 GDP 连续 2 个以上季度负增长而陷入衰退，主要新兴和发展中经济体增长率下降幅度将明显扩大甚至也出现负增长；今后一个时期世界经济增长面临很大的不确定性，很可能出现全球性衰退。

一、当前金融危机和全球经济增长下滑的主要特点

第一，由美国次贷危机发端的金融危机已经远远超出次贷和美国的范围，波及越来越多国家的金融产品、金融市场和金融机构，已经演变成全面、持续的金融动荡和危机，并且开始出现全球性信心缺失。虽然美国等国应对危机的举措力度越来越大，但市场对这些措施获得成功的信心越来越弱，股市下跌幅度不断加深，越来越多的金融机构害怕贷出资金，经济运转所需的信贷流受到日益严重的不利影响。

第二，以美国经济增长下滑为先导的全球增长下滑呈现向全球性衰退发展的趋势。2007 年第四季度美国 GDP 收缩 0.2%，2008 年第二季度，欧元区德、法、意三国 GDP 分别收缩 2.0%，1.2% 和 1.1%，日本 GDP 收缩 3.0%，英国 GDP 增长停滞，主要新兴和发展中经济体也没能"脱钩"，GDP 增速下降幅度趋向明显。估计 2008 年第三季度和第四季度的后续发展将会有多个发达国家陷入衰退，全球增长下滑的幅度也将更大，出现全球性衰退的可能性明显增大。

第三，"三重冲击"叠加使本轮全球增长下滑的成因更复杂，下滑产业的范围更广泛、下滑程度也将更深。除受到金融危机的冲击外，本轮全球增长下

滑还受到两类冲击的影响：一是美国等国房价下跌的冲击，二是石油、粮食等大宗产品价格全球性上涨的冲击。而1973~2001年发生在21个发达国家的93次衰退中，绝大多数都只受到某一种冲击影响。

第四，历史上伴随各国经济不景气多次重复出现的现象是总产出、就业、收入和劳动生产率等几项指标都出现下降，但这一次，以美国为例，出现了一个新特点：从2007年第四季度到2008年一、二季度，非农企业劳动生产率持续提高。这与2008年以来美国非农企业就业人数连续下滑、劳动力扣除通货膨胀影响的小时实际报酬连续下降形成鲜明对比，表明增长下滑更快地打击了美国的就业，不利于美国收入分配的改善，也不利于美国个人实际消费支出的增长。

第五，这次美国金融危机和经济增长下滑主要通过四个传导机制向其他国家扩散。一是金融传导。美国金融市场吸引了多个国家的投资者，金融产品价格下跌和金融机构破产使许多国家的金融机构蒙受损失。同时，一些新兴及发展中经济体高度依赖发达国家的资本流入弥补储蓄与投资的缺口及经常项目赤字，也因国外投资者大量抛售资产、资本回流而受到不利影响。二是贸易传导。美国作为全球最大进口国，美国进口需求增长趋缓甚至收缩，对其他国家出口影响大。比如，日本对美国出口已连续第11个月出现下降；印度服务外包业深受美国金融机构冻结新的服务外包合同的不利影响。三是汇率传导。美元汇率的急剧大幅度波动对世界经济的稳定与增长形成冲击。美元下跌有利于美国出口增长，但导致欧元、日元及一些发展中经济体货币兑美元汇率升值，打击这些国家的出口，也加速了国际市场大宗产品价格上涨；而美元近来的升值又加剧了一些发展中经济体的货币贬值，不利于其维护经济、金融稳定。四是信心缺失的跨国传染。全球金融市场、房地产业乃至其他许多经济活动，都受到了美国金融危机和增长下滑引发的信心缺失的影响，导致股票和房地产等资产价格下降、信贷增长趋缓甚至收缩，这些都不利于金融稳定和经济增长。

面对多重冲击的复杂局面和严峻形势，以美国为代表的发达国家和一些发展中经济体灵活运用货币、财政等政策，进行了积极的"危机干预"。如果没有这些干预，金融危机的程度将更深，经济下滑的幅度也将更大。

二、我国的应对政策建议

自2007年下半年以来，在国内外因素的共同作用下，中国经济已处于增速回落的轨道，2008 年二季度 GDP 同比增长 10.1%，增速比一季度回落 0.5 个百分点，比上年同期回落 2.5 个百分点。随着金融危机不断深化，对我国经济增长还会产生新的不利影响，这对下一步宏观调控提出了新的要求。与此同时，虽然目前我国消费价格指数回落到 5% 以内，但生产者价格指数涨幅还偏高，通货膨胀压力还不小。根据当前我国宏观经济运行的特点，结合新的外部形势，借鉴其他国家地区经验，提出以下对策建议。

第一，在实体经济方面，"保增长"应置于更优先的位置。基于外需减弱对我国出口和经济增长的不利影响，适时推出"以内需补外需"的总需求管理政策。主要是以相关财税政策刺激国内个人消费需求增长。有必要借鉴这次美国、英国、日本、韩国等国家和中国台湾地区的做法，实施针对特定人群的一定期限的税费减免和补贴政策（包括提高由财政负担的公务员等人群的工资），刺激国内个人消费需求。

这一政策选择还有以下优点：一是实施容易、见效快，就像 2008 年上半年的美国，以减税为主的经济刺激措施显著促进了个人消费增长；二是在改善收入分配的基础上促进消费，可兼顾增长与公平，避免主要由弱势群体承担增长下滑的代价；三是减少出口产业的损失，保住出口产业生产能力和就业岗位，避免元气大伤；四是缓解一些劳动密集型消费品行业国内供给能力过剩与国内消费不足的矛盾，改变其增长过度依赖外需的状况，符合促进国际收支平衡的调控方向。

第二，在金融领域，主要目标是"保稳定"，既要严密防范各种外来风险和冲击在国内的扩散，也要加强防范和化解各种内生风险，特别要避免各种内外隐患演变成系统性危机，威胁经济平稳较快发展的大局。今后一个时期的主要外来风险：一是外部危机加深阶段外来投资者集中抛售人民币资产、抽逃资本的风险；二是外部形势趋于稳定后外资集中流入导致国内资产泡沫、人民币升值压力加剧的风险；三是境外金融市场信心缺失向境内传染的风险。主要内生风险：一是房地产市场大幅波动冲击金融体系的风险；二是股市大幅波动的风险；三是突发重大事件造成金融恐慌的风险。应对这些风险的共同策略：一是完善监测预警机制，及时掌握最新动态；二是完善信息披露制度，避免谣言扰乱市场；三是加强宏观和微观金融风险管理，防患于未然；针对风险源及时、坚定、有力地实施"逆市操作"，迅速稳定市场；四是当国内大型金融机构持有境外问题机构的股权、债权而造成重大损失，或因其他内部原因而陷入困境，有引发系统性金融风险的可能时，及时介入、果断处置，避免风险扩散。另外，还要加紧准备应对系统性金融风险的综合政策预案。可参照美国等国做法，立足于避免金融危机对实体经济造成严重伤害，设计"三道政策防线"：一是以维护金融稳定为主要目标的货币政策；二是以促进经济增长为主要目标的财政政策；三是以维护金融稳定为目标，直接干预特定机构、特定行业（如房地产业）和特定市场（如股票市场、外汇市场）的政策。

第三，在对外经济领域，仍然要继续"调结构、促平衡"。估计在金融和经济危机时期，我国面临的贸易保护主义压力和人民币升值压力将进一步增大。建议借助外需减弱的压力，着力推进出口产业兼并重组、优胜劣汰，优化市场结构，提高出口产品质量、档次，增加品牌附加值，提升全要素生产率，转变外贸发展方式；大力拓展新兴和发展中经济体市场，把最终产品和设备出口与对外投资、对外援助、进口能源资源及其他国内紧缺原料紧密结合起来，切实推进主要产品出口市场和进口来源多样化，实现进口与出口、对外投资与外来投资的均衡发展；消除加工贸易产品内销的政策和体制障碍，促进内外贸一体化发展，适时加大对符合产业升级方向内外资企业的优惠政策力度。建议加大金融各领域对外开放和"走出去"战略、政策统筹协调力度，审慎引进各类金融业外来投资，审慎推进金融业对外投资，注意把对国外金融机构的市场准入与国外金融市场对我国机构的市场准入相挂钩，把金融业对外开放与推进国内市场化改革、特别是扩大对国内非国有投资者开放相结合；近期着力维护人民币汇率稳定，避免快速、大幅升值，加紧研究中长期实现人民币国际化的战略步骤；加强外汇储备风险管理，积极而又稳妥地推进投资地域和产品的多元化。

第四，在其他领域，围绕"保增长"的目标，也可以有所作为。比如，医疗卫生、社会保障、教育等社会事业和社会管理方面，加快推出改革方案、抓紧完善体制机制，为人民群众"减负担"，从而促进消费水平的提高。在供水、供电、供气、铁路运输、电信等带垄断色彩的基础设施产业方面，要加快引入和完善竞争机制，加强和改善监督管理，努力降低成本、提高服务质量，为保增长"作贡献"。在中小企业方面，尽快完善从开办创业到发展壮大乃至破产倒闭的"一条龙"帮扶政策体系，如开展创业辅导和培训，开办时简化手续并有选择性提供资本金赠款，发展过程中减免各种税赋，提供贷款担保、直接融资便利，在进出口贸易上提供信用保险，破产倒闭后提供再培训和再就业优惠等，为保增长"添活力"。

（2008 年 9 月成稿，供有关领导参阅）

日本经济金融政策的新动向

近日赴日本参加了一次由 IMF 组织的以研讨日本经济和金融为主题的国际会议，了解到当前日本对内对外经济金融政策的几个动向，现简要报告如下。

第一，准备出台第二套对策刺激经济。日本虽然在美国次贷和金融危机中的直接损失不大，但由于与美国经济联系较为密切，经济、金融形势明显恶化。日经股票价格指数降至 5 年多以来的最低点，出口受到严重打击、顺差减少，投资、消费疲软，经济恢复增长的进程被中断，GDP 增速由 2008 年第一季度超过 3%（折算成年率），转为第二季度收缩 3%，普遍估计第三季度收缩幅度扩大，实际上已经陷入衰退。由于日本利率长期保持低位，货币政策作用空间小，政府主要运用财政政策刺激实体经济。在已经实施一套以减税、补贴为主的紧急经济对策后，日本政府正着手准备第二套类似的紧急经济对策。

第二，高度重视防范系统性金融风险。日本在泡沫经济破灭之后长时间深受金融危机之害，这次为避免重蹈覆辙，在美国次贷危机发生后不久，立即明显加强对相关金融风险的预警、监测和管理、控制。中央银行多次向金融市场注入流动性，金融监管部门及时修改了涉及金融衍生品交易、风险管理、信息披露和信用评级机构等方面的监管规则。日本财政部门官员介绍，21 世纪初的几年间，小泉政府为解决泡沫经济时期遗留的银行不良资产问题，曾经广泛采用向问题金融机构注入公共资金的措施，显著降低了日本金融机构的不良资产比率，这是此次日本的金融危机不如欧美严重的重要原因。日本政府将根据危机下一步发展的具体情况，随时准备恢复上述做法。日本央行官员介绍，日本的经历表明，在发生金融危机的情况下，金融中介机构行为扭曲，货币政策容易失灵，而这种以公共资金救机构、救市场、恢复信心做法，作为危机管理的重要手段，有其必要性和合理性。

第三，形成了物价稳定和金融稳定相结合的货币政策理念。日本央行官员介绍，日本既经历过20世纪70年代的高通货膨胀，也经历过80年代的泡沫经济，以及90年代泡沫破灭后的金融危机和通货紧缩。从中得出的最重要的货币政策经验是：央行既要关注总体价格水平，避免通胀和通缩的风险，也要维持金融稳定，避免各种资产泡沫引发系统性金融风险。这是现阶段指导日本央行货币政策行为的主流理念。日本央行官员同时认为，20世纪八九十年代日本的货币政策操作过多地受到对日元升值顾虑的束缚，妨碍了对物价稳定和金融稳定这两个最重要目标的关注，这也是日本货币政策操作方面的一个重要教训。

第四，致力于提升日元在亚洲的影响力。在国际金融体系改革问题上，与欧洲国家相比，日本比较矛盾，不够积极。原因在于：其一，日元作为国际储备货币的地位不如美元，也不如欧元；东京也不像伦敦，不具备与纽约竞争世界主要金融中心地位的条件。就全球而言，迅速改变美元地位可能主要将使欧洲国家获益。其二，日本央行和金融机构持有大量美元资产，美元贬值将带来巨大损失。其三，日本的经济总量与欧盟、美国尚有差距，没有其他国家支持难以与之抗衡。与此同时，日本热衷于在亚洲推进由日本和日元主导的金融一体化，倡导建立与欧元类似的"亚元"。其近、中期国际金融战略十分明显：维持美元的优势地位，同时借机提升日元在亚洲的地位和东京作为区域国际金融中心的地位，逐步替代美元在亚洲的影响。日本在亚洲金融合作方面提出的许多具体构想，都是服务于这一目标的，比如提出"建立亚洲统一债券市场、让亚洲的储蓄首先为亚洲国家所用"，等等。对此，我国有关部门需尽快研拟符合我国总体战略利益的推进人民币国际化的近、中、远期对策。

（2008年10月成稿，供有关领导参阅）

全球经济由衰退趋向萧条形势下的对策建议

　　最近的种种情况表明，世界经济前景不容乐观，不仅将出现二战后的首次全年负增长，而且发生全球性萧条的可能性在增大，转向复苏的时间难以预料。我国应及早谋划应对更为复杂严峻局面的对策。建议以更加系统的刺激消费措施保持国内消费和投资这两个轮子之间的平衡；以导向更鲜明、更系统的一揽子改革措施激发民间经济活力；以更宽松的货币政策化解通货紧缩压力和风险；同时注重保持扩张性财政政策的可持续性，发挥其应对经济下行压力的"保底性"作用，从而确保 2009 年及未来数年经济适度增长的需要。

一、全球经济由衰退向萧条发展的风险明显增大

　　国际上通用的衡量经济衰退的标准是 GDP 出现连续 2 个季度负增长。萧条作为比衰退更严重的经济下滑，其判断标准一般有两个：GDP 下降幅度超过 10%，或者经济下滑持续时间超过 3 年。二战后，主要发达国家还没有发生过萧条，只有欧洲小国芬兰在 1990~1993 年出现过一次，GDP 下降 11%；美国最严重的衰退发生在 1973 年 11 月至 1975 年 3 月间，GDP 下降 4.9%。但新兴和发展中经济体发生过多次萧条，如上世纪 80 年代的波兰和阿根廷，1990~1998 年间的俄罗斯，亚洲金融危机期间的印尼、马来西亚和泰国等。历史上最严重的和平时期衰退是 1929~1933 年间的大萧条，美国 GDP 下降幅度超过 30%。有多种因素正促使本轮全球经济下滑向萧条的方向发展：

　　首先，从发达国家看，经济衰退程度加深、时间延长的态势明显。就 GDP 降幅而言，经合组织（OECD）2009 年 2 月 18 日公布的数据显示，其 30 个成员国 2008 年四季度总体 GDP 较三季度下降 1.5%，远高于三季度时的

0.2%，为1960年开始编制该数据以来最大季度降幅。其中美国的降幅为1%；德国为2.1%；日本为3.3%，折年率已超过10%。就衰退的长度而言，日本和美国分别宣布从2007年11月和12月进入衰退，到2009年3月，持续时间将明显超过二战后1945~2001年间美国10次衰退平均10个月的长度，而与最长的两次即1973~1975年和1981~1982年的16个月相当；欧元区衰退的时间也将满一年。

从2009年1~2月一系列最新数据看，发达国家的衰退不仅没有停止的迹象，而且经济活动下降幅度与2008年四季度相比明显加大。在美国，1月芝加哥联邦储备银行全国经济活动指数比上年12月下降26%，创下1975年2月份以来的最低水平；1月新屋开工数较上月下降16.8%，较上年同期下降56.2%，成屋销售量较上月下降5.3%，为1997年7月以来最低水平，并且在全部交易中有45%属于被扣押房产；工业设备开工率为72%，低于上月的73.3%，也低于2008年同期的81%及1972~2007年的平均值80.9%；1月非农就业人数减少约60万，为1974年12月以来的最大月度降幅；2月份大企业联合会消费者信心指数降至历史低点。在欧元区，2月衡量私营部门活动的制造业和服务业采购经理人指数（PMI）均较上月出现更大幅度下滑；德国商业信心2月份跌至纪录新低。在日本，1月出口下跌45.7%，高于上月10多个百分点，涉及的产品种类和地域范围也更为广泛，其中对美国出口下滑52.9%，对中国出口下滑45.1%，日产、丰田、本田三大汽车制造商国内汽车产量分别减少了23%，40.3%和59%；2月多家知名大企业纷纷宣布出现巨额亏损。

其次，从新兴和发展中经济体看，2008年底2009年初经济下滑幅度之大、速度之快远超预期。在亚洲，韩国2008年12月工业产值较上年同期下降18.6%，四季度GDP较三季度下降5.6%，折年率超过20%，2009年1月出口额较上年同期下降32.8%；新加坡2008年三、四季度GDP折合成年率较上季度降幅由5.4%扩大到12.5%，2009年1月非石油出口较上年同期下降34.8%，对美国和中国出口的降幅都超过50%，制造业产值较上年同期下降29.1%，降幅是2008年12月份的两倍多；我国台湾地区2008年三、四季度GDP较上年同期降幅由1.1%扩大到8.4%，四季度私人投资锐减32%，2009年1月出口、进口较上年同期分别下降44%和57%，出口订单下降42%，工业产值下降43%，制造业产值下降45%；中国香港地区2008年第四季度经济同比萎缩

2.5%，预计 2009 年全年 GDP 降幅更大；印尼 2008 年四季度 GDP 较三季度下降 3.6%，三季度时还是正增长 3.5%；泰国 2008 年四季度 GDP 较上季度下降 6.1%，较上年同期下降 4.3%，2009 年 1 月份出口较上年同期下降 26.5%；马来西亚 2009 年 1 月份的汽车销量较上年同期下滑 17.5%；印度预计 2009 财年制造业产出增长率仅为上财年的一半。在中东欧，2008 年四季度保加利亚、罗马尼亚、波兰、捷克和斯洛伐克等多国已出现经济下滑或衰退，拉脱维亚和爱沙尼亚 GDP 降幅高达 10% 左右；乌克兰 2008 年 12 月工业产值较上年同期下降 16%，2009 年 1 月降幅扩大到 34%；波兰 1 月工业产值较上年同期下降 15%；俄罗斯 1 月工业产值较上年同期下降 16%，GDP 同比下降 8.8%。在南美洲，巴西经济形势急剧逆转，2008 年 9 月至 2009 年 1 月国内汽车销量下滑约 27%，2008 年 12 月工业产值较上月下降 12.4%，预计 2009 年 GDP 增长微乎其微或将出现零增长。在贸易、投资、金融等国际经济活动和信息传播、信心传染等跨国传导机制作用下，新兴和发展中经济体经济下行幅度扩大以及由此引发的社会政治动荡，将与发达国家经济衰退相互影响、相互加强，从而加剧全球衰退的幅度、延缓复苏的到来。

再次，从金融危机的发展态势看，类似于 2008 年 9 月份后的剧烈动荡可能反复出现。2009 年 2 月 23 日道琼斯指数下跌至 7115 点，创 1997 年 5 月 7 日以来最低收盘点位，比 16 个月前创下历史高点已下挫了近一半，这是道指 113 年历史上仅次于 1929~1932 年股灾的跌幅；而 2009 年在不到两个月的时间下跌 19%。引领美国股市下跌的个股比较广泛，既有银行股，也有高科技类、制造类和原材料类股，如 IBM、惠普、通用汽车、通用电气、美国铝业、美国钢铁等知名企业。美国银行的股价在不到两个月内下滑了 73%，花旗集团股票市值在 6 个交易日蒸发近一半。全美银行业四季度出现 1990 年以来的首次季度亏损；2009 年前两个月许多银行的财务状况持续恶化，10 多家银行破产；今后 3~5 年内破产银行可能增加到约 1000 家。信贷市场再次趋于紧张，美元伦敦银行同业拆息（Libor）与隔夜指数掉期利率之间的利差由 1 月的约 90 个基点再次重回 100 个基点以上（在危机爆发前该利差通常在 10 个基点以下）；银行贷款回收率大幅下降，商用不动产违约率明显提高；公司信用评级下调案例递增。有研究表明，由于危机前美国家庭和金融业积累的债务占 GDP 的比重远高于日本泡沫经济时期，金融机构调整和收缩资产负债表的过程会拖得更长、对经济造成的损害也会更大。西欧大型银行处境更加艰难，中东欧国家经济恶化对西欧银行体系和金融市场形成新的冲击。荷兰国际集团和德国商业银行等大型银行虽然接受了有关国家的援助，但均在 2008 年第四季度出现巨额亏损，苏格兰皇家银行 2 年亏损额高达 280 亿英镑。东京证交所一部所有股票的东证指数跌至 25 年来最低水平。综合起来看，发达国家金融体系问题有久拖不决的趋势，即使欧美国家一些负责制定金融救助举措的官员也认为难以在短期内迅速解决，从而将延缓经济复苏的到来。

最后，从物价走势看，通货紧缩的压力进一步增加。2008 年 8 月以来全球主要发达经济体 CPI 环比连续数月下降。2009 年 1 月美国 CPI 与上年同期相比增长率已降到零，这是 1955 年 8 月以来最低涨幅。目前发达国家价格下行的压力依然很大，一旦通货紧缩成为现实而导致"滞缩"的困难局面，不仅将直接提高实际利率、挤压货币政策空间，而且将加重消费者和企业的实际债务负担，形成总需求萎缩（衰退）、价格下跌（通缩）和金融机构信贷损失（金融危机）之间的恶性循环，从而加大实施反周期政策的难度，加速衰退向萧条转化。

二、对我国后续应对措施的建议

2008 年一些国家出台了以救援金融机构为核心的政策配套。最近，针对金融危机对实体经济冲击加剧的新形势，美国、德国、澳大利亚等多个国家出台了新的刺激经济措施。日本等国也在研拟新的因应经济急剧下滑的对策。奥巴马甚至把美国近 8000 亿美元的新刺激方案称为"经济复苏战略"的第一部分。

自从 2008 年 11 月初以来，我国应对国际金融危机和国内外经济下滑的一揽子政策措施体系不断完善、力度不断加大，个别方面的效果已有所显现。在可能出现全球性萧条的新形势下，我国经济受到的不利影响肯定将进一步加深、加重、延长，不仅外需会进一步萎缩，而且国内投资和消费也将受到更大的连带影响。当前急需在加快落实现有政策措施并对有关政策效果进行评估的基础上，根据形势的变化及早研拟出台新的更加有力的非常对策，以满足 2009 年甚至未来数年保持经济适度增长的需要。为此提出以下建议：

第一，刺激消费的措施必须更加系统、迅速跟进。外部衰退持续时间越长、与国内生产能力对应的外部出口通道越来越窄，我国经济增长的可持续性就越是取决于国内消费和投资这两个轮子之间的平衡。但在目前诸多刺激经济的政策中，较快付诸实施的主要是政府或大型国有企业主导的一些大型投资项目，过去经验表明这往往难以同比例地带来消费的增加，甚至很可能在一定时期内加剧两者的不平衡。因此，要尽快出台一系列扩大消费需求的政策措施，不仅要清理和消除现存的制约消费的各种制度、政策障碍，而且要针对不同收入水平人群的不同情况，采取相应的刺激措施，形成政策体系。对于中低收入农村居民、城镇低收入居民和灾区等特定类型居民，可采取增加补贴提高收入、发放各种类型的消费券等更直接有效的方式。对于中高收入居民，则主要通过相关财税金融政策进行调节，如降低个人所得税、消费税，健全和扩大消费信贷，降低与购房和租房相关的税费等。健全社会保障体系并提高覆盖率、完善消费者权益保护制度等制度建设也关系扩大消费的全局。

第二，以导向更鲜明、更系统的一揽子改革措施激发民间经济活力。这是当前我国在应对经济下滑方面相对于许多发达和发展中国家的重要优势所在。一是消除民间资本进入障碍，实现对内开放和公平、公正、自由的竞争。重点是金融、交通运输、港口机场、电讯服务、教育、文化、卫生、传媒、法律等领域。二是坚决破除一些基础设施产业方面的各种隐性和显性垄断，加快引入和完善竞争机制，加强对自然垄断企业的规制，促使其降低成本、提高服务质量。三是各级政府要形成合力，同步放松管制、简化相关手续和程序，营造更有利的软硬环境，在全社会形成鼓励创业、方便创业的氛围。四是严厉打击各种形式的地方封锁和保护主义，降低人员、货物和服务区际流动及交易成本，促进各地区之间的经济交流和竞争。

第三，适时以更宽松的货币政策化解通货紧缩压力和风险。一些发达国家已经或计划实施"定量宽松"的货币政策来应对通货紧缩的压力，防范通货紧缩的风险。在实际操作上，中央银行采取了直接贷款给私营企业、购买有关私营机构金融资产、购买国债、承诺在较长时间保持低利率等做法。相比之下，目前我国放松货币政策的空间还较大。特别要注意疏通相关传导机制，满足实体经济主体的需要。还应考虑在月度 CPI 环比或同比出现负增长时，即实施更加宽松甚至类似于"定量宽松"的货币政策，努力避免形成普遍的通货紧缩预期。

第四，保持应对危机的政策特别是扩张性财政政策的可持续性。在外部经济环境陷入衰退和萧条、金融危机的氛围导致信贷紧缩、特别是通货紧缩预期严重影响货币政策效果的情况下，财政政策在危机应对中的重要性怎么强调都不为过。要尽快着手研究和规划今后数年保持扩张性财政政策的可行方案，并根据经济形势的变化适时加以宣布。要力争在经济下行压力持续的全过程中，出台刺激经济的政策行动不停止、政府财政投入的力度不减弱，充分发挥扩张性财政政策的"保底性"作用。

另外，鉴于未来一个时期国际经济形势的严峻性和不确定性，鉴于我国身处其中的世界经济很可能处于大萧条后另一个经济长波周期的下行期，建议今后一个时期在宣传上和各级政府工作布置中适当淡化"保八"的量化要求，避免各级出现因经济以外的目的而对统计数字进行"处理"的情况——这不仅会扭曲真实经济信息，增加准确把握整体宏观经济动态的难度，而且会影响到政府所出台政策的科学性和针对性。

（2009 年 3 月成稿，供有关领导参阅）

国际金融危机背景下
促进我国经济持续增长的对策建议

面对外需萎缩、出口下滑引发经济增速急剧下降的变局，我国果断实行扩内需、保增长的宏观经济政策，这不仅是为实现近期经济增长目标而出台的应急之策，更应成为转向并确立大国经济增长模式的新起点。

短期经济增长由总需求水平（消费、投资和净出口）决定。面对外需不振、新增内需不能与过剩供给能力实现迅速而充分对接的困难，建议根据出口产业、替代进口产业和服务等非贸易产业的不同情况，选择不同政策着力点，促进国内需求与供给能力的"匹配"。

中长期经济增长由总需求以及生产要素投入量、要素生产率等总供给因素共同决定。为尽量延长我国经济的高速增长期，建议对汇率、财税、金融等政策进行系统调整，以保持内需和外需两个轮子之间的平衡；保持要素生产率增长和投入要素增长之间的平衡，更多依靠提高要素生产率促进经济增长；保持对人的投入和对物的投入之间的平衡，使劳动力素质的提升成为我国长期增长取之不尽的源泉。

一、本次全球性衰退中严重依赖外需的经济体下滑幅度更大

当前这场国际金融危机发生在经济全球化快速发展背景之下，使全球需求几乎同步陷入萎缩之中，并使外需的降幅比内需的降幅更大：据 OECD 的测算，2008 年第四季度，美国、欧元区和日本的实际国内总需求折年率比上季度分别减少 5.8%、1.9% 和 0.5%，全部 DECD 国家的实际国内总需求减少4.9%，2009 年第一季度环比进一步减少 7.2%、6.4%、6.3% 和 6.1%；而国际

贸易量在 2008 年第四季度和 2009 年第一季度折年率分别减少 23.8% 和 22.7%，2009 年全年将减少 13.2%，美国、日本、德国出口的降幅将分别为 11.3%、26.4% 和 16.5%。

全球需求萎缩的上述态势，导致本次全球经济衰退呈现出的一个鲜明特点是，越是依赖外需的经济体，经济下滑的幅度越大。在发达国家中，日本和德国是公认的外需依赖型经济大国，其 GDP 降幅大于美国；新兴和发展中经济体中，韩国、新加坡、中国台湾和香港等出口型经济体的降幅明显大于印度等国。OECD 的预测也显示，2009 年日本和德国的 GDP 将分别萎缩 6.6% 和 5.3%，高于美国的 4%，也高于全部 OECD 国家的 4.3%，净出口减少将分别使日本和德国的 GDP 下降 3.8 和 3.7 个百分点。

二、外需萎缩严重影响我国经济增速的根源

2008 年第四季度和 2009 年第一季度，我国 GDP 回落幅度大，符合这次全球经济衰退的共同特点。一个基本事实是，经过多年的改革开放，特别是"入世"后中国对外贸易的持续、快速发展，到危机前我国实体经济与世界经济的一体化程度和增长对外需的依赖程度已经达到比较高的水平。主要表现是，2001~2007 年间，货物出口占 GDP 的比重由 20% 提高到 35% 以上，净出口占 GDP 比重由略高于 2% 提高到大约 9%。从与主要经济大国的比较看，近些年美国货物和服务出口占 GDP 的比重一般在 10% 左右，日本为 15% 左右；净出口占 GDP 比重较高的德国，也只在 5% 左右。

除净出口占 GDP 比重较高外，还有几个因素加大了外需萎缩、出口下滑对我国经济增速回落和就业的影响程度。一是内需增长与出口增长高度相关。前些年庞大的出口产业、强劲的出口增长，不仅刺激了出口及其关联部门的投资，也扩大了诸多产业的就业、增加了居民收入、扩大了消费；危机后出口持续下滑，不仅影响出口部门的投资、就业和相应的居民消费，而且对与出口相关联产业的投资、就业和居民消费产生影响。二是我国对外对内开放程度更高、对外需依赖更高、出口较多的省份，几乎同时也是在经济总量中占比较高、增速较快的经济大省。三是制成品是我国出口的主体，占比达到 95% 左右，而许多制造业的突出特点是产业关联度较高、上下游产业链条较长。虽然增值环节单一、国内产业关联度较低的加工贸易在我国出口中占的份额也较

高，这部分出口下滑对国内投资和消费的影响较小，但由于相关企业雇用的劳动力更密集、几乎不从事内销，境外订单是其生命线，外需萎缩导致更多的企业破产倒闭、更多的劳动力下岗失业。

综合考虑这些因素进行研究，出口增速每下降 10 个百分点，将使 GDP 增速下降约 2.5 个百分点。这个降幅大约是只考虑净出口对 GDP 增长影响时的两倍。

三、我国短期保增长政策面临的突出困难及对策

一个显而易见的困难是，我国经济增长严重依赖于外需，外需属于外生变量，当外需扩张时，政策的作用大，当外需收缩时，政策的作用小。由于国际市场供需条件变化，出口产品价格指数下降，出现了出口量、价指数齐跌的情况。虽然理论上还存在以减少进口的方式扩大净出口即外需的可能，但在实际操作中，这不仅受限于国际规则和承诺，也受限于国内进口替代品供给不足或竞争力低的现实。

另一个突出困难是，短期宏观政策驱动下新增加的国内投资和消费需求，不能与出口企业的过剩供给能力实现迅速、充分的匹配和对接。进一步分析后发现主要障碍有三：一是政策障碍。长期以来所实施的一系列鼓励出口的政策措施（如出口退税政策、加工贸易保税政策、汇率政策），把许多企业"锁定在外销的轨道上"，而产品转向内销无法获得类似政策待遇。二是企业自身的障碍。在现行国际生产体系中，我国许多出口企业特别是加工贸易企业和中小型一般贸易企业的功能类似于面向海外市场的"生产车间"，转型为同时面向国内外市场、拥有内销网络和渠道的企业，要经历一个较长的渐进过程。三是结构障碍。外需萎缩后国内闲置的供给能力集中在消费品部门，目前扩大国内投资需求更多拉动的是初级产品、中间产品和资本品的需求；扩大消费需求的政策集中在低收入阶层，所需消费品则普遍存在与出口企业的产品种类、品牌、档次有差别的问题。

根据以上分析，提出三个有针对性的短期对策建议：

第一，从减少出口产业增长下滑的角度看，在确保现行出口优惠政策不弱化的前提下，把主要着力点转向扩内需、补外需上。具体建议：一是重点鼓励同时面对内需和外需并在国内市场拥有自主品牌、销售网络和渠道的企业，扩

大面向国内市场的生产和销售。"家电下乡"中的许多成功经验可以推广到更多的工业品出口部门，并使农村消费者之外更广泛的消费群体如城市低收入阶层受益。二是调整相关财税政策，扩大中高收入居民消费需求，为出口产品转内销创造新的需求，带动出口企业面向国内市场实施转产，促进新增消费需求与过剩供给能力的对接。

第二，从促进替代进口产业增长的角度看，把主要着力点放在扶持与扩大投资需求密切相关的重点中间产品和资本品生产企业。具体建议：重点依托扩内需的重大投资项目，帮助这些企业克服资金、技术、营销等方面的困难，提升其价格和非价格竞争力，"以产顶进"，顺利实现与新增投资需求的对接。前些年在装备制造业方面探索形成的替代进口"首台首套"政策扶持体系，可以推广应用到更多产业。

第三，高度重视挖掘非贸易品产业的增长潜力。我国为应对危机而出台的十大产业振兴规划针对的绝大部分属于可贸易品产业，或者以出口为主、或者以替代进口为主；只有物流业的主体属于非贸易品产业。这类产业最突出的特点是较少受外需直接影响，也几乎不存在进口品的竞争，其增长几乎完全由国内消费和投资需求驱动，是国内政策所能主导的，完全可以为保增长作出更大的贡献。目前我国各个非贸易品产业部门的情况差别较大，需要进行分类指导，迅速有针对性地消除国内市场上各类供给与需求相匹配的障碍，促其大发展。一是金融、电讯服务、铁路、教育、卫生、文化、传媒、法律等主要面向内需的服务领域。这些产业或者存在民间资本进入的各种隐性和显性障碍，或者存在多种形式的垄断，要尽快通过改革实现对内开放和公平竞争，借助市场机制，增加有效供给，实现更大发展。二是一些地方性的基础设施产业和服务业。这些产业或受地方保护，或具有自然垄断性质，要通过加强各地之间的市场竞争和整合，通过加强对垄断企业的监督、规制和完善内部管理，促使其降低成本价格、提高服务质量，扩大有效需求。三是在这些年快速城镇化过程中新增人口较多的中小城镇，以及大城市的城乡结合部，供水、垃圾和污水处理、道路、公园等公用设施严重缺乏，义务教育、公共文化、卫生、体育等社会基础设施严重不足，需要进行量大面广的投资、建设。四是房地产业。供求两方面的政策必须相互配合，才能打破眼前的僵持局面，使之尽快恢复正常的投资、消费、交易增长。

四、促进我国经济持续增长的中长期政策调整方向

严峻的现实也警示我们，在中长期，为尽量延长我国的高速增长期，必须通过系统的对内对外经济政策调整，把我国经济增长建立在更为坚实、更为自主和更可持续的基础之上。具体建议是：

第一，对汇率、财税、金融等政策进行系统的调整，使内需和外需两个轮子更平衡地促进经济增长。作为这次金融危机发源地和金融问题最严重的美国，衰退程度和经济下滑幅度低于日本、德国，在全球化的环境中，像美国这样同时依靠内需和外需的经济体具有天然的优势。我国依靠建立在出口优惠政策基础之上的高出口率，走上了过于依赖外需的增长轨道，国内需求尤其是消费需求严重不足，在外需萎缩的情况下难以为继；而金融危机又使大量贸易顺差长期积累形成的巨额外汇储备面临巨大风险，成为管理难题。这些充分说明，在危机过去之后的中长期，必须对相关政策进行必要的调整，使之在刺激产品外销与内销之间更加"中性"，满足"以内需和外需两个轮子促进增长"的需要。

第二，注重保持投入要素数量增长和提高全要素生产率之间的平衡，更多依靠提高要素生产率促进经济增长。长期以来我国经济增长的另一个突出特点是高度依赖资本、自然资源、劳动等要素的投入数量。虽然对解决就业问题有帮助，但对各种资源的消耗大、对环境的压力也大，并面临新增投入收益递减、所带动的就业和消费增量也递减的困难。必须转向更多依靠提高要素生产率促进增长，特别是要通过优化经济活动的区域和产业结构，促进各类生产要素由低生产率的区域、产业、企业流向高生产率的区域、产业、企业；通过加强研发和加大技术进步，实现投入资源的集约和节约使用，提高全要素生产率。只有这样才能为应对投入要素减少、资源包括进口资源成本上升、未来人口老龄化等冲击奠定坚实基础。

第三，注重保持对人的投入和对物的投入的平衡，更多依靠对人的投资促进增长。30年的高投资率已经使很多地方物质资本和基础设施领域的状况得到很大程度的改善，但对人的投入不仅存在总量上不足、分布上不均衡等问题，还存在许多深层次的影响社会公平公正的问题。广大劳动者的素质正日益成为我国提升经济结构的重要障碍，劳动者收入份额低对消费增长的制约也越

来越突出。全面增加对人的投资，不仅有助于促进技术进步和提高全要素生产率，有助于提高劳动生产率和劳动者收入，有助于促进投资与消费的同步增长，有助于实现工资上升与产业升级、竞争力提升之间的良性循环，而且有助于促进对经济发展成果更广泛的共享、人的全面发展和社会和谐进步，是我国长期经济增长和社会进步取之不尽的源泉。

（2009 年 4 月成稿，供有关领导参阅）

出口降幅又趋扩大，政策措施急需加码①

——"长三角"两省一市出口形势调研报告

2009 年 4 月下旬，为了解出口形势的最新动态，我们赴上海市和浙江省杭州、宁波、绍兴等市对企业、商会及有关部门做了调研。调研发现，4 月份苏浙沪两省一市出口降幅又趋扩大；出口企业面临订单缺乏、价格下降、风险增多等许多困难，并且这些困难很可能继续存在一个时期。建议围绕提高企业的出口竞争力，继续出台一系列有力的政策措施，努力实现争外需、稳出口、保增长、稳就业的目标。

一、4 月出口降幅又趋扩大

2009 年 3 月，上海、江苏、浙江出口形势与全国一样，同比降幅收窄、环比转为正增长，但从 4 月上中旬开始又有一些新的变化。

一是出口再次下降。初步统计，江苏省 4 月前两旬出口同比下降 31.2%，环比下降 13.5%。上海出口同比下降 27.6%，降幅比 3 月份扩大近 9 个百分点；浙江同比下降 15.2%，降幅比 3 月份扩大 6.3 个百分点。

二是港口运输指标再次下行。4 月 1~16 日，宁波港集装箱吞吐量同比下降 22%。4 月 24 日，上海航运交易所发布的中国出口集装箱综合运价指数和上海地区出口集装箱运价指数分别比上周下降 1.7%和 2.5%，往年"五一"节前的出货高峰没能再现。

三是新接订单明显下降。浙江省外经贸厅 3 月下旬的调查显示，有 64.2%的企业在手订单金额与 2008 年同期相比下降，另有 22.2%的企业持平，这比

①王子先、李辉参与本报告写作。

2008 年底更差，与 2 月底类似。浙江省纺织、箱包、家电、家具等优势行业中状况相对较好的企业，订单只能将生产排到 5~6 月份，而往年同期能排到 9 月份，企业普遍感到担忧。上海市商委对重点轻纺企业二季度在手订单情况的调研显示，87% 的被调查企业订单下降幅度在 10% 以上，其中 41% 的企业订单下降幅度在 30% 以上；对 25 家重点机电企业二季度在手订单情况的调研显示，18 家企业订单增加，1 家持平，5 家下降，加上价格下降，出口金额下降 15%~20%。上海丝绸集团 4 月份订单同比下降 15%，上海纺织集团 4 月份的订单比 2~3 月份减少。参加座谈的企业普遍反映，企业新接订单的突出特点是数量少、金额小、价格跌、交货急；大中型外贸企业订单情况相对较好，但同比也都下降 15% 以上。

四是部分订单向其他国家转移。绍兴市南方控股集团反映，我国化纤行业平均月工资为 200 美元，而印度为 40 美元，以信诚工业为代表的印度化纤企业分流了大量订单。日资先锋高科技（上海）公司表示，目前母公司更加重视控制成本，因在上海生产成本上升，已将部分原来的欧洲订单转给泰国工厂生产。

五是全年形势不容乐观。轻工、纺织等六大进出口商会均认为全年出口形势比较严峻，纺织和食品土畜商会均预计全年降幅在 10% 以上。

另外，调研发现，不同类型产品和企业出口表现分化趋于明显，也不乏实现增长的亮点。一些注重产品研发和创立自主品牌的企业在危机后掌握了主动权，能够及时根据国内外市场的变化调整营销策略，其状况多数好于纯粹代工企业。比如，宁波思特机电公司自主研发生产的用于节能的小家电产品，全部外销，2009 年前几个月销售额增长 100%，价格也没有下降。也有的企业抓住国外消费者为节约开支而调整消费结构和消费习惯的机遇，拓展了市场、增加了出口。比如，宁波格莱特公司生产户外休闲家具，2009 年一季度因为欧美消费者外出旅游减少、居家户外活动时间增多，成功扩大了外销。

二、出口企业面临的突出困难和问题

参加座谈的企业普遍反映，国际金融危机发生后面临的主要困难是外需萎缩、没有足够的订单。除此之外，企业还反映了其他一些具体问题，归纳起来主要有：

第一，价格下跌、回款困难。浙江土产畜产品进出口有限公司反映，2008年出口成衣平均价格为 180 元，2009 年 2 月份降到了 75 元，3 月份回升到 95 元，4 月份又降到了 75 元。绍兴佳博进出口公司反映，2008 年 12 月份以前，有 5% 的货款没有收回，2009 年以来有 35% 的货款没有收回；发往乌克兰、俄罗斯的货物还在港口积压。另外，危机加剧以来人民币对美元汇率基本保持稳定，但许多国家特别是一些新兴市场国家货币对美元大幅贬值，有的还对我国出口实施新的保护主义措施，也加大了出口企业面临的外部不确定性和风险。

第二，仍有一些不利于出口的体制和政策因素。一是商检、关检中存在浪费时间、耗费人力物力而检验结果不被国外承认的问题，部分商检目录和药检重复，并且外国政府、法规及进口商未提出检验要求的产品，也有实施检验的情况。二是出口收汇管理有关规定给出口企业带来不便，特别是 2008 年为防热钱流入而出台的预收款限制，加大了企业面临的外汇风险；对企业收汇网络核销不成功造成逾期核销和不予退税的问题，很多企业也反映强烈。三是2006 年有关部门出台的文件限制了自营出口企业的出口代理业务，不利于这些企业充分利用关联产品的出口机遇。四是名目繁多的收费加重了企业负担。其中有主要针对出口企业的收费，如集装箱开箱检验费、通关检测费（加急时收费更高）等；有关协会和企业对过高的港口建设费，对有关部门纵容外国船东收取并提高码头作业费，对向海关、商检、税务等部门各自独立的信息系统报送信息并要多次交费购买相关软件，也都反映强烈。据纺织商会调查，企业每出口一票货物，仅海关、商检和许可证方面就需要缴纳 30 多项费用，合计在 2000 元左右，还要承担实际操作过程中人员、车辆、设备、接待等间接费用。五是执行《劳动合同法》，普遍提高了企业在工资、社保等方面的成本支出，同时在执行最低工资标准、辞退工人、加班双薪和改善工作环境等方面，面临的劳动争议和诉讼也明显增多，耗费大量人力和资源。六是一些银行将中小型出口企业列为高风险企业，提高贷款门槛，使资金成为制约许多出口企业接单的重要因素。

第三，扩大内销有许多障碍。一是知识产权方面的障碍。许多加工贸易产品属于贴牌生产，只外销，内销首先遇到知识产权保护的问题。即使重新注册商标等知识产权，我国所需时间也较长。有的企业反映，我国商标注册一般需

3 年，香港特区只需要 1 年时间，而法国和德国只需要半年到 1 年时间，美国大约要 2 年时间。二是交易和付款方式方面的障碍。外贸企业所熟悉的国际贸易交易和付款方式与国内贸易中通行的方式差异大。许多外贸企业感到国内销售的交易成本更高、壁垒更多、风险更大，内销的意愿和能力都不足。三是一些外销产品并不适合内销。有的是因为国内市场尚处于待开发状态，如前面提到的户外休闲产品；有的是国内需求者能接受的价格远低于外销产品价格；有的是因为内外销产品种类、档次、品质等差异大，供求不匹配。

三、相关政策建议

企业普遍认为，我国出口下滑、出口企业处境困难的根源在于全球经济衰退和外需萎缩；即使主要经济体 2009 年底转向复苏，我国出口也很可能要经历一个较长的低速增长期。因此，必须做好应对长期困难的准备。要把所有政策的立足点转向提高企业的出口竞争力、提升企业在国际市场"抢订单"的能力上，从而为争外需、稳出口、保增长、稳就业奠定必要的基础。根据企业、商会和地方反映的问题和意见，结合我们的研究，提出以下具体对策建议：

第一，改善政府部门管理和服务，清理不利于出口的政策。不少管理部门认为自己所管的领域已经基本上不存在阻碍出口的政策，但企业的感受并不相同，要以企业反映的问题为线索，加快清理前几年各部门出台的限制出口的政策措施，特别要尽快改进企业反映强烈的商检、关检、外汇等方面管理制度，实现出口便利化。全面清理、规范各级各类行政事业性收费，尽量做到免收、减收或缓收。在反击国外针对我出口的保护主义措施、搜集进口国市场和进口企业有关信息等方面，政府有关部门及其驻外机构也可以发挥更加积极和有效的作用。

第二，更加重视发挥优惠出口信贷、出口信用保险等政策性金融工具的作用。这方面发达国家有多年行之有效的经验可供借鉴。首先，针对当前出口企业投保和出口信用保险机构承保能力的矛盾、优惠出口信贷需求与进出口银行放贷能力和范围限制的矛盾，要建立两家政策性金融机构规范的资本金补充机制，扩大其资本金规模，提升其放贷和承保能力。其次，就出口信贷而言，要拓展信贷产品种类、优化信贷结构，增加出口买方信贷，加大对中小企业出口及面向发展中和新兴经济体出口的支持力度，增加对出口企业的生产贷款和市场开发贷款。同时要鼓励商业银行通过订单抵押贷款、退税抵押贷款等方式，缓解中小企业贷款难问题，填补外贸流通企业"无合适抵押物、贷款难、缺资金"影响接订单的问题。就出口信用保险而言，要降低收费标准，增加承保范围、险种和投保企业覆盖面，提高风险赔付能力，尽快建立自身的出口信用风险评估体系。再者，要通过整合援外优惠贷款、援外工程项目等资源，以及政策性金融机构提供的买方信贷、对进口商的商业贷款提供还款担保等金融支持工具，帮助国内出口企业拓市场、抢订单。

第三，大力支持国内企业以多种方式走出去开拓市场。一是支持有自主品牌的出口企业到国外注册商标等知识产权、与外方合作或独自建立营销网络、并购或设立研发机构，延伸产品出口增值链条；二是支持出口企业到国外参加展览会、交易会，开展产品推介活动；三是为国内制造企业通过直接投资向国外转移生产能力、拓展市场提供金融财税等方面政策支持。特别是对危机发生后仍然表现出很强竞争力和生命力的企业，要通过这些政策支持促其依托国际市场实现更大发展。

第四，鼓励企业灵活运用多种交易方式挖掘国际市场潜力。像阿里巴巴这样的电子商务服务平台在危机发生后业务量和利润实现了较大幅度增长，这不仅与其经营策略有关，也是出口商和进口商共同选择成本更低交易方式的结果。这表明在新形势下扶持企业利用电子商务等新型交易平台有助于开拓新的市场。其他交易方式如易货贸易满足了规避汇率风险的需要、补偿贸易提前锁定了产品市场，在新形势下同样有发展的潜力和空间。

第五，以更有力的措施减轻企业与劳动力相关的成本负担。为鼓励出口企业在市场萎缩、生产能力利用率下降的情况下少裁员，可以借鉴新加坡等国的做法，以政府发债筹资代替企业交纳部分社会保障费，降低企业成本，提高国际竞争力。

（2009 年 4 月成稿，供有关领导参阅）

美国经济开始回升，复苏之路曲折漫长①

国研室组织并有商务、银行等部门同志参加，由笔者任团长的"国际金融危机的影响及比较研究"团组，于2008年8月下旬至9月上旬赴美，先后走访美联储、商务部、财政部、联邦储蓄保险公司等政府机构，世界银行、IMF等国际组织，布鲁金斯学会等智库，摩根士坦利、康菲石油等大型企业，就美国经济走势等问题进行深入的交流座谈。总的印象是，目前美国经济已开始止跌回升，但由衰退走上复苏之路不会一帆风顺，仍面临诸多困难。我国需全面评估这一外部形势的影响，早谋对策、趋利避害。现将有关情况及我们的建议报告如下。

一、美国经济回升迹象明显，三、四季度出现正增长

美国经济在2009年二季度降幅缩小到−1%之后，三季度出现了诸多止跌回升的迹象：一是先行指标回升。8月大型企业联合会先行指数上升0.6%，连续第五个月上升。二是受冲击严重的住房、汽车行业出现反弹。7月旧房销售环比增长7.2%；8月新屋开工数环比增长1.5%，建筑许可增加2.7%；全国住房建筑商协会9月住房市场信心指数连续第三个月上升。8月汽车销售量环比大增30%。三是补充库存带动工业回暖。存货连续下降7个月后已经清空，库存补充开始加快。8月工业产值较7月增加0.8%，开工率也有所上升。四是公司盈利改善。二季度公司税前利润较一季度增长5.7%，上半年10家大银行向财政部偿还了680亿美元救助资金。因此，与我们座谈的美方人士普遍认为，2009年三季度美国GDP会实现正增长。

---

① 杨正位参与写作本报告。

二、美国经济增长的动力和可持续性堪忧，复苏面临诸多困难

对于目前美国是否已直入复苏通道、经济增长动力如何、复苏能否持续等问题，则存在一些分歧。乐观者如彼得森国际经济研究所研究员、前 IMF 首席经济学家穆萨认为，美国经济将出现"V"型复苏，从 2009 年下半年到 2010 年上半年 GDP 将累计增长 7%，增量超过 9000 亿美元。悲观者如摩根士坦利汇率研究负责人列文认为美国 2009 年四季度和 2010 年的经济增速将比 2009 年三季度低一半。多数人持谨慎态度，认为美国经济恢复的过程面临许多不利因素，甚至不能排除出现波动与反复。商务部副部长布兰克说，到目前为止美国政府部门始终慎用甚至不用"复苏"一词，这是主要原因。

第一，金融风险依然严重，成为复苏面临的最大变数。美联储、联邦储蓄保险公司、摩根士坦利的专家普遍认为，当前的危机并非通常的"商业周期危机"，而是"金融体系危机"，金融恢复将明显滞后于经济恢复。比较突出的金融问题集中在以下几个方面。一是商业地产可能引发新危机。目前美国商业房贷 2.7 万亿美元，违约率达 7.9%，不良资产 1280 亿美元。商业地产抵押债券 7500 亿美元，拖欠率升至 3.5%。商业地产占 7000 家中小银行贷款的近一半。联邦储蓄保险公司主席伯尔表示，商业房贷将成为银行倒闭的最大原因，有可能形成第二轮冲击波。二是企业次级债风险增加。美国企业债规模超过 22 万亿，其中次债高达 1 万亿美元，大于次贷。次债违约率从 2008 年的 2.4% 上升到 2009 年 6 月的 9.5%，年底可能蹿升到 15% 以上，预计 2010 年春达到高峰。三是银行亏损破产增多，普遍惜贷。2009 年二季度联邦储蓄保险公司承保的金融机构亏损 37 亿美元，问题资产达 2200 亿，比年初增长 38%。2009 年已有 89 家银行破产。IMF 认为，美国商业银行坏账率 2010 年底将升至 4.2%。许多银行处于重组过程中，仍然惜贷。美联储的报告显示，目前有 30% 的银行紧缩工商业贷款条件，35% 的银行收紧信用卡信贷条件。四是"有毒"资产总规模巨大，处置艰难。有毒资产数额很难精确估量，美联储预计还需减记的资产为 5992 亿美元，"末日博士"鲁比尼预计为 1.22 万亿；美国不可能短期内完成对巨额银行坏账的处置，日本处理 4000 多亿美元坏账花了 14 年。美国国会相关监测小组最近指出："有毒资产是长期形成的，指望一夜之间好转是愚蠢的；那种认为有毒资产风险已经减弱或不再是美国金融体系最严重风险的观点，同样

是愚不可及的。"摩根士坦利专家也认为,投行转型后有毒资产仍在,只是暂时"冷冻",很可能成为"毒瘤"复发与扩散。总的看,美国金融体系重建的任务艰巨而漫长,许多金融机构很可能在今后一个时期处于"既不倒、也不好"的状态。

第二,消费增长受制约,成为复苏的主要障碍。个人消费支出在美国GDP中的比重超过70%,消费增长对经济增长影响巨大。2009年一、二季度美国个人实际消费支出同比分别下降1.5%和1.8%,其中商品消费降幅更大,分别为4.1%和4.8%。今后一个时期美国消费增长将受制于以下几个因素。一是财富缩水。美联储的报告显示,主要受股票和房地产价格影响,2009年二季度美国家庭净资产较2007年三季度的高点下降了近19%。二是收入下降。2009年二季度个人收入同比下降2.5%,三是消费信心下降。8月消费者信心指数降为65.7,创下4月份以来的新低。四是调整负债消费模式。这次危机后美国储蓄率从接近于零上升到2009年7月的4.2%,消费信贷连续6个月下降。布鲁金斯学会专家、前总统经济顾问委员会主席波斯沃斯预计今后几年美国储蓄率将平均上升(消费率将下降)3个百分点。

第三,失业持续增加,拖累经济复苏步伐。失业增加既是经济衰退的综合反映,反过来又拖累生产和消费。多个机构认为这次美国失业状况的好转要在经济增长转正6个月以后。2009年8月美国失业率为9.7%,已创26年来高位,估计年底将达到10%。正如世界银行预测局局长蒂莫所言,这次经济复苏力度不够强劲,将呈现出"失业型复苏"的特点。

第四,新能源等产业短期内难已兴盛,复苏缺乏新动力。布鲁金斯学会等机构的专家认为,美国前些年靠信息产业、房地产业等热点部门拉动经济增长,目前则看不到类似的新增长点。康菲公司首席经济学家等认为,奥巴马政府着力推动的新能源产业目前在经济中所占份额还太小,短期内受成本和市场等因素的制约,难以迅速成长为拉动经济复苏的主动力。纳斯达克市场部人士认为,油价升至150美元以上,新能源才可能成为吸引投资的热点。

第五,经济回暖依赖政策支撑,复苏根基依然脆弱。美国一些经济指标回升常深受政策刺激影响。比如,2009年8月份零售额大幅上升与"旧车换现金"计划刺激汽车销售密切相关,住房市场销售回升也与对首次购房者提供补贴的政策相关。IMF专家认为,美国私营部门尚未显著好转。二季度美国私人国内投资同比降幅仍高达28.3%。8月份工业开工率仍不足70%,比

1972~2008 年间平均水平低约 11 个百分点。

第六，世界经济低迷，靠外需带动美国复苏并不现实。美国一些政府部门对依靠外部需求拉动本国经济增长有期待，有关专家也主张通过美元贬值等措施来促进美国出口。但 2009 年 7 月份美国贸易逆差又创 10 年来最大升幅。国际市场持续低迷，主要经济体外贸降幅高达 20%~40%，美国出口很难迅速恢复，依靠外需拉动增长的希望渺茫。

三、我们的判断与建议

虽然美国已经避免了衰退向萧条的发展，但多种不利因素将制约美国经济增长的幅度和可持续性，深刻影响美国的经济复苏进程，使之经历一个缓慢、曲折和长期的过程，从而使本轮周期具有宽"U"型或者"L"形而非"V"型的特点。美国经济的这一特点，必将对世界经济产生重大影响，拖累许多国家的复苏，使世界经济进入一个较长的低增长期甚至动荡期。正如世行预测局局长蒂莫所言，"世界经济就像一个急救中的病人，刚从抢救间出来，离开急救器械能勉强生存，但仍住在医院里，离不开药物的刺激与治疗。"针对这一形势，我们的建议是：

第一，着力实现我国平稳较快的持续发展，稳步提升国家实力和国际地位。由此次危机引发的世界经济大调整、大分化的变局还在继续，各国的位次不进则退，力量的对比彼消此长。我国在 2009 年二季度率先遏制增速下降趋势、实现经济企稳回升和较快增长，进一步提升了国力，也赢得了国际社会的普遍赞誉。这次我们在与国际组织和美国有关机构交流座谈过程中，大家一个共同的感受是，中国在促进世界经济复苏过程中的作用得到了高度重视、充分评价。今后不管外部环境如何变化，我们都应始终坚持发展至上的原则，通过不断壮大综合经济实力，提升我国在世界经济版图中的份额，提高我国的国际地位和话语权。要充分认识美国及世界经济复苏面临的不确定性及长期性，做好打持久战的准备，保持宏观经济政策的连续性与稳定性，夯实经济复苏的基础，着力把平稳较快的发展势头保持下去，这样我国就一定会成为本轮世界经济变局的赢家。

第二，认清国内外供求形势变化趋势，坚持走内外需协调拉动的平衡发展之路、"苦练内功"的集约发展之路。这次的金融和经济危机充分表明，过于依赖外需的增长道路在应对外来风险方面是有缺陷的。而在全球性产能过剩和需求偏紧、贸易保护主义广泛升温等外部因素，以及生产要素成本上升、汇率升值等内部因素的综合作用下，我国出口也不可能再连续实现 20% 以上的高增长。我国必须在宏观政策上坚持扩大内需的方针，实现内外需两个轮子平衡协调拉动经济发展；同时在微观上鼓励企业由粗放发展转向集约发展，通过改善管理、加快技术进步和人力资本积累等途径，提高全要素生产率，提高产品和服务质量，提升国际竞争力。

第三，充分挖掘中美两国经济互利互补的潜力，拓展战略性合作的广度和深度。尽管美国经济面临空前困难，但综合实力仍属超强，特别是技术与创新、管理与制度、人才与知识的优势明显，这些正是我国提升经济结构和素质、走集约发展之路亟须的。我们不仅要把美国当作重要出口市场，而且要更加注重其技术、人才、管理和创新优势，把加强与美方在这些领域的合作，作为我国分享其国际竞争优势的平台、抢占国际战略制高点的手段和提升整体发展素质的途径。具体而言，一要抓住美渴望扩大出口的时机，敦促美放宽高技术出口限制；二要借鉴美公司在我发展第三代核电的经验，鼓励更多的美国公司把中国当作新技术的试验田和研究开发基地；三要鼓励中国机构和人员"走出去"与美方深化合作；四是支持中美企业和机构依托第三国和全球市场开展合作，在更广泛的基础上培植共同利益。

第四，重视预防美元贬值风险，主动优化外汇资产结构。根据美国财政部的测算，2009 财年美国联邦财政赤字将达 1.58 万亿美元，约为上一财年的 3 倍多，占 GDP 比重超过 11%；未来十年联邦财政赤字累计超过 9 万亿美元。这是不可持续的，也将不利于美元汇率的长期稳定。美联储负责国际金融交易的托马斯处长和纽约联储负责新兴市场研究的克拉克副局长等也认为，美国的巨额财政赤字有很大风险，特别是在其可能引发通货膨胀预期的情况下，风险更大。摩根士坦利的汇率研究负责人列文更是尖锐地指出，美国根本没有人会关心美元汇率，相比之下更关心的是通货膨胀率；从长期看美元肯定要贬值，主要是其他国家对美元的需求减弱和阻止了美元的下跌。种种迹象表明，我国要提早预防美元贬值风险，逐步采取切实举措促进外汇储备资产多元化，避免过多持有美国国债。

（2009 年 9 月底成稿）

经济回升在延续，结构调整有亮点①
——广东、浙江两省经济形势调研报告

广东、浙江两省经济外向程度高，受国际金融危机的影响早、程度深，它们的经济走势既反映了国内市场的变化，也反映了外部需求和国际市场的变化。现将近期赴两省调研时了解到的有关情况报告如下。

一、经济回升态势在延续

2009年上半年特别是二季度以来，两省经济呈现企稳回升的态势，7、8两个月延续了向好趋势。具体表现是：

——地区生产总值和工业增加值增幅继续提高。1~8月，广东生产总值增长8.2%，比上半年提高1.1个百分点；工业增加值同比增长5.9%，提高1.5个百分点。浙江工业增加值增长1.9%，提高1.6个百分点。服务业对两省GDP增长贡献度提高。

——投资和社会消费品零售总额增幅提高。1~8月，广东固定资产投资同比增长17.3%，提高1.8个百分点；社会消费品零售总额同比增长15.7%，提高0.7个百分点。浙江固定资产投资同比增长14.6%，提高1.2个百分点，社会消费品零售总额增长14%，提高0.3个百分点。

——进出口降幅收窄。1~8月份，广东省出口、进口同比分别下降17.8%和20.8%，降幅分别比上半年收窄0.8和2.9个百分点。浙江省出口、进口同比分别下降19.3%和15.1%，收窄0.3和2个百分点。

——价格出现止跌回升迹象。从6月开始，广东居民消费价格指数、工业

①乔尚奎、李辉参与写作本报告。

品出厂价格指数和原材料燃料动力购进价格指数环比持续上涨；8月浙江三个指数也有所上涨。

——浙江义乌小商品市场继续回升。8月景气指数比7月份上升10.62点；1~8月，公路、铁路、航空客流总量同比上涨1.9%，国际物流中心集装箱卡口施封量同比上涨4.4%，集装箱公路运输量同比上涨14%。

二、企业主动调结构、上水平

面对严峻的外部市场环境和生产要素成本上升等内部压力，许多企业苦练内功，努力调结构、上水平、抢市场，应变能力和竞争能力有了新的提高，生产经营稳步回升。

一是积极引进国际高端智力人才，加大自主研发力度。许多企业认为，这不仅是当前应对危机之策，更是企业抢占制高点、增强竞争力、谋求长远发展的战略之举。广东华坚集团是中国最大的中高档女鞋制造企业，2008年与瑞士联邦技术创新机构联合成立科研小组，就产品个性化定制服务的世界行业标准进行深度科研。目前正投资6亿元建设世界鞋业（亚洲）总部基地，打造国际高端技术的承接平台、中国鞋业走向国际市场的贸易平台和科技创新的综合服务平台。浙江中控科技集团大力推动自主创新，2008年底在中石化武汉500万吨炼油改造工程、舟山国家石油储备项目三期等国家重大工程竞标成功，接连实现自动控制系统国产化突破。宁波韵升股份有限公司利用国外企业经营困难、科研经费下降的机会，一次性从国外引进20多位高级科技人才，设立了新的高技术企业。

二是改进管理，提高效率、降低成本。企业普遍认识到，市场约束和成本上升压力将是今后面临的长期矛盾。提高企业竞争力，必须实施现代管理，努力降低成本，提高效率。宁波贝发集团作为国内文具行业最具知名度的企业之一，面对经济回升后劳动力需求上升、成本增加的趋势，2009年8月份开始进行柔性自动化生产线试验，推动生产由劳动密集向高效率自动化转型，这将使劳动生产率由目前的3.5万美元提高到10万美元，原来需要25人的工作量只需6人就能完成。该企业还开始打造全球文具供应服务链，加快由单纯的生产制造业务向高端供应链服务商转型。广东佛山南海中美玩具厂引进学习日本丰田公司精益生产管理，全面调整生产线设置及配套，生产空间得到更有效利用，显著提高了生产效率和企业效益。浙江加西贝拉压缩机有限公司通过改进工艺和管理创新，大幅提高制造水平，2009 年 1~8 月产销同比分别增长 16% 和 18%，利润同比提高 40%。

三是千方百计抢占商机，开拓市场。危机时期，国内外用户和消费者有强烈的降低成本和价格的要求，必然带来国际产业格局的调整和市场重新洗牌，许多企业看到了这种机遇。广州白云化工实业有限公司 2008 年四季度以来利用国家扩大投资的有利时机巩固国内市场，同时抓住国外同行减缓扩张和投资的机会实现全球销售，在不少国外工程竞标中成功接替外国品牌，2009 年 1~8 月销售同比增长 15%。浙江杭叉工程机械集团 2009 年上半年在全球和全国叉车销售同比分别下降 44%、36% 的情况下，市场占有率同比提高 3 个百分点，在中国叉车行业实现了总销量、内销量、出口量和效益"四个第一"的良好业绩，7、8 两个月销量同比分别增长 37% 和 45%。浙江义乌中国小商品城集团作为"全球最大的批发市场"，为应对金融危机的冲击，大力引进新客户，产销地多元化发展势头加快。自 2008 年 10 月份以来已累计新引进国内外商户 4000 余户，有 57.9% 的商户主要订单来自中东地区，印度、非洲、东南亚等国家和地区客商增多。

三、目前经济运行中存在的突出问题

调研中，两省反映的问题主要是：

第一，外需走势尚不明朗，升降互现。出口企业在手订单状况出现分化。广东省对外贸易经济合作厅对 120 家龙头企业调研显示，最近两个月订单回升明显，反映订单不足的已经有所降低。广州金鹏、佛山蓝箭等企业反映，9 月出口能够恢复到 2008 年同期水平。浙江省商务厅对 1569 家重点联系进出口企业调查显示，目前在手订单金额比去年同期下降的企业占 58%，持平的占 21%，增长的占 21%。4 月份我们曾去宁波调研过 11 家企业出口情况，目前其中 7 家反映在手订单情况有好转。两省有关部门预计，即使出口逐月回升，全年总额也都将比 2008 年下降 16% 左右。

未来出口回升的趋势有不确定性。一是现在订单回升部分受圣诞节因素影响。二是装备类产品出口还没有恢复，1~8 月，两省机电产品出口同比降幅仍高达 19.8% 和 24.9%。佛山水泵等通用设备制造类企业反映，到年底也难以恢

复到 2008 年同期的水平，说明国外企业投资和生产恢复还不明显。

第二，投资主要靠政府主导，民间投资意愿不足、增幅较低。1~8 月，广东重点建设项目增量投资占固定资产投资增量的 89%，而同期民营投资仅增长 4.7%。浙江限额以上固定资产投资增长了 14.6%，其中基础设施投资同比增长 29.7%，是投资保持较快增长的主要动力，而占比超过六成的限额以上非国有投资仅增长 6.4%。

第三，地方财政收支平衡压力增大。1~8 月，广东地方一般预算收入与地方一般预算支出增幅相差 8.9 个百分点，高于上年同期 3.9 个百分点。浙江一般预算收入同比增长 5.6%，一般预算支出同比增长 17.3%，财政平衡压力较大。

调研中，一些企业负责人表示，国家扶持企业发展的政策已经不少，力度也不小，"企业想要的基本都有了"，但在政策的落实方面还存在不少问题。一是民间资本进入垄断行业仍然困难。企业普遍反映，国家鼓励民间资本进入的政策"大门"已经打开，但部门、行业的"小门"和"玻璃门"依然难进，这严重制约扩大民间投资。二是中小企业贷款难、融资难仍很突出。金融机构对中小企业的信贷支持体系不健全，运行机制不完善，中小企业融资环境没有得到切实改善。广东省反映，由于到广东投资的港台中小加工贸易企业厂房以租用方式为主，来料加工企业的不作价设备属于海关保税监管范畴，物权不在企业，不能作为国内银行贷款抵押物，特别是部分来料加工企业属于非法人企业，在国内无法获得贷款卡，更无法在银行进行信贷等融资活动。三是知识产权保护亟待加强。一些出口企业产品进入国内市场后很快被仿冒，加上营销渠道费用过高、账期长、回款慢，严重影响出口企业开拓内销市场的信心。广州"虎头"牌和"555"牌电池因受国内假冒产品影响，一度被非洲一些国家取消进口。四是成本上升招工难，适用的员工少。企业反映，近年来水、电、燃气和相关原材料价格上升，员工工资、社保等费用提高，成本大幅增加，盈利空间缩小。随着经济回升特别是最近出口订单增多，用工紧张招工难问题突出，不少企业招不足所需员工。广东省劳动保障厅也反映当前劳动力结构性短缺，1~7 月技能型劳动力的求人倍率为 1.37，缺口达 91.8 万人次。

四、近期经济走势判断及政策建议

广东和浙江的情况在我国外向度较高的沿海地区有一定代表性。两省预计近期沿海地区经济企稳回升的态势将延续，结构调整的亮点也将不断涌现。但由于我国面临的内外部不确定因素很多，全球经济复苏曲折漫长、外需不足局面难以改变，由市场力量调节的民营经济、外商投资等增长乏力，回升的基础还不牢固、不平衡，发展的内在动力不强。为把经济回升的势头保持下去、实现经济平稳较快发展的目标，必须坚持实施积极的财政政策和适度宽松的货币政策不动摇。这也是地方和企业的共同呼声。在上述宏观政策导向前提下，根据沿海地区实际和企业反映的问题，我们建议：

第一，调整优化信贷结构、流向，支持实体经济发展。在大银行加强对中小企业服务的同时，大力创新金融服务方式，建立一大批以社区为业务范围、以中小型和微型企业融资为主要业务的民间金融机构，如贷款公司、担保公司等，重点支持中小企业和民营经济发展，满足其合理的贷款需求，支持各类创业活动。加大对企业转型升级、技术进步、兼并重组等的金融支持力度。

第二，保持出口和外资政策稳定性，实现内外需求协调拉动。落实、稳定各项"稳外需"政策。维持人民币汇率稳定。继续改善质检、海关等部门的管理服务，减免相关收费。据浙江省反映，每万元农产品出口所需交纳的五类商检收费总计高达800多元。加强多双边磋商，抑制针对我国出口产品的贸易保护主义行为，改善外贸环境。为企业抢抓世界经济回升过程中的新商机提供信息、融资等方面支持。尽快出台新形势下鼓励外商直接投资的综合性政策措施。对鼓励类外商投资企业自用设备、加工贸易外方提供不作价进口设备，继续实行进口环节增值税"不征不退"政策。

第三，加大垄断行业和服务业对内对外开放力度，吸引民间投资。重点开放金融、电力、电讯、铁路、教育、卫生、文化、传媒、法律服务等部门。营造和维护公平竞争的市场秩序，为催生民营和外资市场主体创造条件。消除歧视性准入障碍，实施同等市场准入标准，促进市场竞争主体的多元化。在招投标、政府采购、政府服务外包、外贸等方面，提供同等政策待遇。全面清理融资、外汇管理、土地使用、公共技术服务、劳动力雇用、人员出入境以及税收、财政贴息等方面的歧视性条规和政策，使民营和外资企业能够公平地获取发展所需的各类要素和资源。各级政府要形成合力，减少行政审批、简化相关手续和程序，营造更有利的软硬环境。

第四，完善政策支持体系，促进企业调整转型升级和高新技术产业发展。

支持企业从国内外吸引高层次管理和技术人才，组成高素质管理和创新研发团队。支持企业参加国家重大科技计划。以公共科技平台、信息平台等资源，帮助企业攻克转型升级中的关键技术、关键流程工艺难题。鼓励企业开展技术方面的国际交流合作，通过引进、消化、吸收国外关键技术，提高自主创新能力。全面落实企业研究开发费税前扣除，激励企业加大研发投入。催生一大批风险投资机构，促进高新技术成果产业化。健全知识产权保护，强化知识产权激励。完善并推广自主研发重大装备国内依托工程和政府采购的制度。总结推广优势企业转型升级的成功经验。

第五，多层次多渠道加强对劳动力的培训，增加人力资本积累。通过中学、大学等教育机构对新成长劳动力开展储备性职业技能培训和职业意识教育。鼓励企业开展上岗前培训和在职技能提升培训。整合、落实各项农民工培训补贴。支持企业与教育培训机构创新合作方式，采取共建培训机构、半工半读、实训与课堂学习并重等方式，提高培训的针对性、实用性。积极开展职业培训国际合作，大力引进国外教育培训机构。

（2009 年 9 月底成稿，供有关领导参阅）

外贸持续复苏面临的
突出问题及相关政策建议①
——江浙沪外贸形势调研报告

2010 年 1 月下旬，为了解我国外经贸最新发展动态，我们再次赴江苏、浙江、上海三省市进行了调研。调研发现，2010 年 1 月外贸环比负增长属正常的季节性波动，三省市外贸复苏态势在延续，2010 年全年同比增速很可能"前高后低"；当前人民币升值预期是影响企业接单的重要因素，招工难、劳动力等成本上升是企业面临的突出问题，海关、质检和金融等部门的服务仍有改进余地。建议继续保持稳外需政策的连续性和稳定性，同时有针对性地解决企业反映较大的劳动力等方面问题，把保增长、保份额和调结构、促转型更好地结合起来，实现对外贸易在更长时期的持续复苏。

一、外贸复苏态势在延续，下半年增速可能回落

2009 年 12 月，江浙沪三省市外贸同比和环比都出现较大幅度增长。2010 年 1 月，三地外贸延续回升态势，出口同比分别增长 30.4%、11.7%和 19.3%；环比分别下降 7.2%、2.8%和 13%。三地政府主管部门普遍认为 2010 年上半年外贸会持续复苏。江苏南京、苏州、无锡、常州等市均估计一季度出口同比增势将比较明显，上半年能保持稳定增长。上海市商委对重点企业的调查显示，2/3 的企业认为 1 季度出口将正增长，53%的企业认为上半年出口形势将继续好转。

---

①王子先、李辉、郑乐参与本报告写作。

1月出口环比有所下降，与往年情况类似，主要受季节性因素影响，并不意味着复苏势头中断。上海和苏州有关部门同志反映，历年1季度出口额都比上年4季度低，一般要低近20%。另根据海关统计测算，入世以来我国1季度出口额平均比上年4季度低14%，进口额平均低5%；1月进出口额比上年12月平均低约10%。

很多企业在手订单同比呈上升势头。江苏省商务厅最近对115家重点出口企业的调查发现，在手订单同比上升的企业比4季度时多1倍。无锡尚德、上海昌硕、中芯国际等多家企业反映，在手订单充足，农历新年前的生产基本饱和。上海昌硕科技称，1月订单与去年12月相比略有下降，同比增加，预计春节期间正月初三就要开工，早于往年。

目前出口和接单没有增加的主要是部分化工企业，以及生产周期较长的设备制造企业如上海外高桥造船、振华重工等，它们认为最困难的时候还未到。韩泰轮胎是韩资企业，受美国对我轮胎特保案影响对美出口几乎停滞，公司总部重新调整生产布局和市场结构的效果要在2季度后才能显现出来。另外，友达光电、无锡尚德、外高桥造船等企业反映，出口价格恢复的速度较慢，也影响到出口额的恢复。

当前江浙沪外贸复苏的突出特点是：出口数量恢复速度快于出口价格恢复速度，加工贸易复苏较为强劲，外商投资企业和民营企业复苏较快，机电产品复苏快于轻纺产品；进口复苏快于出口复苏，特别是基础原材料进口增长强劲，最近两个月进口价格上涨明显并且快于出口价格的恢复。

三省市主管部门和许多企业认为，下半年外部形势仍存在一些不确定性。比如，美欧失业率仍处高位，下半年经济刺激政策效应可能减弱，企业补库存拉动外需的因素也会减弱，针对我国出口的贸易保护措施可能增多。加之2009年下半年基数相对较高，全年出口同比增速将呈"前高后低"态势。上海预计全年出口增长7%~8%，江苏预计增长10%，浙江把全年出口增长目标确定为5%，宁波为10%。上海市商委对企业的调查显示，55.8%的企业预测出口将实现10%以内的增长。

也有一些企业表示全年出口增幅可以达到更高水平。比如，上海中芯国际预计2010年出口将增长17.8%。上海麦硕电子是一家美资企业，2009年美国工厂已经关闭，订单转入中国，预计2010年出口将提高50%。台资企业仁宝集团预计出口笔记本电脑将由 3700 万台增加到 6000 万台。位于苏州的超微半导体是美国 AMD 的独资企业，2009 年下半年母公司将新加坡的产能转移过来，产量大幅上升，目前总部考虑将一部分研发也转移过来，预计 2010 年出口额增长超过 10%。受金融危机影响，与此类似的跨国公司向我国转移生产能力和订单的情况还有不少。比如，2009 年底，富士康、英业达、广达等多家台资电脑代工企业在重庆等地设立新的生产基地，我国笔记本生产和出口能力有望进一步增加。综合起来看，2010 年我国部分产品和产业出口可能超过 2008 年的水平，但出口总额恢复到危机前的高位可能还需要更长时间。

二、企业抢抓外需复苏机遇面临的主要问题

座谈时，企业和地方有关部门反映较多的问题是：

第一，企业普遍存在人民币升值预期，不利于接单。三地政府主管部门和企业普遍认为，稳定的人民币汇率是 2009 年实现保市场、保份额目标的一个重要因素，同时也希望 2010 年人民币汇率能够继续保持稳定，特别是对美元汇率能够保持在 6.8 左右。但是鉴于国内外形势的变化，特别是国外的保护主义趋势和人民币面临的巨大升值压力，出口企业普遍形成了人民币的升值预期。这一情况不利于企业接单特别是接 6 个月以上的长单，也是所接短单比重仍然较高的重要原因。即使是那些进口量较大的加工贸易企业和外商投资企业，也认为人民币升值将增加其接单的风险和难度。上海市商委的调研发现，58.8% 的企业认为人民币汇率不稳定是影响接单的主要因素。多家企业呼吁政府尽早在这个问题上发出明确、权威的信号，以利于其经营决策。

第二，劳动力成本上升快、幅度大，一线操作工短缺。台资企业上海昌硕科技 2009 年出口额达 60 亿美元，有员工近 2 万人。该公司结合上海市的最低工资标准规定以及公积金、社保政策调整，算了一笔账：今年每位管理人员成本将增长 30%，每位操作工成本将增长 70%。上海市商委表示，2009 年下半年以来上海劳动力成本平均已经上升了 10%~15% 左右。江苏省最近也将一类地区最低工资从 850 元提高到 960 元，涨幅约 12.9%。与此同时，企业招不满所需员工特别是一线操作工而影响产能利用和接单的现象也比较普遍。上海昌硕科技反映自 2009 年 10 月以来，一直处于缺工状态，并且估计整个长三角地区的缺工率已达 2~3 成。苏州市商务局反映，IT 行业缺工最明显，仅吴江工

业园 IT 业员工缺口达到 2 万人。许多企业扩大招工范围，甚至主动上门到中西部技校招工，但收获并不大。春节临近，这一问题更加严重，企业普遍担忧节后员工回流率下降。

第三，能源、原材料、航运等价格上涨较多，加重企业成本负担。企业普遍反映，在煤电油运价格上涨的同时，加工制造所需的粮食、棉花、钢材等原材料价格都在上涨。海关统计的进口价格总指数最近两个月同比分别上涨 9%和 13%，初级产品涨幅更大。海运仓位也比较紧张，目前价格已比 2008 年翻番，并且要提前预订，既增加企业成本，有时还延误交货期。

第四，与贸易相关的金融、海关和质检等服务尚需进一步改进。金融方面，多家中小企业反映，由于银行确定的风险等级比较高，在贸易融资方面远没有大企业便利；不少企业反映，国内金融机构对"走出去"企业的金融支持不够，不利于争夺海外客户；南京市商务局反映，一些新型贸易融资品种存在操作困难，比如，出口退税直接融资难以推开，原因是出口增值税业务必须在指定银行开设账户，相应贷款融资业务也必须由这些指定银行操作；出口信用保险保单质押贷款在审核时，银行往往将其作为高风险业务，耗时较长。海关方面，苏州等地的 IT 企业反映，急单很多，周末货物通关不够顺畅，按时交货压力大，需要有更便利的制度安排；出口产品所属部件维修的有关规定不尽合理，不利于企业按客户要求高效率开展维修服务；有的外资企业反映，母公司计划将海外生产转移到我国，但我国对二手设备进口预检验周期长，对此有不利影响；一些产品分类编码也有待改进。质检和商检方面，有的企业反映部分项目收费偏高、费时较长，并建议取消已多次延期实施的相关法检目录。

第五，外商对东部制造业直接投资增长乏力，影响货物贸易增长后劲。三地商务部门同志普遍认为，危机前其外贸持续的高速增长与外商制造业直接投资的高速增长密切相关，而当前和今后，受多种国内外因素的共同影响，东部特别是其劳动密集型制造业对外商直接投资的吸引力显著下降，需要开辟新的促进外商投资和贸易增长的领域和空间。

三、相关政策建议

为了帮助企业更好地抓住世界贸易复苏的机遇，巩固我国外贸回升势头，并且在保增长、保份额的同时兼顾调结构、促转型，针对企业、地方反映的问题和意见，结合我们的研究，提出以下几个方面的建议。

第一，采取针对性强的措施，缓解劳动力成本、数量、结构、质量等方面的问题。东部发达地区劳动力成本上涨的趋势不可避免，在改善收入分配、促进产业转型升级、促使企业走集约化和精益化发展之路等多方面都有积极影响。问题在于要适当把握好最低工资、公积金、社保等政策调整的时机和节奏，使企业劳动力成本上升的过程更加平稳和可持续，避免短时间大幅度上涨形成冲击。同时，针对东部一些产业密集区用工短缺和供需不匹配等问题，有关部门要加强组织协调，整合中介机构、培训机构、劳动力市场等各方面力量，切实加强跨区域"点对点"劳动供需对接，加强对城乡初中、普通高中和大学未就业毕业生的短期职业技能培训，加强对已进城未就业第二代适龄农民工的公共就业服务，充分挖掘适用劳动力供给潜力。支持企业与教育培训机构创新合作方式，采取共建培训机构、半工半读、实训与课堂学习并重等方式，提高培训的针对性、实用性。积极开展职业培训国际合作，大力引进国外教育培训机构。另外，有关部门出台能源资源性产品调价方案时，也要注意把握好时机和节奏，避免多种成本上升因素"碰头"。

第二，做足扩大进口的文章，化解保护主义压力。无锡尚德有关人士介绍，其太阳能发电板产量占全国的 25%，占全球的 10%，让很多外国企业"眼红"。德国等国之所以未对其采取反倾销之类的保护主义措施，主要原因是中国从德国进口了大量关联产品，所带动的就业量远超过德国与中国直接竞争的发电板制造企业的就业。这启示我们，在化解保护主义压力方面，必须有新的思维、新的战略和战术。既要做好应诉和反制等方面的工作，更要充分利用许多国家重视我国需求和市场的有利条件，通过扩大进口，着力在有关国家内部培植制约对我产品实施保护主义的力量。

第三，近期继续保持人民币汇率基本稳定。鉴于当前外贸处于恢复初期，出口企业在经受危机较大冲击后承受力仍然脆弱，下半年的出口形势还有一些不确定性，建议近期继续保持人民币汇率基本稳定。但企业感到升值可能性较大，这是一个突出的不确定因素，建议尽早研究如何发出明确、清晰、权威的汇率政策信号，以避免持续的升值预期影响企业的生产经营决策、引发更多的投机资本流入。与此相配合，还要积极采取综合措施缓解人民币升值压力，包括：加强监管遏制热钱流入，便利对外直接投资，拓展对外金融资产投资，扩大跨境贸易人民币结算试点范围，发展跨境人民币金融业务，推行企业出口收汇存放境外运作等。在改进对资本流入的监管时，特别要注意尽量不增加影响经常项目可兑换和贸易便利化的行政审批项目。

第四，注重培育东部地区新的外经贸增长点。继续稳定和完善相关配套政策，持之以恒地支持有自主知识产权的高新技术产品和国内品牌产品的出口；鼓励企业扩大技术方面的国际交流合作，通过引进、消化、吸收国外关键技术，提高自主创新能力；支持企业从国内外吸引高层次管理和技术人才，组成高素质管理和创新研发团队。同时，加大东部地区各类服务业对外开放力度，重点开放金融、电信、物流、教育、卫生、文化、传媒、法律服务等部门，这有助于为东部地区产业结构的调整升级和外贸的后续发展增添新的动力，也有助于在东部地区创造更多的白领就业机会。

第五，继续改进贸易相关部门和金融机构的管理、服务。许多企业对危机发生后这方面的进步感受很深，但也普遍担心形势稍有好转相关管理和服务又变差。建议针对企业反映的问题，不断完善海关、质检等领域常规制度，继续扎实推进贸易便利化。金融机构要不断创新政策性和商业性金融产品，为企业开拓国际市场提供全方位金融服务。

（2010年1月底成稿，供有关领导参阅）

拓展对外开放的广度和深度

温家宝总理在《政府工作报告》中部署 2010 年工作时，提出了"着力提高开放型经济水平"的任务，指出要全面适应国际形势变化和国内发展要求，拓展对外开放的广度和深度，包括"稳定发展对外贸易""推动利用外资和对外投资协调发展""深化多边双边经贸合作"等。这些既是结合 2010 年国内外形势实施对外开放基本国策的具体安排，也是贯彻落实科学发展观、实现全年经济社会发展目标的重大举措。

一、开放要全面适应国际形势的变化

改革开放 30 余年来，随着与外界的经济、政治、文化、科技、安全等方面的联系日益增多，我国与世界的关系发生了深刻的变化。在我国国际影响力显著增强的同时，我国的发展也越来越受到国际因素的影响。做好 2010 年的对外开放工作，必须认真分析、准确判断和全面适应危机后的国际形势，把思想和行动统一到政府工作报告的认识上来。

国际金融危机发生在经济全球化快速发展背景之下，导致全球需求萎缩和世界经济深度衰退。国际货币基金组织（IMF）2010 年 1 月发布的报告估计，2009 年全球经济负增长 0.8%，发达国家由上年增长 0.5% 转为负增长 3.2%，新兴经济体和发展中国家增长 2.1%，但增速比上年低 4 个百分点；全年世界贸易量（包括货物和服务）降幅超过 10%，国际直接投资降幅超过 30%。发达国家中，日本、德国国内生产总值的降幅均为 5.0%，美国的降幅为 2.4%。我国周边多个发展中经济体都出现负增长，比如，泰国为 −2.3%，新加坡为 −2.0%，马来西亚为 −1.7%，中国香港为 −2.7%，中国台湾为 −1.9%。我国的外需急剧萎缩，全年出口降幅达到 16%，国内生产总值增速在 2009 年一季度曾回落到约 6%。

2010 年世界经济有望实现恢复性增长，经济全球化深入发展的大趋势没有改变，总体形势可能好于去年。据 IMF1 月份的预测，今年全球经济将增长 3.9%，发达经济体增长 2.1%，其中美国、欧元区和日本分别增长 2.7%，1% 和 1.7%；新兴和发展中经济体增长 6%，其中印度、巴西、俄罗斯和东盟五国分别增长 7.7%、4.7%、3.6% 和 4.7%。世界贸易量增长 5.8%，跨国直接投资也将恢复增长。与衰退时的同步性相比，当前的世界经济复苏表现出一定的不均衡性。种种迹象表明，复苏的基础仍然脆弱，一些不稳定、不确定因素可能对世界经济的复苏进程带来不利影响。一是恢复增长的内生动力不足。目前的复苏很大程度上得益于全球大规模财政刺激与宽松货币政策的实施、金融部门信心的反弹以及库存周期的转变。发达经济体就业严重滞后于经济复苏，私人消费和企业投资需求仍然疲弱。新的带有全局意义的技术突破和产业进步还在酝酿，尚不足以引领新一轮世界经济增长。二是金融领域风险没有完全消除，财政风险在积聚。在危机中深受打击的金融体系尚未完全愈合，存在于货币市场、高收益市场、跨境资本融资等领域的风险仍未得到根本化解，全球范围内的银行去杠杆化仍在继续。美国等国的问题银行和倒闭银行的数量增多。一些新兴市场流入资本迅速回升，助长新的资产泡沫。希腊、西班牙等欧洲国家财政风险暴露，引发新的市场动荡。三是国际大宗商品价格和主要货币汇率可能加剧波动。IMF 预测全年石油价格涨幅为 23%，非燃料商品价格涨幅接近 6%，新兴和发展中经济体消费者价格上涨超过 6%。美元、欧元等主要汇率波动幅度也呈现加大趋势。四是刺激政策退出增加不确定性，加大国际协调难度。目前有关国家经济形势的分化比较明显，危机期间出台的经济刺激政策在退出的时机、方式、顺序、节奏等方面容易产生分歧。不仅不当的退出会增加各国经济面临的风险，而且基于自顾性的政策调整，常常对其他经济体产生不利影响，相互之间协调的难度明显加大。通货膨胀压力已经显现、经济活动复苏相对强劲的国家，希望更早和更快地紧缩银根、提高利率；失业率仍居高位且通胀率保持低位的国家，则倾向于继续保持宽松和低利率的货币政策。特别是已爆发主权债务危机的国家，不得不冒着经济再次下行的风险减少财政开支和赤字。各国政策的频繁调整和差异性，还将进一步加剧利率、汇率波动，引发更多市场投机活动和趋利行为。五是保护主义明显抬头，贸易摩擦增多。各种隐性或变相的贸易限制和保护措施层出不穷，恶化了贸易环境，对全球经济复苏构成严重威胁。

与此同时，这次百年一遇的危机对世界格局的深远影响也将逐步显现出来。一是多极化趋势会有所加强。国际力量对比此消彼长。虽然发达国家的主导地位和综合国力优势没有根本改变，但元气大受影响，以"金砖四国"为代表的新兴和发展中大国在促进增长中的作用更大，在国际博弈中的份量加重。二是全球经济治理会有所加强。在反思这次危机起因和扩散机理的过程中，越来越多的国家意识到加强和改善全球经济治理结构的重要性。一方面，我国有可能同发展中国家一道谋求更多的国际话语权，并使新的全球治理结构更符合自身的发展利益；另一方面，自主选择发展战略和政策的空间也可能受到更多外部限制。三是有关国家的发展模式会有所调整。一些国家重新思考后危机时代消费与储蓄、金融经济与实体经济、内需与外需等重大经济关系，政策导向会有相应变化。有的发达国家提出实施"再工业化"战略，重振制造业，甚至计划在未来五年将出口翻一番。一些国家积极研究金融监管体系改革和削减中长期财政赤字的方案。许多国家都把发展绿色经济、低碳经济作为战略重点加以扶持，谋求国际竞争中的先机。这些都将对国际经济关系产生影响。四是气候变化等非传统安全领域问题错综复杂，国际博弈激烈，国际协调和合作也可能进一步增多。

总的看，我们面临的国际形势极为复杂。外部环境的任何风吹草动，无论是短期变化还是长期趋势，都将通过信息、贸易、金融、直接投资、人员流动等传导机制，对我国产生影响。做好2010年的对外开放工作，必须全面适应国际形势的要求，既锐意进取，充分利用世界经济复苏进程中的有利条件和积极因素，把握好各种外部机遇，又增强忧患意识，妥善应对各种外来冲击和风险，将其对我国发展的不利影响降到最低。

二、开放要全面适应国内发展的要求

做好2010年的对外开放工作，必须全面适应国内发展的要求，围绕各项国内经济社会发展重点，创造更多有利的条件，提供更有力的支持、服务和保障，促进各项国内经济社会发展目标顺利实现。这是贯彻落实科学发展观、统筹国内发展与对外开放的重要内容，是牢牢把握对外开放主动权、提升开放型经济水平的客观要求，必须长期加以坚持。

从国内外因素综合判断，我国仍处在发展的战略机遇期，有许多加快发展的有利条件，完全有可能在今后比较长的时期内保持经济社会又好又快发展的局面。报告认为，2010年是我国继续应对国际金融危机冲击、保持经济平稳较快发展、加快转变经济发展方式的关键一年。并且提出了"四个着力"的工作要求：着力搞好宏观调控和保持经济平稳较快发展，着力加快经济发展方式转变和经济结构调整，着力推进改革开放和自主创新，着力改善民生和促进社会和谐稳定。这些既是对国内发展的基本要求，也是对开放工作的要求，必须贯彻到拓展对外开放广度和深度的各个方面。

第一，着力稳定外部需求、防范外来冲击，为保持经济平稳较快发展作贡献。在对外开放工作中，注重综合运用出口、进口、利用外资、对外投资、对外援助等多种方式，充分发挥我国的比较优势，抢抓外部需求回升机遇，大力拓展国际市场，弥补国内有效需求不足，实现内外需协调促进增长；注重进口国内发展所需的能源资源，缓解国内资源供给约束，弥补国内资源禀赋的缺陷。同时，注重防范各类外部经济风险，避免"热钱"流入、进口价格上涨、汇率波动等冲击影响国内宏观经济稳定大局。

第二，着力提升开放质量，提高开放效益，为促进经济发展方式转变和经济结构调整作贡献。我国实现可持续发展的根本途径在于转变经济发展方式和调整经济结构，必须转向创新驱动、内生增长的轨道，转向一、二、三产业协同拉动增长的格局。与此相适应，在对外开放工作中，必须注重转变外贸增长方式和调整对外贸易结构，注重优化利用外资结构，积极开展对外投资，组合利用全球资源形成新的国际竞争优势，拓展国际化发展的新方式、新空间和新领域。

第三，着力以开放促进国内体制改革和提升自主创新能力。以开放促改革、促创新，是过去30余年我国加快发展的一条成功经验。在新的形势下，这一经验仍然有着强烈的现实意义。我们既要注重借鉴国际通行的法律法规、制度和管理经验，完善国内经济社会体制，也要注重引进、消化和吸收国外先进技术，促进国内自主创新。

第四，着力以开放促进民生改善和社会和谐稳定。经济领域的开放，有力地促进了我国经济的持续发展。借鉴这一经验，同样可以通过扩大社会领域的开放促进社会发展。做好 2010 年的开放工作，必须重视社会事业和民生领域的开放问题，以开放创造更多的就业机会，以开放促进社会公平正义、和谐稳定，以开放促进社会与经济协调发展。

三、稳定发展对外贸易

对外贸易是对外开放的重要内容，是利用外需的主要途径。外需和内需相互促进、相互补充，共同构成了我国的市场空间，共同推动我国经济平稳较快发展。2010 年拓展对外开放广度和深度的一个重要方面，就是抓住世界经济复苏、外需恢复增长的机遇，稳定发展对外贸易。这有利于促进就业、增加居民收入和扩大居民消费，有利于更有效率地使用各种国内外资源、提高资源配置的效率，有利于带动我国的经济发展、实现对先进国家的追赶。报告指出，今年稳定发展对外贸易的主要着力点是"拓市场、调结构、促平衡"。

（1）在开拓市场方面。一是落实和完善出口退税、出口信贷、出口信用保险等各项政策措施。保持出口退税政策稳定。扩大出口信用保险覆盖范围。创新贸易融资产品，推动开展保单融资、出口退税账户托管贷款和优买优贷业务，加大对中小企业进出口信贷的支持力度。二是继续改善海关、质检、外汇等方面的服务，提高贸易便利化水平。三是坚持实施市场多元化战略。在巩固美国、欧盟和日本等传统市场的同时，大力开拓南亚、中亚、中东、非洲、拉美、中东欧等新兴市场。四是坚持实施以质取胜战略，不断增强出口产品竞争力。逐步改变低成本、低价格竞争模式，培育新的核心竞争力，提升综合竞争力。五是通过打造国内外会展平台、支持中小企业参展等方式，加大开拓市场的力度。

（2）在调整、优化出口产品结构方面。一是稳定劳动密集型产品出口。这是我国传统优势所在，也是吸纳就业的主体，关键要提升产品档次，增加附加值、丰富产品链条。二是扩大机电产品和高新技术产品出口。这是一个长期努力的方向，必须继续完善相关扶持政策，持之以恒地抓下去。三是大力发展服务贸易和服务外包。这方面的潜力很大，有助于创造更多的白领就业机会，有助于促进国内三次产业结构调整。具体措施包括：加强服务贸易法规建设和促进服务贸易平台建设；采取有针对性的措施，支持文化、软件、动漫、工程设计等服务出口；完善服务外包支持体系，创新海关监管模式；加快培养和引进高端人才。四是努力培育出口品牌和营销网络。支持企业出口拥有自主知识产权和自主品牌的产品和服务，支持企业通过自建营销网络、并购国外营销网络等方式开展自主营销，打造"中国制造"和"中国服务"品牌。五是积极推进加工贸易转型升级。鼓励加工贸易企业通过增加研发投入和加大技术转移等方式，由代加工向代设计和自创品牌发展；推动加工贸易产业链向上游研发设计、中游集约发展、下游营销服务延伸；引导部分加工贸易逐步由东部发达地区向土地承载能力强、劳动力充裕的中西部地区转移。六是继续严格控制"两高一资"产品出口。相关管理要更加精细化，并与国家产业政策配套衔接。

（3）在促进进出口平衡发展方面。一是重点扩大先进技术装备、关键零部件和国内紧缺物资进口。这是促进发展的重要内容。二是稳定各项进口促进政策。清理进口环节的不合理限制，采取措施推进进口便利化。三是敦促发达国家放宽高新技术产品出口限制。同时，扩大自非洲等发展中国家和地区的进口。

四、推动利用外资和对外投资协调发展

利用外资和对外投资都是对外开放的重要内容，是沟通和连接国内外两个市场的重要桥梁，是在经济全球化条件下汇集国内外要素和资源形成新的竞争优势的重要途径。报告结合国内外的新形势和我国对外开放工作的现状，把对外投资与利用外资相提并论，提出了"推动利用外资和对外投资协调发展"的要求，有利于我们从战略高度认识利用外资和对外投资的重大意义，把"引进来"和"走出去"更好地结合起来，有利于在更高层次、更多领域更好地利用两种资源和两个市场，拓展国内产业结构调整的空间、加快调整的步伐，也有利于缓解贸易摩擦、促进国际收支平衡。

我们要继续积极有效地利用外资，充分发挥外资在优化国民经济结构、提升国民经济素质和整体竞争能力上的独特作用。第一，优化利用外资结构。鼓励外资投向高端制造业、高新技术产业、现代服务业、新能源和节能环保产业，鼓励跨国公司在华设立地区总部等各类功能性机构，鼓励中外企业加强研发合作。这些有助于培育新的经济增长点，有助于引进国外先进技术、提高自主创新能力。第二，鼓励外资参与国内企业改组改造和兼并重组。这有助于促进国内企业的改革和转型升级，提升管理水平，提高市场竞争力。第三，促进

"引资"与"引智"相结合。注意通过引进外资促进境外技术和智力资源向境内转移。第四，引导外资向中西部地区转移和增加投资，促进区域经济协调发展。第四，加快建立外资并购安全审查制度，适时启动实施。这有助于维护我国的经济安全。

在当前国内外新的形势下加快实施"走出去"战略，促进企业开展对外投资合作，不仅具备较好的基础和条件，而且面临前所未有的机遇。一是鼓励符合国外市场需求的行业有序向境外转移产能。一方面直接转移国内过剩生产能力，有利于打破贸易壁垒；另一方面也能带动商品、技术、劳务、成套设备出口，促进出口结构调整。二是支持有条件的企业开展海外并购。特别是兼并国外知名品牌、营销网络和研发机构，促进企业转型升级，开展国际化经营，提升我国企业在国际产业分工中的地位。三是深化境外资源互利合作。既促进东道国资源开发和就业，又获得长期稳定、来源多样、价格公平合理的资源供应保障。四是提高对外承包工程和劳务合作的质量。鼓励企业以总承包、带资承包、BOT 等方式承接境外工程，提高工程质量，完善相关服务，带动货物和服务出口。提升劳务合作水平，拓展白领等高层次劳务合作；推动外派劳务管理体制改革，出台相关改进管理和服务的行政法规。五是进一步简化各类审批手续，落实企业境外投资自主权。与此同时，要引导"走出去"的企业依法经营，规避风险，防止恶性竞争，维护国家整体利益和良好形象。有关部门要编制对外投资中长期发展规划、重点国别和重点产业规划，制定对外投资产业指导政策和国别产业导向目录，制定企业境外经营行为规范。

五、深化多边双边经贸合作

我国的开放是全方位的开放，也是互利共赢的开放。中国和世界各国拥有广泛的共同利益。我们要通过深化多边双边经贸合作，增强与世界各国的利益交汇，既促进我国的长期发展，也为各国的共同发展作出贡献。

加强和改善与发达国家的经贸关系，深化与发展中国家的互利合作。充分发挥经济高层对话和双边经贸联委会作用，加强与经贸大国关系的战略运筹，拓展经贸合作的深度和广度，妥善处理有关争端和分歧。充分利用中非合作论坛、中阿合作论坛、中葡合作论坛以及中国—加勒比、中国—太平洋岛国经济发展合作论坛等机制的作用，深化与发展中国家的经贸合作。认真落实中非务实合作八项新举措。继续做好千年发展目标落实工作。加强援外宏观指导和监督管理，提高对外援助工作成效。

加快自由贸易区建设步伐。在贸易保护主义加剧、多哈等多边谈判进展艰难的情况下，加快自贸区建设、尽快形成我国的全球自由贸易网络具有十分重要的意义。要按照研究一批、启动一批、突破一批、签署一批的总体部署，全面推进相关工作。

积极参与多哈回合谈判，推动早日达成更加合理、平衡的谈判结果。这是参与国际多边规则制定的重要方面，意义重大。同时要做好世贸组织对我国第三次贸易政策审议等准备工作。积极利用其贸易政策监督机制，防止贸易保护主义泛滥；积极利用其争端解决机制，应对贸易伙伴的贸易保护措施。

反对各种形式的保护主义，妥善处理贸易摩擦。近年以来一些国家针对我国的保护措施明显增多。为此，要从以下几个方面做好应对工作：一是坚决反对保护主义行为，积极呼吁国际社会共同努力，健全遏制滋生保护主义的机制，维护自由贸易体制，促进经济全球化进程的恢复和发展。二是以实际行动履行自己的承诺，严格遵守世贸规则和国际惯例，在保持出口稳定增长的同时，积极扩大进口，努力促进对外贸易基本平衡。三是更多地通过建设性的对话和磋商来化解贸易摩擦，避免激化矛盾，两败俱伤。四是强化国家主管部门、地方、中介机构和相关企业"四体联动"应对机制，提高应对贸易摩擦的能力。

（2010 年 3 月初成稿，为当年《政府工作报告辅导读本》中的一章）

持续复苏态势下
着力促进外贸调结构、上水平①
—— 赴 2010 年春季广交会调研外经贸形势的报告

2010 年 4 月下旬，为了解外经贸最新发展动态，我们赴广交会调研，召开参展企业和地方商务部门座谈会，并对 200 多家企业进行调查问卷。总的看，当前外贸恢复性增长势头良好，出口量价持续齐升，逆差已转为顺差，全年出现较大顺差的可能性在增大。出现这种局面，要求外贸平衡增长的外部压力会加大，应及早统筹谋划应对之策，加快推进外贸调结构、上水平、促转型，注重通过"走出去"、扩大服务业开放等促进外贸持续平衡增长。

一、恢复性增长态势在延续，产品创新升级有亮点

第 107 届广交会前两期成交、地方主管部门和企业座谈时介绍的情况都表明，外贸恢复性增长态势在持续，出口规模接近和超过 2008 年高位的企业和地方在增多。广交会一、二期到会境外采购商 162267 人，累计出口成交 255.6 亿美元，这两项指标不仅远高于上年同期的 105 届，与上年秋季的 106 届相比，也分别增长 8.9% 和 7.1%，主办单位估计三期结束时这两项指标可能只略低于 2007 年春季 101 届创下的最高纪录。从回收的 220 份企业调查问卷看，2/3 以上企业预期本行业全年外需与 2009 年相比持平或更好；58% 的企业就业人数比危机前有所增加，20% 的企业就业人数增加 20%~50%。从 12 个省市的情况看，多数外贸恢复状况比年初预期要好，与 2008 年同期相比，江苏、

---

① 王子先、李辉、李莉参与本报告写作。

浙江、上海等 6 省市进口、出口都有不同幅度增长。

外经贸复苏也出现了一些新情况和新特点：

一是出口产品价格普遍上涨。据海关统计，2009 年 12 月出口价格同比下跌 3.5%，2010 年 1、2 月环比继续下跌，3 月环比和同比分别上涨 2.1% 和 1.4%。广交会一期机电产品现场成交价格普遍上涨 5%~100%，个别上涨 30%；二期园林用品、节日用品价格涨幅在 10% 左右，有的达到 20%。一些地方反映本省参展企业成交价格涨幅平均达到 10%。一些轻工企业出口单价不仅高于 2009 年，也高于 2008 年。

二是有创新成分的自主品牌产品备受青睐。危机后一批拥有自主品牌产品的企业脱颖而出，具有更强的议价能力，广交会成交额高于非品牌企业 2~3 倍。江苏品牌企业平均成交额 700 万美元，全部企业平均成交额只有 200 万美元左右。江门外贸集团新产品成交量占总量的 80% 左右。东莞雷洋电子 55% 以上的产品是自主品牌出口，公司利润比贴牌多出 10% 以上。深圳兰普源开发出有自主知识产权的节能灯，洽谈客户增长 4 倍。福建德艺自主研发沙滩鞋，由过去单纯的接单方演变成下单方，产品供不应求。

三是订单充足的企业明显增多。有的企业 2010 年一季度订单已相当于 2009 年全年，很多企业表示订单能排到秋季。企业问卷调查表明，79% 的企业在手订单能满足半年生产能力。

四是市场多元化态势更加明显。此次广交会来自欧美以外新兴市场的采购商明显增多。一期亚洲、拉美、大洋洲和非洲到会采购商人数增幅都在 15% 以上；二期分别增长 4.7%、15.2%、30% 和 8.2%。

五是与贸易相关的中外经济合作向纵深发展。有的大力引进境外设计人才和技术，或者与境外机构合作研发新产品。有的跳过中间商直接与欧美客户建立业务关系。有的与国外同行进行战略合作，在国内外市场共享营销网络。浙江、江苏、上海等地区企业"走出去"增势迅猛。有的内陆地区通过引进一批大的外资项目培育新的外贸增长点。

企业和地方同志也反映了一些问题。一是招工难和劳动力成本上涨。自 2009 年以来，劳动用工成本上涨幅度约为 10%~30%，当前一些出口型企业缺工率在 10%~20% 左右。二是原材料、能源、物流成本上升。广东、四川等省商务部门反映不锈钢、黄铜、棉花等原料价格比 2009 年同期上涨 30% 以上。

轻工商会反映，2009 年底以来皮革、纺织面料、陶土、化纤等原料价格普遍上涨 10% 以上，一些大宗产品价格上涨 70%。广东等沿海地区 3 月中旬已开始错峰限电。企业产品提价幅度跟不上成本上涨幅度，利润空间被压缩，有的毛利率低于 2009 年。三是人民币升值预期制约企业接长单。问卷调查显示，约 60% 的企业能够承受人民币升值幅度在 1% 以下，14% 企业能够承受 3~10% 的升值。只有 10% 的企业能利用金融工具规避汇率风险，一些企业主动放弃长期订单。四是一些境外采购商下单仍然十分谨慎。特别是"补充库存型"订单仍占相当份额，往往将大订单拆成小订单、分步下单，并要求缩短交货周期，成交价格谈判比较艰难。五是针对我国出口的贸易保护主义仍在持续。2009 年以来美国对我国 14 类产品启动贸易救济调查，年出口额在 1 亿美元以上的油井管、轮胎、铜版纸等七类产品 2010 年一季度对美出口大幅下降 37%。浙江省商务厅反映，2010 年一季度浙江省遭受"两反两保"案件 18 起，涉案金额 1.7 亿美元，同比增长 41.7%。

二、对全年外贸规模和贸易差额的初步估计

综合考察国内外经贸形势的最新发展，我们认为，只要我国稳外需政策保持连续性和稳定性，并且外部环境不发生较大的突发性事件和变化，外经贸领域存在的困难和问题不足以改变全年外经贸恢复性增长的态势，全年进出口很可能达到甚至超过 2008 年的历史高位（进口同比需增长 13%，出口同比增速需略高于 19%）。同时全年仍可能出现较大的贸易顺差，甚至比 2009 年的顺差规模有所扩大。这是因为：一方面，随着刺激政策效应减弱和有关调控措施出台，对进口的需求会逐渐恢复到正常水平；另一方面，随着发达国家经济复苏的持续，特别是美欧日私人消费转向增长，对我国出口形成拉动，进出口增速之间的差距将趋于缩小。4 月份的统计已显示出这样的趋势，贸易恢复顺差。今后需要继续关注由持续顺差而来的国内外压力加大问题。

三、实现外经贸中长期持续稳定平衡发展的对策建议

企业和地方反映的问题，既折射出当前国内外经济形势的新变化，也是中长期不断提升我国在国际分工中地位所面临矛盾的突出表现。这些矛盾主要是：其一，世界经济"再平衡"压力与我国作为世界第一出口大国继续拓展外

部市场空间的矛盾；其二，人民币升值压力持续存在与我国企业定价能力和利润空间有限的矛盾；其三，劳动力等国内要素成本上涨压力与保持出口价格竞争力的矛盾。在外贸规模和顺差可能恢复到危机前水平的情况下，必须更加重视我国外经贸在更长时期持续稳定平衡发展的问题，针对这些矛盾及早统筹谋划应对之策。

第一，更加注重引导和支持出口企业创新和转型升级。经历危机之后，出口企业加快产品更新换代和转型升级的意愿更加强烈，有些已初见成效。从现在起必须发出更强烈和更清晰的政策信号，引导和支持企业开展多种形式的创新活动，促进外贸发展方式转变。一是适当调整细化现有出口退税等优惠政策，对含创新成分产品出口实行"普惠＋特惠"的激励模式；二是鼓励企业开展多种形式的国际合作提升研发能力，包括引进海外研发设计人才、建立中外合作研发团队、引进消化吸收关键技术、进口相关服务和设备等；三是通过设立技术中心、设计中心、创新产品展示中心等公共平台，支持中小型出口企业的创新活动，可优先选择一些中小企业较多的产业集聚区进行试点；四是通过产业协会、商会等中介组织，大力推广典型出口企业实现转型升级的成功经验。

第二，更加注重通过"走出去"促进外贸发展。这方面潜力很大，有利于促进贸易平衡。要营造良好的制度政策环境、完善相关公共服务，在几个方面予以支持。一是可转移部分生产制造能力，带动设备和中间产品出口；二是可建立境外营销网络，更直接地与境外需求者开展业务交流和互动，改进产品质量和相关服务，提高销售价格；三是可收购或入股国外研发机构，利用其技术储备开发行业领先技术，提升企业技术能力和水平；四是投资开发海外能源资源，保障进口供应，弥补国内不足。

第三，更加注重扩大服务业开放。金融、电信、物流、教育、卫生、文化、传媒、法律等服务业的开放，有利于促进国内服务业发展，提供更多的白领就业机会，有利于平衡货物和服务贸易，转移外界对我国货物贸易顺差的压力，需要采取切实步骤大力推进。有的开放进程可与自贸区谈判结合起来推进。

第四，更加注重通过职业培训提高劳动者素质。以提升劳动者素质应对劳动力结构性短缺、不断提高劳动生产率，是我国今后相当长时期的必然选择。

全面加强初中、普通高中和大学生的职业技能培训。将一些普通高校转型为高职院校，积极开展职业教育国际合作，大力引进国外教育培训机构，提高职业院校培训能力和水平。鼓励企业开展在岗培训，创新企业与教育培训机构合作方式，采取共建培训机构、半工半读、实训与课堂学习并重定、单培训等方式，提高培训的针对性、实用性。

第五，更加注重完善支持中长期外经贸发展的政策体系并保持相对稳定。问卷调查显示，企业对今后一个时期外贸政策的期待依次是：人民币汇率稳定（84%的企业选择）、出口退税稳定（62%）、完善贸易促进体系（33%）、加快推进贸易便利化（28%）和政府部门简政放权（25%），体现了企业对完善和稳定外经贸发展政策支持体系的期待。必须完善并长期保持外经贸发展政策的稳定，为企业提高中长期外贸竞争力提供可预期的政策环境。这就要求必须控制好政策调整的幅度与速度，避免政策变量的大幅波动挫伤企业转型升级的积极性。同时，要为加快推进国内要素价格改革留出足够的空间，服务于国内经济结构调整的大局。

（2010 年 5 月内部报告，供有关领导参阅）

希腊主权债务危机的影响为什么被放大

2010 年 5 月，主要受希腊主权债务危机的影响，全球金融市场重现了与 2008 年美国雷曼兄弟倒闭后相类似现象：信心受挫、股市下跌、信贷紧缩，全球经济可能出现双底衰退的担忧再现。最突出地表现在欧洲：希腊、爱尔兰股票价格指数跌幅超过 15%，西班牙和法国分别为 14% 和 11%，德国为 5%；银行更愿意将资金储存在欧洲央行而不是借给其他银行，发行短期商业票据的数量也明显下降；防范希腊等国主权债务违约的信用违约掉期价格创出新高；欧元较大幅度下跌。最近公布的多个指标显示欧元区实体经济也受到不利影响。比如，5 月欧元区经济景气指数从 4 月的 100.6 降至 98.4，消费者信心指数从 4 月的—15 降至—18，私营部门产出指数从 4 月的 57.3 降至 56.4，制造业采购经理人指数（PMI）降至 55.8，比 4 月低 1.8 个点，这些都表明经济复苏的动力在减弱。其他发达国家和新兴经济体的金融市场也受到波及。美国道琼斯指数下跌近 8%，创历年 5 月最大下跌点数。日本日经指数下跌近 12%，澳大利亚 S&P/ASX 200 指数下跌 7.8%，新加坡海峡时报指数下跌 7.5%，香港恒生指数下跌 6.4%，巴西和俄罗斯股市跌幅也都超过 10%。

希腊的国内生产总值不到欧元区总量的 2%，而且希腊没有任何金融机构足以影响欧元区的系统性风险，其主权债务危机却能产生这样大的影响，主要原因在于：

其一，欧元区多个国家如葡萄牙、爱尔兰、西班牙、意大利等面临与希腊类似的政府债务困境，投资者担心这些国家步希腊后尘陷入债务危机并寻求救援。虽然希腊国内生产总值在欧元区的份额很小，加上葡萄牙和爱尔兰也只有 6%；但加上欧元区第四大经济体西班牙，这一比例将上升至接近 20%；如果再加上意大利，占比将超过 35%，影响无疑要大得多。

其二，欧洲银行是希腊等国政府债券的大买家，对这些国家主权债务的担忧情绪蔓延到了欧洲银行和企业赖以筹集资金的信贷市场。根据国际清算银行的统计，至 2009 年年底，欧洲银行持有的葡萄牙、意大利、爱尔兰、希腊及西班牙的主权债务总计达 2.8 万亿美元，占国际性银行持有的这些国家债务额的 89%，出现主权债务违约后欧洲银行将遭受严重打击。欧洲央行的一份报告称，今明两年欧元区银行业将蒙受重大损失，贷款和证券方面的冲减额将高达 1,950 亿欧元。

其三，从技术层面看，在资本市场参与者眼中，欧元区的功能与导致次贷危机的债务抵押债券（CDO）的功能十分相似。虽然欧元区国家从未尝试过"捆绑"他们各自的债务，各国政府独立发行本国的债券，但投资者是用几乎相同的方式对欧元区各国的债券进行定价，希腊等实力较弱的国家因此而享受了"信用增强"的好处。这与 CDO 对债务的"信用提升"作用完全相同。正如次贷危机使人们对 CDO 的信心土崩瓦解一样，希腊的危机也使投资者对欧元区单一货币的信心大打折扣，波及更多国家的政府债券。

其四，达成救助希腊方案过程中的波折和欧盟国家之间的分歧，增加了投资者对欧元区单一货币深层缺陷的担忧。欧元区国家结成的是货币联盟，并非彻底的政治联盟；欧元区各个成员国共享同一货币，有共同的货币政策，却没有共同的财政政策。希腊危机发生后有关方面在是否救助、如何救助等问题上的分歧、争论和拖延，是欧元区深层次制度缺陷的必然反映，引发投资者对希腊这样实力较弱的欧元区成员可能会脱离货币联盟的担忧。

其五，希腊救助方案出台后实施财政紧缩过程中面临的困难和悲观的经济财政前景，加重了外界的担忧情绪。希腊将在三年内削减财政预算 300 亿欧元，并将财政赤字占国内生产总值比重从 13.6% 降到欧盟设定的 3% 的上限内。激进的财政紧缩政策首先遭到了部分民众的激烈反对，引发了大规模抗议活动。同时，单纯从财政上看，由于需要支付的债务利息额日益增长，由于缺乏活力的希腊经济今后几年前景十分黯淡，不能以弥补预算缺口所需要的速度实现增长，一些市场人士认为，希腊最终可能仍然无法避免债务重组的命运。

其实，希腊主权债务危机只是发达国家主权债务问题的冰山一角。百年一遇的金融危机发生后，多国政府在实施大规模救助的同时，受收支两方面因素影响，财政赤字和公共债务剧增。有关国际组织估计，2010 年，欧盟 27 个成员国中有 20 国的赤字占国内生产总值的比例将超过 3%的标准，其中，英国为 12%，法国为 8.2%，德国为 5.5%，欧元区为 7%；2011 年，西班牙等欧元区国家和日本、美国、英国的政府负债额占国内生产总值的比例都将超过90%，其中希腊、意大利、美国在 100%以上，日本超过 200%。有的美国学者研究后发现，一旦公共债务占 GDP 的比率超过 90%，经济增长率中值每年就会下降一个百分点。的确，这些国家政府财政赤字越高、负债越多，为债务支付的利息越多，所能承受的、为改善其经济内在潜力而减税或在基础设施等方面进行支出就越少，经济恢复增长的动力就越弱，市场所认定的债务风险也越高，并相应地提高其债务成本，形成一个恶性循环。从某种意义上说，主权债务危机就是有关国家政府通过再杠杆化将私营部门损失社会化的危机，是金融危机后续发展的余波，意味着危机已经从私人部门蔓延至主权实体。

但说到底，公共债务的负担仍会落在私人身上：政府要么通过向企业和个人征税维持下去，要么通过通货膨胀或直接对债权人违约的方式化解。希腊危机爆发后，为避免公共债务爆炸式增长引发更为严重的公共及私人部门危机，包括德国、法国和英国在内的多个欧洲国家相继宣布了削减财政赤字的计划。这是明智的选择，既是恢复投资者对其主权债务的信心、避免危机扩散蔓延的迫切需要，也是消除外界对欧洲货币联盟凝聚力的担心、提振欧元的治本之策。

（本文为 2010 年 6 月国务院研究室内部研究报告的一部分，供有关领导参阅）

欧洲主权债务危机的前景及对策建议

希腊作为一个小国，其主权债务危机却对全球金融市场和经济复苏进程产生了重大影响。希腊主权债务危机意味着全球金融危机已经从私人部门蔓延至主权实体。发达国家的主权债务问题具有普遍性、长期性。欧洲主权债务危机不会很快平息，不可避免地会引发新的金融市场动荡，不仅直接损害欧洲的经济复苏进程，而且全球经济复苏的前景也将在很大程度上取决于欧洲主权债务危机扩散蔓延的范围。

一、欧洲主权债务危机与全球经济复苏的前景

到 2010 年 5 月，希腊主权债务危机对实体经济的不利影响主要集中在欧洲。美国、日本等发达经济体和主要新兴经济体所受影响较小，全球经济复苏的大势没有改变，复苏的不平衡性更加突出。比如，5 月美国非农就业人数保持增加势头，失业率有所下降；美国供应管理学会制造业指数虽然比 4 月略有下降，但仍远高于 50，达到 59.7，表明制造业活动继续增长，非制造业指数与 3、4 月持平；世界大型企业联合会就业趋势指数继续上升；特别是波罗的海干散货指数也在上升通道，5 月最后一周甚至逆市上涨了 6.1%。

展望未来，发达国家的主权债务问题具有普遍性、长期性，欧洲主权债务危机不会很快平息，难免还会引发新的金融市场动荡，不仅直接损害欧洲的经济复苏进程，而且全球经济复苏的前景也将在很大程度上取决于欧洲主权债务危机扩散蔓延的范围。本月初，有传言匈牙利正面临希腊式的主权债务危机，匈牙利股指大跌，并引发欧美股指连续两个交易日大幅下挫，欧元跌破 1.2 美元的低点，欧洲主权债券的 CDS 费率显著扩大。这充分表明，目前的市场信

心十分脆弱，一有风吹草动，主权债务危机就很可能扩散蔓延到更多国家。总的看，以下三种前景都是可能的：

情景一：延续当前的形势，危机局限在像希腊这样的小国，没有蔓延到欧元区的大国如西班牙、意大利、法国和德国，以及与之有密切联系的英国，仍然是区域性的局部危机，并未演变成全球性的系统危机，欧洲经济复苏的力度有所削弱，但欧元区的核心大国如德国、法国仍能保持复苏态势，全球经济复苏的大势得以延续。

情景二：危机蔓延到西班牙、意大利等欧元区大国，欧元大幅贬值，欧盟陷入经济停滞或出现二次衰退，美国经济复苏力度大减但仍保持复苏态势，全球经济复苏更加脆弱。

情景三：混乱无序的主权违约致使全球金融体系失常并演变成系统性危机，欧元土崩瓦解、欧元区成为重灾区，欧盟陷入深度衰退，美国经济复苏态势逆转，全球经济出现双底衰退。由于各国政府财政能力已经远不如上次，各国央行也不可能以上次一样的力度扩张货币供应，可以设想衰退的幅度将超过上次。

要避免情景二特别是情景三的发生，两个关键因素是：欧盟完善救助机制确保危机不扩散蔓延至德国、法国、意大利、西班牙或英国等欧盟大国；美国继续保持经济复苏态势。

二、相关对策建议

基于主权债务危机给全球经济复苏带来的巨大不确定性，结合我国的经济走势，我们建议：

第一，延续既定的宏观经济政策基调，巩固经济平稳较快发展势头。百年一遇的金融危机演变成主权债务危机，全球经济复苏面临新的挑战，世界经济大调整、大分化的变局仍在继续，我们必须做好打持久战的准备。只要我国始终坚持发展优先的原则，充分利用发展潜力大、国内市场回旋余地大的优势，继续保持应对危机的宏观经济政策的连续性与稳定性，着力夯实经济复苏和长期发展的基础，不断壮大综合经济实力，就一定能稳步提升我国在世界经济总量中的份额，加重我国在全球各类投资主体全球战略中的分量，提高我国的国际地位和影响力，从而成为本轮世界经济格局调整的赢家。当前特别要注意把握好有关调控政策出台的时机和力度，防止多项政策叠加放大其负面影响。同时，在国际宏观经济政策协调和对话中，要强调有关国家必须兼顾"经济增长"和"削减赤字"两者之间的平衡，力争以不损害经济复苏的方式来实施紧缩财政的计划。

第二，鉴于未来欧洲主权债务危机扩散蔓延的程度、范围和时间尚难确定，我国经济复苏的基础仍有待巩固，可以考虑在欧洲形势明朗前，适当提高我国价格总水平调控目标的上限，比如，从3%调高到4%，作为把握宏观调控力度的依据，这样有助于巩固经济复苏态势。

第三，在加强地方政府融资平台公司管理过程中，适当拓宽地方政府财政收入渠道，为地方政府平衡财政预算创造条件。金融危机爆发以来，我国地方政府基于投融资平台的债务急剧扩张，既隐含巨大的财政风险，也直接加大了金融风险。尽快出台相关规范管理措施，防范系统性风险十分必要。但解决这一长期积累的问题有一个过程，必须与开辟新的渠道、促进地方财政收入稳定增长结合起来。比如，可通过开征不动产税等地方税种的方式，减弱地方政府对"土地财政"的依赖。一旦经济复苏态势得到巩固，无论是中央还是地方财政，都必须迅速回归量入为出、收支平衡的准则。

第四，在对外经济政策方面，必须更加注重完善支持中长期外经贸发展的政策体系并保持相对稳定。在今后一个时期，各国对世界市场的争夺必将更加激烈，提升我国国际分工地位面临世界经济"再平衡"压力与我国拓展外部市场空间的矛盾；人民币升值压力与我国企业定价能力和利润空间压缩的矛盾；劳动力等国内要素成本上涨压力与保持出口价格竞争力的矛盾。解决这些矛盾一靠企业持续不断的创新和转型升级，二靠政策支持。必须完善并长期保持外经贸发展政策的稳定，为企业提高中长期外贸竞争力提供可预期的政策环境。

（2010年6月初成稿，供有关领导参阅）

对世界经济走势的预判

2011 年前两个月，尽管发达经济体复苏步伐略有加快，但失业率居高难下，制约个人收入和消费支出，影响经济增长的自我持续；新兴经济体的经济形势正在发生分化，经济增长的持续面临诸多挑战；通货膨胀压力在全球更加普遍，欧洲国家货币政策临近转向；欧美日主权债务隐患有可能引发新的金融动荡；国际市场粮食和石油价格持续上涨可能性增大，同时不利于抑制通胀和经济增长。我们需要为世界经济形势可能发生的更大变化做好必要的预案准备。

一、发达经济体复苏略有加快

2010 年底 2011 年初，国际上多个机构都预测，2011 年世界经济复苏的趋势将延续，但复苏的速度将有所下降，复苏的动力不足，特别是发达经济体增长乏力。2011 年前两个月发达经济体的实际经济情况表明，其复苏步伐稍有加快。

美国供应管理学会（ISM）3 月初公布的数据显示，2 月份美国制造业活动指数（即采购经理人指数）从 1 月份的 60.8 强劲上升至 61.4，新订单指数由 67.8 上升至 68.0，生产指数由 63.5 上升至 66.3，就业指数从 61.7 上升至 64.5；非制造业采购经理人指数也微幅上升。美联储最新一期黄皮书报告认为，年初的美国经济温和增长——这显然比"缓慢复苏"的评价更积极，其依据是，12 个辖区的经济活动均在扩张，多数地区零售额上升，制造业增长强劲，部分辖区的报告显示商业地产销售和租赁情况得到改善，疲软的就业市场也有所改善。美联储还把对美国全年 GDP 增长率的预测提高到 3.4%~3.9%。

全美企业经济学家协会最近进行的调查结果表明，估计 2011 年第四季度美国 GDP 折合成年率将增长 3.6%，高于该机构 2010 年 11 月调查时的 3.0%，而 2010 年第四季度环比和同比的增速分别是 2.7% 和 2.8%。2 月份美国道指累计上涨 2.8%，纳斯达克综合指数上涨 3%，标普 500 指数上涨 3.2%，标志着三大股指连续 3 个月上涨，同时这也是道指和标普指数 1998 年以来同期涨幅最大的一次，表明投资者对美国经济复苏的信心在增强。

欧元区 1 月份零售额实现 10 个月来首次增长；2 月份，根据金融资讯公司 Markit 的调查显示，欧元区综合产出指数终值升至 58.2，为 2006 年 7 月以来最高点；欧元区 PMI 上升至 59.0，为近 11 年来最高点。欧盟最新数据显示，欧元区 2 月份总体经济景气指数由 1 月份的 106.8 上升至 107.8，服务业、工业、零售商和消费者信心指数同步上升。因此，欧盟委员会最近调高了对 2011 年欧盟和欧元区 GDP 增长率的预测，分别为 1.8% 和 1.6%。

日本 2010 年四季度实际 GDP 环比下降 0.3%，12 月总体零售额为同比下降 2.0%。2011 年 1 月，总体零售额同比增长 0.1%；工业产值环比增长 3.1%，日本经济产业省预计 2 月环比将增长 0.1%，3 月环比将增长 1.9%。2 月，日本政府在其经济报告中连续 2 个月上调对国内经济的评估，认为日本经济已摆脱 2010 年底的停滞状态，随着出口复苏带动了生产，国内经济渐有起色、形势正在好转。不过，仍没有宣称日本经济步入持续增长的轨道，并且日本长时间持续的通货紧缩压力仍未消失。

二、发达经济体失业率居高难下影响大

美联储主席贝南克认为，在实现就业持续强劲增长之前，不能认为美国经济已经真正实现完全复苏。但到目前为止，发达国家的复苏力度都不足以明显改善其就业市场现状，仍然是"就业不足的复苏"。比如，自 2009 年 5 月到 2011 年 1 月，美国失业率一直没有低于 9%，这是自二战以来最长时间维持在如此高水平，目前 9% 的失业率大约是金融危机前的 2 倍。特别是结构性失业现象比较突出，长时间失业人口多，2011 年 1 月份失业 6 个月以上的人数高达 620 万人，占失业总人数的 43.8%。经济学家普遍预计 2011 年底美国失业率仍将将超过 8.5%，而整个就业市场回归到正常情况可能还需要数年的时间。欧元区就业形势更为严峻，2010 年 11 月失业率高达 10.1%，2011 年 1 月微降

到 9.9%，这一是自 2010 年 7 月以来首次降到 10% 以下。截至 1 月份，欧元区失业人口总数为 1577 万。与 1 年前相比，欧盟 27 国中有 14 个失业率上升。日本失业率也处于历史高位，特别是长期失业人数较多。高失业率导致发达经济体个人收入增长和消费支出疲软，而消费在其 GDP 中的比重超过 60%，消费增长对经济能否进入自我持续轨道最为关键。

当然，也要看到，在当前形势下，高失业率对发达经济体通货膨胀的上涨起到了重要的延缓和抑制作用。因为其核心通货膨胀深受薪资水平影响，而高失业率直接抑制了薪资螺旋式上升，现在没有哪个雇员会因雇主不加薪而辞职。

三、新兴经济体经济状况出现分化

IMF 预测 2011 年新兴经济体增长率为 6.5%，略低于 2010 年的 7.1%。据美国银行所属美林的分析，全年新兴经济体 GDP 增长仍将占到全球的近四分之三。但最近几个月的一些最新情况表明，新兴经济体的经济形势正在发生迅速的分化，经济增长的持续面临不同的挑战。一是一些国家通货膨胀呈加剧态势。比如，印度通胀水平在 8.5% 至 10.5% 的高位已有一段时间，近来因为食品涨价等因素通胀压力又有所加大。1 月巴西消费者价格指数持续上涨势头，达到 6%，创下 6 年来新高。1、2 月份印尼的通货膨胀率都在 7% 左右。印度、巴西等国不得不出台缩减政府支出、提高利率等抑制通胀的政策措施，必然对其经济增长产生不利影响。二是一些国家外资大量流入增加货币升值压力并引发各种资产泡沫，加大金融风险。亚洲的泰国、马来西亚、菲律宾和拉美的智利、巴西等国都存在这种情况。而一旦经济形势或预期发生变化，这一情况随时可能迅速逆转，导致资本短时间大规模流出和货币急剧贬值。无论是哪种情况都将冲击经济增长。三是有的国家通货膨胀与经常项目逆差"双碰头"。比如，越南在应对危机过程中推出了经济刺激计划，2010 年经济增速达到 7%，但由于财政赤字规模过大，货币供应过于宽松，经济明显偏热，通胀率超过两位数，经常项目逆差迅速扩大，自 2009 年 11 月至 2011 年 2 月 11 日，被迫多次实施货币贬值，越南盾贬值幅度达 21.5%。国际市场粮食和石油价格快速上涨，加剧了这类国家面临的困难，发生金融危机或国际收支危机的可能性增大。四是一些中东和北非国家的政治纷争和社会动荡对其经济增长的负面影响也很大。类似情况一旦进一步扩散蔓延，势必损害更多新兴和发展中经济体的经济增长。

四、通货膨胀压力更加普遍，欧洲货币政策临近转向

在全球流动性大增的背景下，通货膨胀正在成为越来越多经济体现实的威胁。除前面提到的许多新兴经济体外，亚洲的"四小龙"也未能幸免。比如，韩国消费者价格指数同比涨幅已连续两个月超过4%，2月达到4.5%，涨幅为27个月最高值；新加坡1月CPI环比上升1.3%，同比上升5.5%，升幅高于2010年12月的4.6%；香港1月核心CPI上升3.5%，升幅也明显高于上年12月。在发达国家，欧元区消费者价格指数涨幅已连续三个月突破欧洲央行设定的"接近但低于2%"的目标值，2011年2月同比涨幅为2.4%；英国消费者价格指数涨幅更高，同比涨幅达到4%；美国虽然较低，同比为1.6%，但已连续第七个月上涨。2月份英国《金融时报》／哈里斯（FT/Harris）调查显示，未来6个月，几乎所有欧洲主要经济体与美国的被调查者都认为，通胀将会影响自己的生活方式。至少40%的英、美、德被调查者预计，通胀会产生"较大"或"很大"的影响；在西班牙与法国，这一比例升至近60%。3月3日，欧洲央行行长表示，要"高度警惕"欧元区的通胀风险，按惯例解读这是将要加息的"前兆"。目前英国和欧元区央行没有提高利率的主要原因是担心经济复苏势头和就业遭受新的打击。如果发达国家通胀水平继续上升，不仅全球通胀形势将更为严峻，而且它们将不得不依赖提高利率来抗击通胀，哪怕经济复苏和就业将因此而受到不利影响。

五、主权债务隐患有可能引发新的金融动荡

发达国家的主权债务问题具有普遍性，不局限于欧洲，美国和日本也存在。如果两国债务和赤字占GDP的比率不能稳定下来、持续上升，那么投资者对其政府和财政政策的信心也会受到影响，导致利率水平大幅上升，形成高负债、高债务成本的恶性循环。主权债务危机的实质是有关国家政府通过再杠杆化将私营部门损失社会化的危机。这既是金融危机复杂影响的重要方面，也可视为金融危机的"余波"，标志着危机从私人部门蔓延至主权实体。当前在这一问题上有三个"看点"：一是希腊、爱尔兰、葡萄牙等陷入危机的欧元区

小国能否比较顺利地走出危机。这些国家面临的困难是多重的，像爱尔兰，过去3年政府总负债占国内生产总值的比率从25%上升至95%，实际国内生产总值累计下降11%，实际内需下降22%，失业率从4.6%飙升至13.3%，实际上是金融、财政和经济危机"三碰头"，走上正轨肯定还需要一个曲折过程。二是欧洲主权债务危机是否继续蔓延到欧元区其他国家特别是西班牙、意大利等大国。欧元区国家计划在2011年3月底以前达成一份全面的而非临时性的应对主权债务危机的协议，果如是，将有助于恢复市场信心、遏制危机扩散。三是美国、日本能否就削减中长期赤字的措施迅速达成国内共识，以取信于市场。在当前经济复苏尚未巩固、失业率仍高的形势下，这对于两国都是艰难的选择。鉴于欧美日三大经济体在全球经济中的重要地位，无论哪一个因主权债务问题而引发金融市场紧张情绪，都将不仅是其自身经济的重大风险，也是世界经济的重大风险。

另外，美国住房销售和建筑活动继续低迷、美国州和地方政府市政债券出问题、巴西过快增长的消费信贷及其违约风险等，也可能引发新的金融市场动荡。

六、国际市场粮食和石油价格有可能持续上涨

2011年初以来，对气候、农作物产量等的担忧推动农产品价格继续上涨。3月初，联合国粮农组织发布的2月份全球食品价格指数（由小麦、玉米、大米、油籽、乳制品、糖、肉类等一篮子农产品构成）创造了236点的新纪录，比2008年6月达到的峰值高出5%；谷物价格指数（包括小麦、大米和玉米等主要粮食）创2008年7月份以来的最高水平。美国农业部最近公开表示，2011年玉米、小麦和大豆的名义收购价格都将创历史纪录，并在下半年通过供应链影响到消费者，进一步推高食品价格通胀。许多经济学家认为，食品价格高企的局面有可能长期持续，这源于新兴经济体生活水平的日益提升和消费者饮食结构的变化；自世纪之交以来，食品价格一直在稳步上升（全球金融危机期间的2008年末至2009年初除外），目前的涨价正是这一长期趋势的反映。

同2008年上半年一样，这一次的食品涨价也与石油等大宗产品价格上涨"碰头"。几乎可能肯定的是，如果中东和北非动荡局势蔓延到更多的产油国，必然导致2011年国际石油价格更大的上涨，历史上类似情况发生过多次。这

将不仅进一步加大食品价格上涨的压力并使许多国家控制通胀预期和抑制通胀的难度更大，而且也将给发达经济体的经济复苏和新兴经济体的经济增长增加变数。刚刚经历过一次严重经济衰退的消费者和企业对高油价的承受力肯定低于危机前，高油价的威胁肯定也要大于危机前。

综上所述，虽然目前发达经济体复苏步伐略有加快，但我们并不能对2011年全年的世界经济形势盲目乐观。从现在开始，就必须为可能发生的更大变化、应对更复杂局面做好必要的预案准备，包括全球性通货膨胀加剧、新的金融动荡甚至发达经济体复苏减速和外需再次萎缩等。显然，一旦油价持续大幅上涨、发达国家更早进入加息通道，新的变局可能会更快到来。

（本文于 2011 年 3 月初成稿并供有关领导参阅，随后主要内容作为当年《政府工作报告辅导读本》一章）

第二编
亚洲金融危机成因及其防范

金融市场的全球化及其驱动力

  第一次世界大战结束后，美国取代英国，成为主要的资本输出国。1919~1929 年间，美国是欧洲和拉美债券的主要购买者，持有的外国金融资产显著增加。但大萧条及随后的第二次世界大战，使资本跨国流动的发展势头中断了。

  由于布雷顿森林体系的建立以及对资本项目交易的普遍管制①，二战后将近 30 年间资本的跨国流动，主要表现为美国对其他国家的"美元援助"及美国跨国公司在其他国家的直接投资。比如，20 世纪五六十年代，在流向发展中国家的资本中，国外援助和其他官方流入占到一半以上，私人资本以直接投资和银行贷款为主，几乎没有证券投资。这期间一个比较突出的现象，是以欧洲美元市场为先导，具有离岸金融特点的欧洲货币市场迅猛发展。该市场的特点是不受货币发行国金融法规的约束，存款利率较高，贷款利率较低，存贷利差小，并且绝大部分是批发交易，尤其以银行间的交易为主。以此为参照，20 世纪 60 年代末 70 年代初的新加坡、70 年代末 80 年代初的香港开始建立亚洲货币市场，促进了非居民外汇存贷款业务的发展。因石油价格上涨催生的"石油美元"，增加了主要离岸金融中心的资金来源。

  作为经济全球化发展重要组成部分的金融全球化，是 1973 年布雷顿森林体系结束后，主要的发达国家放弃固定汇率制度并且放松对资本流动控制的结

---

①比如，1963 年 7 月，美国政府对购买外国居民在美国发行的有价证券所得的利息征收"利息平衡税"；1965 年，美国政府颁布了要求其银行和企业自愿限制对外贷款和直接投资的"指导方针"；1968 年，又将上述自愿限制以立法形式加以规范。其他如德国、日本、法国等都有类似的条规。

果。特别是 20 世纪 80 年代后半期以来，伴随发达国家金融自由化，金融创新步伐加速，许多发展中国家也实行金融改革和开放①，形成了以纽约、伦敦、东京为主要中心，可以进行 24 小时不间断交易的全球市场体系，各种形式的跨国金融交易急剧增加。1973 年，全球每天的外汇市场交易量约为 150 亿美元，1995 年上升到 13000 亿美元；1980 年，美、日、德、法、意五国金融资产的跨国交易量都低于 GDP 的 10%，而 1993 年这一比例分别上升到 129%，78%、170%、187% 和 192%（如表 2.1 所示）。这不仅与国际贸易的增长有关，更主要的是因为跨国资本交易急剧增加。据国际清算银行（BIS）统计，国际银行借款总额在 1985～1996 年由 18850 亿美元上升到 51500 亿美元；同期跨国证券发行也大幅度增加（如表 2.2 和 2.3 所示）。总的证券投资流量在 80 年代后半期与直接投资一同迅速增长，1991 至 1996 年直接投资流量增速放慢，但证券投资增速更快，特别是债券投资表现出更高的增加速度。

表 2.1 　一些发达国家债券和股票的跨国交易量与国内生产总值之比 　　　 %

	1980 年	1990 年	1993 年	1997 年
美国	9	89	129	213
日本	8	119	78	96
德国	7	57	170	253
法国	5	54	187	313
意大利	1	27	192	672

资料来源：www.bis.org。

表 2.2 　国际债券未清偿额 　　　 10 亿美元

	1993 年	1995 年	1998 年
所有国家	2028	2723	3691
工业化国家	1643	2218	2947
美国	176	264	603
日本	337	351	309
德国	119	185	419
发展中国家	121	182	351

资料来源：www.bis.org。

---

①这些也是导致离岸金融业务自 20 世纪 80 年代后期以来逐渐呈现衰落趋势的主要原因。

表 2.3   一些国家在境外的股票发行   亿美元

	1991 年	1994 年	1997 年
美国	10	37	31
日本	5	0	8
德国	1	28	36
法国	8	59	73
意大利	1	26	84
英国	31	9	87
加拿大	1	8	24

资料来源：www.imf.org。

金融跨国交易增加的另一个表现，是自 20 世纪 80 年代末、90 年代初以来跨国衍生品柜台交易（over-the-counter）迅猛发展。据国际调期和衍生品联合会（ISDA）和国际清算银行统计，衍生品（利率选择权、货币互换、利率互换三大类）柜台交易由 1990 年不足 5 万亿美元增加到 1996 年的 20 多万亿美元，其中约 55% 是跨国界交易。这类交易的作用主要表现在两个方面：一是增加各国储蓄的流动性，改进分配储蓄的效率；二是使风险的转移更为便利，更有效率。从理论上看，作为衍生品跨国交易的结果，各国金融资产价格应该趋同，利率差距也应缩小。事实上，20 世纪 80 年代以来，不仅发达国家资产价格（含不动产和股票）的波动大体同步，而且名义利率和实际利率的趋同也比较明显。据有关研究，自 1870 年至第一次世界大战前的金本位时期，美国和英国的名义利率差距很小，此后一直较大且不断波动，直到 20 世纪 80 年代以后才恢复到 20 世纪头 10 年的水平；对 10 个工业化国家 20 世纪 80 年代以来实际利率的考察也表明，这些国家实际利率间的差距比金本位时期更小。

发达国家金融市场上外国人持有金融资产份额的上升，是金融市场全球化的一个缩影。表 2.4 显示出 1993~1996 年间非美国居民对美国债券的净购买量增长情况。其中 1996 年的净购买量约相当于美国国内生产总值的 5%。表 2.5 显示出一些发达国家非居民持有国债的情况。

表 2.4   美国债券：外国人净购买量   10 亿美元

	政府债券	公司债券	总计
1993 年	58980	30572	89552
1994 年	100481	379	138473
1995 年	162844	57853	220697
1996 年	293685	77978	371663

资料来源：U. S. Department of Treasury, Treasury Bulletin。

表 2.5　一些发达国家非居民持有国债占比（按国债未清偿额计算）　　%

	1983 年	1990 年	1996 年	1997 年
美国	15	20	35	40
日本	—	4	4	—
德国	14	21	29	—
意大利	—	4	10	16
加拿大	11	17	24	23

资料来源：//www.bis.org.

虽然在证券投资活动中，通常有所谓"本国资产偏向"（the home bias），但这仍然不足以阻止上述现象成为世界上许多国家的共同趋势。一批所谓"新兴市场"国家和地区吸收的国外证券投资也在迅速增多。

私人资本向发展中国家流动是金融市场全球化进程的一个重要方面。对于大多数发展中国家而言，资本输入能够促进投资及经济增长，使投资和经济增长不受本国储蓄的约束。对于其居民而言，国际金融市场所提供的更多的资产，有助于他们实现更好的风险与投资收益的组合。对于其政府而言，当它们以借债主体进入国际金融市场时，所借外债可用于弥补财政赤字和经常项目国际收支赤字，帮助抵御那些困扰他们的临时性冲击和灾害，如自然灾害引起农业减产、突然的由外部力量决定的贸易条件恶化等。并且与吸收国外直接投资的方式不同，通过金融机构的借贷和证券市场中的金融资产买卖通常并不涉及控制权的转移。自 1973 年以来这一类资本流动经历了三个发展阶段。第一个阶段是 1973~1982 年，流向发展中国家的私人资本比 20 世纪五六十年代显著增加，净流入总额达到 1630 亿美元，并且绝大部分采取了银行贷款的形式，与大量"石油美元"的涌现密切相关。这些资本主要流向了拉美，其次是亚洲。直接投资在这期间有所增加，但在全部净资本流入中占的比重仍较低，而证券投资方面是净流出，亚洲更是如此。

1983~1989 年为第二阶段，受债务危机、宏观经济不稳定及发达国家经济增长率下降、利率上升等多种因素直接影响，发展中国家吸收的国外资本锐减，净流入总额为 1030 亿美元，亚洲取代拉丁美洲成为主要外资流入地，而拉美资本大量外流，成为净流出地。在亚洲，直接投资占资本净流入的比重上升到近 1/3，吸收的证券投资很少（不足 10%），贷款仍占到净流入额的近 2/3。

在 20 世纪 90 年代进入第三个阶段，1990~1996 年间，净流入总额达到 10550 亿美元，其突出特征是：流入量急剧增加；证券投资和直接投资占全部净资本流入的比重迅速上升，在 1990~1996 年间分别达到 39% 和 40%；亚洲仍是最大的净流入地，大约占到 40%，拉美约占 30%。

据世界银行对净流入发展中国家全部长期资本的统计（如表 2.6 所示），1990~1996 年间累计总额达到 12957 亿美元，其中私人资本为 9368 亿美元，占 72%。在全部私人资本中，直接投资逐年稳步增加，所占比重在 42%~61% 之间；债务流入所占比重在 25% 和 33% 之间；证券投资中以股票方式流入的部分在 1993 年占到 29%。

表 2.6　发展中国家长期资本净流入　　　　　　　　　　亿美元

	1990 年	1991 年	1992 年	1993 年	1994 年	1995 年	1996 年
总额	983	1163	1439	2081	2058	2423	2810
官方资本	564	627	538	536	452	532	340
全部私人资本	419	536	901	1546	1606	1891	2469
直接投资	237	329	453	656	869	1015	1190
债务流入	150	135	338	440	411	551	822
股票投资	32	72	110	45	326	325	458

注：此处发展中国家是 1996 年人均收入在 9636 美元以下的国家。

资料来源：www.worldbank.org。

另据国际清算银行对国际银行借款的统计（如表 2.7 所示），在发展中国家 1996 年全部 7082 亿美元借款余额中，近 58% 是一年内到期的短期借款。其中银行部门、非银行私人企业和公共部门在全部借款中所占比例分别为 36.7%、46%、17.1%。除个别国家（如韩国）以外，非银行私人企业借款比重增加、银行借款减少是一个普遍趋势。企业借款增加尤其迅速的是向跨国银行在发展中国家的分支机构的外币借款。

表 2.7　1996 年底亚洲一些国家和地区的国际银行借款余额

	总额/亿美元	银行/%	非银行企业/%	公共部门/%	一年及一年内到期借款比重/%
韩国	1000	65.9	28.3	5.7	67.5
泰国	701	36.9	59.6	3.2	65.2
印尼	555	21.2	66.2	12.5	61.7
马来西亚	222	29.3	61.8	9.0	50.3
台湾	224	57.8	40.0	2.1	84.4

资料来源：www.bis.org。

金融市场全球化的新发展是多种因素共同作用的结果。除了信息、交通等方面的技术进步，以及前面提到的发展中国家及发达国家放松对金融体系及资本跨国交易的管制政策外，其他因素还包括：

第一，发达国家国内金融市场发生了一个显著的结构变化：新型机构投资者如共同基金、保险公司、养老基金、对冲基金（hedge fund）等在市场中的作用日益增加，传统贷款银行的作用相对下降，个人投资者在证券市场上的作用也下降。不同金融机构之间竞争加剧，推动各类机构的资产和负债向全球化方向发展（如表 2.8 所示）。

表 2.8　一些发达国家机构投资者资产中外国资产的份额　　　　　　%

	养老基金持有资产中外国股票和债券的份额	保险公司持有资产中外国股票和债券的份额	投资机构持有资产中外国股票和债券的份额
美国	11	7	7
日本	23	13	—
意大利	—	15	16
英国	28	18	15
加拿大	17	26	37
荷兰	30	18	7
瑞典	6	16	20

资料来源：//www.oced.org 网页。

第二，在金融创新的过程中，新的金融工具层出不穷，证券化趋势不可阻挡，便利了跨国金融交易。投资者（或储蓄者）越来越多地持有由借款者发行的可交易的金融工具，而不是通过间接地持有中介机构的债权（中介机构同时持有不可交易的贷款资产）的方式，实现储蓄的跨国转移，既可以灵活地进行不同种类、不同风险和收益的证券的组合投资，又可以对应的衍生金融工具交易进行避险。从表 2.9 中，可以看出国际金融市场融资中证券融资增加的情况。

表 2.9　1996、1997 年国际金融市场融资　　　　　　亿美元

	1996 年	1997 年
银行信贷（净额）	4200	4650
货币市场工具（净额）	411	198
债券和票据融资净额	4963	5558
国际融资净额总计*	7700	8300

* 最后一行的总计中扣除了重复计算部分。

资料来源：www.bis.org。

第三，金融服务国际化加速。金融资产跨国交易的实质是储蓄在国际范围内的不同机构间流动。交易的过程可以划分为不同的步骤，如评价风险（涉及

搜集信息、风险分析、风险管理、风险转移)、金融产品的开发和销售（涉及金融产品的设计和销售)、交易的执行（涉及确认合同、清算、保管、记录)等。每一次交易的实现表现为许多机构互相分工合作，在全球范围内提供以上各种服务，节省了交易成本，提高了交易效率。比如，大的国际信用评级机构（如穆迪）的评级是在评价风险时常用的指标；保管业务日益全球化，便利了清算；风险管理软件系统的跨国买卖也很活跃；在跨国兼并收购活动中，经常能看到跨国投资银行的作用，等等。金融服务的国际化发展直接促进了金融市场的全球化。

展望未来，金融全球化趋势将继续深化和发展。这既是由于金融服务贸易及相关投资自由化已纳入世界贸易组织的协定中，国民待遇原则将得到广泛贯彻，也是因为一些长期以来推动金融市场全球化的动力将继续发挥作用：

(1) 风险管理技术不断进步。一方面，信息加工和传输方面的技术革命远未完结，这将继续有助于减少金融交易中的交易成本和不对称信息；另一方面，金融衍生品不断创新的现象还会继续下去，从而便利管理金融资产的各种风险，如利率风险、汇率风险、市场风险、主权风险、灾害风险等。虽然风险不会消失，但通过金融工具对风险进行分解，就能更有效地管理风险。

(2) 金融组织不断创新。比如，共同基金的出现，显示出在降低证券投资风险和成本、提高投资收益方面的巨大优越性，也直接推动了一国投资者持有外国金融资产。今后随着金融服务业国际竞争的加剧，各类服务专业化的趋势会加强，金融机构间跨国界兼并和合作会增多，从而继续降低金融服务的成本，推动跨国界金融交易的发展。

(3) 各国金融市场基础设施和规则进一步趋同。这不仅表现在计算机的广泛使用等硬件方面，更主要地表现在各种规则和标准上。比如，10 年前，只有很少几个发达国家实行即时总成结算 (RTGS) 制度，今天大多数发达国家都推行了这一制度；30 国集团曾对证券交易中的结算办法提出过一系列建议，目前这些建议也大都变成了现实。再比如，通过在发达国家的主要银行间实行统一的连续互联结算 (CLS)，降低了外汇结算风险。另外，国际会计标准委员会 (IASC) 从 1988 年开始制定一套综合性的会计标准，当越来越多国家和金融机构应用这一标准后，必将便利对各国金融产品的评价。银行监管规则的趋同更加明显，1988 年国际清算银行采用了国际银行的资本标准；1995 年又采用了一套与市场风险相关的标准；此后一些与离岸市场银行监管有关的准则得到了许多国家中央银行的确认。毫无疑问，在经过东亚金融危机并对危机的高度"传染性"有进一步认识后，国际组织如国际货币基金组织（IMF）和国际清算银行（BIS）肯定会在金融市场的国际准则方面发挥更大的作用，从而推动金融市场的全球化发展。

（1999 年底成稿，曾收入 2000 年广东旅游出版社《WTO 与经济全球化浪潮》）

20世纪八九十年代的危机是怎样发生的

金融市场全球化的发展既使发达国家受益，也使发展中国家受益。但在现实中我们也看到，近30余年来，与金融全球化相伴，金融危机更频繁地发生着，发展中国家和发达国家也都蒙受了巨大的损失。

一、拉美债务危机

在20世纪70年代后半期到80年代初，拉美国家的外债以年均20%以上的速度增加。1975年至1982年，长期外债余额由452亿美元上升到1764亿美元，1982年全部外债达到3330亿美元。拉美各国外债增加的原因不尽一致。在巴西，外债增加与政府支持一些大型进口替代项目有关。在墨西哥，政府借外债以支持其公共开支。在智利，1974~1975年实行经济自由化改革后，私人部门大量举债以支持消费特别是耐用品的消费。

1982年9月墨西哥宣布暂停偿还外债，标志着拉美债务危机的爆发。接着，巴西、阿根廷、委内瑞拉、智利等国也陷入危机。这一危机是内外部因素共同作用的结果。外部因素是：20世纪80年代初发达国家经济停滞引起进口需求下降、世界性利率上升以及石油价格上涨后，非石油产品贸易条件恶化，导致拉美国家出口收入相对于债务负担显著减少，偿债能力下降。通过对拉美实际利率负担的计算（用该地区出口价格指数对伦敦银行间拆借利率进行调节）发现，1970年至1980年间平均为−3.4%，1981年上升到19.9%，1982年上升到27.5%，1983年为17.4%。在这种情况下，债权国减少了对拉美的新增贷款。

内部原因主要包括：一是汇率管理不当导致实际汇率严重升值。墨西哥、阿根廷和乌拉圭对名义汇率的管理与其扩张性的财政政策很不协调。名义汇率贬值的幅度未跟上国内物价上升的幅度，导致本币币值严重高估。实际汇率升值对贸易品部门十分不利，导致经常项目收支赤字。二是源于国内经济环境恶化和国民对汇率政策的信任程度下降，私人部门资本外逃十分普遍，从而增加了外汇市场上对外汇的需求，直接导致外汇储备减少。虽然许多研究人员估算出的资本外逃数量有差别，但拉美资本外逃的严重性是公认的（如表 2.10 所示）。

表 2.10　一些拉美国家的资本外逃　　　　　　　　　　　亿美元

	1979 年	1980 年	1981 年	1982 年	1983 年
阿根廷	22	35	45	76	13
巴西	13	20	-14	18	5
墨西哥	-11	22	26	47	93
委内瑞拉	30	48	54	32	31

资料来源：Cumby, Robut & R. Levich（1987），On the Definition and Magnitude of Recent Capital Fligh. NBER WP 2275。

债务危机的爆发，严重影响了许多拉美国家在 20 世纪 80 年代的经济发展。为解决债务清偿方面的问题，政府不得不"手忙脚乱"地采取许多临时性措施，如将利率提到很高的水平，寻求美国及一些国际金融机构的紧急援助，重新与债权人谈判还款期，接收债权人的苛刻条件以获得新的用于支付利息的贷款等。"还债"成为举国上下关注的焦点，经济发展的目标让位于还债的需要，20 世纪 80 年代被许多拉美国家称为"失去的 10 年"。比如，在 1982~1986 年间，墨西哥人均实际收入下降 10%；1981~1989 年间，年均经济增长率略高于 1%，远低于人口增长率。阿根廷则受到恶性通货膨胀的困扰，1989 年价格年上涨幅度达到 3000%。

二、1994~1995 年墨西哥金融危机

1994~1995 年的墨西哥金融危机也"传染"到了阿根廷等拉美国家，导致这一危机的因素主要是：

宏观经济不平衡十分突出。表现是：国内储蓄持续低于投资，经常项目赤字不断扩大。1987 年，墨西哥储蓄超出投资的部分尚占 GDP 的 2.8%，到 1992 年，投资超出储蓄的部分已占到 GDP 的 7.4%，1993 年稍有下降，仍达 6.4%。并且这一状况不是由投资率太高引起，而是因为国内储蓄太低（见表 2.11）。其脆弱性和不稳定性在于，严重依赖外资为政府赤字融资；一旦外资

流入减少或停止，外债的还本付息就很困难。因此这一平衡模式有严重缺陷。

表 2.11　墨西哥的投资、储率和经常项目赤字（占 GDP 的百分比）　　%

	固定投资	储蓄	经常项目赤字
1986 年	19.40	18.10	-1.3
1987 年	18.50	21.30	2.8
1988 年	20.20	18.50	-1.7
1989 年	18.10	15.20	-2.9
1990 年	18.60	15.00	-3.6
1991 年	19.50	-4.30	-5.2
1992 年	20.80	13.40	-7.4
1993 年	20.40	14.00	-6.4
1994 年	21.20	13.50	-7.7

资料来源：世界银行《世界发展报告》相关年份。

低储蓄率与消费信贷刺激消费、高估的汇率不利于出口增长及贸易自由化导致消费品进口增加密切相关。进口的急剧增加及投资规模的扩大，与扩张性的货币和财政政策又有关。

从 20 世纪 80 年代末开始，在一系列金融自由化、贸易自由化改革及吸引外资政策作用下，外资流入剧增。在流入的外资中，大部分是外国投资者持有的流动性极高的短期美元政府债券以及其他证券投资。1990 ~ 1993 年，外国人的证券投资增加了 10 倍多。1989 年全部外资流入为 35 亿美元，1993 年上升到 333 亿美元（其中证券投资 284 亿美元，全部是这期间新增加的）。

外资的流入还与 1993 年后银行体系不良贷款的迅速上升密切相关。20 世纪 80 年代末开始的金融改革的主要内容包括：1988 年，政府取消了对商业银行法定准备金的要求；1990 年，进一步放宽了对存贷款利率的控制，取消了对商业银行必须持有政府长期债券的强制性法规；1991 年后，又对国有银行实行了私有化，取消了对资本项目交易的外汇管制；1994 年 10 月，一大批外资金融机构获准进入；等等。这些都促进了外资的流入。但政府并未在这一过程中建立起有效的促进金融机构提高资产质量的监管体系。与外资进入所推动的信贷膨胀相伴，金融机构积累了大量的坏账，银行的资产质量普遍下降。

从汇率政策看，主要问题是比索实际汇率升值较多。从 1988 年后，墨西哥实行了以稳定汇率为基石的宏观经济稳定计划，以降低恶性通货膨胀。这一政策得到了政府、工会及企业界的共同认可。到 1994 年危机爆发前，虽然名义汇率变动的上下限有所扩大，但由于墨西哥的通货膨胀率明显高于美国，比索实际汇率升值较多（同样的问题也存在于阿根廷：1991年阿根廷建立货币局制度，将其货币与美元挂钩；随后两年消费价格上涨40%，而美国消费价格只上涨6%）。这样的汇率政策一方面鼓励了进口，增加了贸易赤字，不利于经常项目收支平衡的恢复；另一方面，也刺激了短期外资的流入。虽然在1994年初即有学者（如美国麻省理工学院的 Dornbusch 教授）曾指出这一政策的风险，但并未引起墨西哥政府的足够重视。而一些国外投资者认同这一观点，开始把大量比索标价的政府债券转化成了美元标价的政府债券，以逃避汇率风险（在危机发生、比索贬值后，这些外债的偿债成本却大幅度上升）。

另一个外部不利影响是，从1993年第4季度开始，美国利率不断攀升，而1994年6月后，墨西哥利率由于货币供应增加而下降，结果外资流入开始减少。墨西哥政府美元债券的利率成本随之上升，导致政府债务负担增加。如果政府执行偏紧的货币政策并提高国内利率，会有助于增加外资流入和维持汇率目标。

1994年12月在调整汇率时，墨西哥政府犯了严重的错误，更是加剧了市场上的恐慌心理。12月20日，墨西哥财政部长通过广播和电视而不是官方渠道宣布把比索兑美元汇率浮动上限提高到15%。但刚刚在一周以前，政府公开保证维持汇率的稳定。于是投资者有一种被欺骗的感觉，大批抛售比索，当天比索即贬至新的上限。12月21日这一天，虽然总统保证坚持新的汇率浮动区间，资本外流仍然剧增，中央银行花去60亿美元维持汇率，外汇储备减少至60亿美元。并且12月22日上午，政府又宣布让比索自由浮动。这种出尔反尔的政策变化严重影响了政府的信誉和投资者的信心，当天比索再贬15%。12月26日，新的一周开始，财政部长先宣布要召开新闻发布会介绍政府解决货币危机的计划，但最后又取消发布会，使投资者无法从政府的正常渠道了解有关信息，比索继续下跌。12月27日，中央银行和财政部继续保持沉默，政府拍卖面值7.74亿美元的债券，仅获得2760万美元，通过发行新的政府债券吸引外资、补充外汇储备的努力失败，比索继续下跌。整个国家沉浸在危机的气氛之中。物价开始上涨，工会领导要求与资方重开工资谈判。直到29日，总统才任命了新的财政部长。政府屡屡失言并且迟迟不宣布系统的应对措施，增加了市场的不确定性，加剧了比索贬值的幅度。在政府决定贬值的政策后，如果一次就贬够，同时采取果断措施，向国内外投资者发出明确信号，向他们表明"一切都在控制之中"，避免他们产生"继续贬值"的预期，情况也许不会像实际发生的那么严重。

金融危机严重打击了墨西哥经济。货币大幅度贬值使通货膨胀率上升到50%；政府不得不实行高利率政策，导致大批企业倒闭，失业增加，国内需求萎缩，生产总值在1995年下降近7%。

从墨西哥的实例中，可以清楚地看到，在进行对外融资的情况下，国内储蓄与投资的不平衡是如何转化为经常项目收支的不平衡并得以维持的，急剧的私人资本外逃（不管是本国居民的、还是外国居民的），又如何使政府维持汇率稳定的努力失败。同时也可以看到，在证券市场已经开放、资本流动速度加快的情况下，政府如果缺乏对资本流入和流出作出及时、正确反应的能力，就难以维持宏观经济稳定。

三、东亚金融危机

1997下半年开始的东亚金融危机最先在泰国发生，然后扩散到马来西亚、韩国、印尼、菲律宾、中国香港、中国台湾、新加坡等东亚国家和地区，进一步加重了日本的危机，并且波及了亚洲以外的俄罗斯、巴西等国，产生了世界性的影响。

总的来看，大部分东亚国家的危机和墨西哥金融危机一样，是一次货币和银行体系的"双重危机"。政府在这两个方面都有可吸取的教训。

货币危机或者表现为人们对一国货币的信心发生动摇，在外汇市场上抛售该货币换取其他货币，引起汇率大幅下降；或者在一国发生高于其他国家的通货膨胀时，人们在产品市场上纷纷以该货币抢购产品（以及储存黄金等贵金属）。这次东亚不属后一种情况，而是表现为外汇市场上本币迅速下跌。

这一次货币危机是怎样首先在泰国爆发的呢？20世纪80年代，泰国的经济开始高速增长，投资增速加快，外国直接投资主要是日本的投资开始大量进入。但国内投资的主要来源是本国的储蓄，直到90年代之初，外债仍处于安全范围内。此后，形势发生了很大变化。投资率进一步上升到40%以上。经常项目赤字不断增加，1990~1995年占国内生产总值的比重接近7%，1996年上升到8%。弥补赤字的是大量外债，尤其是短期外债。1990年6月至1994

年 6 月之间，短期外债占资本流入的 81%，此后的 3 年间这一比重有所下降，但仍占 56%。到 1997 年第 2 季度结束时，短期债务与外汇储备之比为 145%。使外债大幅度增加成为可能的原因有两个：一是外部原因，即发达国家的中央银行将其本国利率降到极低的水平（尤其是日本），投资者为了更高的回报而将资金投向了泰国这样的新兴市场；一个是内部原因，即泰国政府放松了对举借外债的管制，开放了证券和外汇市场，国内资本需求者更易于借到外债。这一对外平衡模式的脆弱性是显而易见的：一旦外资停止流入或集中大规模流出，外汇市场上就会出现外汇供不应求的状况，本币大跌不可避免；并且进口因为缺乏外汇而税减，投资急剧下降。此前依赖外资流入的经济增长模式和经济平衡模式难以为继。

银行危机则通常由银行体系资产质量普遍下降、坏账比例升高或对银行体系信心动摇、银行吸纳储蓄和举借外债能力下降引起，一般表现为银行资不抵债和大量倒闭。东亚银行体系因为资产质量不高、汇率风险高、道德风险问题严重而导致的脆弱性在这次危机中充分显现了出来。在泰国，大量短期外债通过银行体系（包括金融公司）而转化为房地产和股市上的投资。房地产市场和股市上的泡沫比较严重。在 1996 年，股票市场价格指数已下跌了约 46%。房地产价格也开始下跌。金融机构资产质量急剧下降。这时银行体系对本币贬值和国内利率上升的承受力显著下降：前者提高归还外债的成本，后者降低接受金融机构贷款的债务人的还款能力。当资产收益流量无法得到保证或新的外债因为风险上升而不再流入时，大量到期外债的归还就成了问题。

正是由于金融机构的负债是外债而不是国内居民存款，货币危机和银行危机交织到了一起，并且互相加强。如果金融机构的负债只是国内居民存款，中央银行仅仅通过多印制本国货币，对濒临倒闭的金融机构实施援助，就可挽救他们。但中央银行并不能印刷美元之类的外汇。

在 1997 年 7 月初危机正式爆发以前将近 1 年的时间里，泰国的经济问题已有所暴露，比如，一些股票和房地产市场上的投机者破产了，一些金融公司倒闭了，出口增长停止了，外资的流入也开始减少。并且出现过 3 次集中抛售泰铢的"投机性攻击"（speculative attack）。但政府一直在犹豫和观望，没有对这一系列事件采取强有力的措施。只是习惯性地在外汇市场上，以抛售美元、购买泰铢的方式维持泰铢与美元之间的汇率。这种方式遇到的强烈约束是：外汇储备的数量是有限的，最终会被用尽。

除此之外，政府还可以采取的措施是：或者提高利率以恢复外资流入的态势——由于投资增速已放慢，经济增长也在放慢，政府担心这样会进一步打击投资和经济增长；或者放弃对外汇市场的干预，停止抛售美元、购入泰铢——这样汇率会下跌，意味着 1984 年以来政府执行的"钉住"或有管理浮动的汇率政策（其间汇率一直维持在 25 泰铢至 27 泰铢兑 1 美元之间），再也不能继续下去，会影响政府的声誉，并且加重持有美元债务的金融机构和非金融企业的财务负担。正是在上述两难选择中，泰国的外汇储备被耗竭，最终不得不在 7 月 2 日宣布放弃此前的汇率政策。这使外国投资者彻底失去了对泰国经济的信心，形势从此便一发而不可收。泰国陷入"货币贬值、利率升高、经济衰退——银行和公司出现财务困难、破产和倒闭增多——信心下跌"的恶性循环而不能自拔。

还应该指出的是，泰国在外资大规模流入时所采取的"对冲"操作，虽然目标是避免因为外资流入而引起国内信用扩张，但由于抬高了国内利率，进一步增加了私人部门举借外债的动力，促进了新的外资流入，这一政策实际上失败了。可以说在泰国，外资大规模流入已经埋下了此后一有"风吹草动"即大规模流出的"种子"，尤其当外资流入损害了经济的健康、引起难于维持的"泡沫"时，更是如此。

政府其他比较明显的外汇政策方面的失误还包括：对私人部门利用外资，特别是举借外债缺乏精确的统计，影响了政府的决策，扭曲了市场参与者对外债风险的评估；在外汇市场出现动荡时，相对于外债规模而言，政府外汇储备的规模偏低，在外汇市场上支持本币的能力低，也降低了市场参与者对本币的信心。

以上所述导致泰国陷入货币危机的问题，同样存在于印尼、马来西亚、韩国等东亚国家。

在银行体系方面可以从东亚金融危机中吸取的教训也很多。自从 20 世纪 80 年代以来，泰国、印尼、韩国等国在金融自由化上采取了许多措施。比如，泰国减少了对银行准备金的要求，放松了对非银行金融机构的管制，允许银行对股票交易贷款，开放离岸借款业务，取消银行向不动产业贷款的限制；印尼实行了资本项目交易的自由化，非银行私人企业向海外借款迅猛增加。在采取种种自由化措施的同时，政府对金融活动的监管普遍未得到加强，特别是未在银行体系中贯彻稳健经营的原则，银行的所有者和经营者认为政府会继续像过去一样对陷入困境的银行予以支持和保护。结果无论从资产方看还是从负债方看，整个银行体系面临的风险迅速上升，金融稳定受到严重威胁。

无论是从发达国家如美国的实践，还是从理论上看，政府在维护金融体系的稳定方面都可发挥重要作用。当一些东亚国家的政府把注意力放到金融自由化后，忽视了自身在维护金融体系稳定方面的责任，甚至也放弃了此前对其快速经济增长作出过贡献的一些措施，如较低的正利率、限制对高风险行业的贷款、较高的准备金要求等。他们似乎认为，金融体系的稳定会自动地随着自由化过程的深入而得到维持，而不需要政府制定一系列规章制度；在金融自由化的道路上，与市场化和国情相适应的金融监管体系并不是必要的。

危害东亚银行体系稳定的另一个重要因素是，长期以来政府（或为谋求私利的官员们）对银行的贷款活动施加了过多的影响，使银行不能独立地按效率原则分配贷款，降低了资产质量。在韩国、印尼和马来西亚，一些银行是国有的，政府干预很频繁，而私人银行也常因政府官员的寻租活动而受影响。这种对信贷的直接干预与金融监管有着本质的差别；金融自由化过程中未首先解决政府对贷款干预过多的问题，是政府的又一个严重失误。导致银行自身忽视风险管理的重要原因，是政府对经营不善、遇到困难的银行进行庇护，使银行的所有者得以不对其失误承担损失（大的银行尤其如此），导致银行放贷时缺乏风险意识和效率观念，一些经营差的银行继续生存，不良资产不断地再生出来，整个金融体系的稳定受到"道德风险"的威胁。政府未把对单个银行的职责限定在为存款人提供担保的范围内，让银行的所有者为其经营风险承担充分、必要的责任，而使之转化为全体纳税人的风险，必然导致银行内部风险控制动力的缺乏，这是东亚陷入金融危机的又一个教训。

（1999年底成稿，曾收入2000年广东旅游出版社《WTO与经济全球化浪潮》）

韩国金融危机成因分析

韩国陷入金融危机，无疑受到了此前泰国、印尼等东南亚国家金融危机的"传染"，以致国内外投资者对韩国的信心也发生动摇，但除此之外，还有着更为深刻和广泛的内外部原因。

一、背景之一：转变增长方式遇到障碍

20 世纪朴正熙执政后，韩国经济进入快速增长时期，出现了所谓"韩国奇迹"。在大约 25 年的时间里，韩国由一个以农业为主的国家转变成了一个城市化和工业化程度都较高的国家。从增长的源泉看，农村剩余劳动力不断被非农部门吸纳和利用，以及依托国民高储蓄率和举借外债而来的高投资率作出了主要的贡献。20 世纪 80 年代末，韩国农村人口占全国人口的比重下降到16%，而农林牧渔业在国内生产总值中的比重也已低于 10%。

政府的战略和政策在经济快速增长过程中发挥了引导的作用：一方面，政府通过对金融机构的控制和运用财政手段，引导企业遵从政府的产业政策，投资于政府希望发展的行业，而政府选择产业时参照的标准往往是日本已发展的产业；另一方面，政府通过对进口的限制，对外国直接投资的限制和对出口的鼓励，为企业的发展提供市场机会。正是在政府的指导和扶持下，韩国的纺织、玩具、服装、鞋类、化工、造船、钢铁、汽车、家用电器、半导体等产业在 20 多年里都相继发展起来并促进了出口的持续扩张。

从产业组织看，韩国 1972 年开始推行重化工业战略及 1975 年推行综合商社制度后，一批大企业迅速成长起来。30 家最大财阀在经济中的地位举足轻重，80 年代末，约占全部制造业增加值的 30%，而在制造业利润中的比重接

近 35%。20 世纪 90 年代，制造业的集中趋势加剧，在 1995 年，4 家最大财阀在增加值中的比重上升到 25% 以上，在利润中的比重接近 60%。从对外经济关系看，韩国由于严重依赖原材料和资本品的进口，又限制外国直接投资，长期以来通过举借外债为经常项目赤字融资，弥补国内储蓄与投资的缺口，直到 1986 年才实现贸易盈余。

1987 年后的两三年间，韩国的经济增长率持续下降。而工资费用在 1987~1989 年间大幅上升，一些制造业的工资上升了 1 倍多（1987~1994 年间制造业工资年均上涨 16.2%）；投资开始由制造业转向不动产，并且在连续 20 年投资超出储蓄后，1986~1990 年间连续出现储蓄大于投资的局面。韩国经济的这些变化意味着此前依靠低成本劳动力投入和高投资促进增长的方式已经遇到困难，需要以新的方式才能维持高增长，即需要依靠技术进步提高要素生产率，特别是劳动生产率。

但在 1989 年和 1993 年，政府仍以扩张总需求的政策减缓经济增长下降的幅度。比如，1989 年政府支持增加 200 万套住房的建设，1993 年新政府扩大财政开支（因日元升值而来的出口增加，使得此次经济扩张效应延续到了 1995 年），这些都是过去增长模式的延续。在整个 90 年代（除 1 年外），韩国国内投资都超过国内储蓄，其中 1991 年和 1996 年的投资率分别高达 39.1% 和 38.6%。随着日元相对美元贬值，韩国在 1996 年回复到了增长率下降的长期趋势。

因此，在 20 世纪 80 年代末、90 年代初，经过近 30 年的高速增长后，韩国达到了一个新的经济发展阶段。由于农村廉价的剩余劳动力已经枯竭，物质资本积累的边际收益也呈现下降趋势，过去依赖生产要素投入的高速增长模式已难以维持；经济增长需要转向更多地依靠技术创新、提高要素生产率来推动。只有这一新的增长源泉，才能进一步缩小韩国与发达国家的差距。也就是说，韩国面临转变增长方式的内在压力。

韩国虽然在发展重化工业的过程中造就了一批大型企业集团，此时却尚不具备顺利转变增长方式的条件，主要依据是：

第一，在高增长时期，韩国企业习惯于通过进口技术和资本货物进行多样化经营（投资于多个制造行业和服务业）这两种方式实现扩张，自身进行技术创新的能力并未随着企业规模的扩大而提高，在研究和开发方面的投资与发达国家也有很大差距。据统计，20世纪90年代前半期，韩国在进口技术方面的许可费支出增加了一倍（接近25亿美元），1994年技术许可费收入与支出之比只有9%，而1992年美国这一指标是406%，英国是89%（1989年），法国是68%，德国是45%（1991年），日本是43%。从20世纪60年代开始，韩国不仅极力模仿日本的产业政策，也一直严重依赖从日本进口技术及其相关设备和中间产品。这是韩日双边贸易中，韩国始终是逆差的一个重要原因。

第二，企业之间的激烈竞争是推动技术创新的基本动力，但韩国的制造业和服务业大都是寡头性质的市场结构，加上政府对现存大企业集团给予信贷、税收、进出口等多方面扶持，也不鼓励大规模的外商直接投资，这些寡头企业虽然规模很大，进行创新的动力往往不足。

第三，1987年韩国民主运动兴起后，放松了对工会活动的压制，劳资纠纷迅速增多，在加速工资上升的同时，也使劳动力市场缺乏弹性，解雇雇员十分困难，许多企业推行终身雇佣制。这常常是企业推广应用新技术的一个重要障碍。

第四，20世纪80年代末以后，韩国大企业开始通过向劳动力成本和地租成本更低，发展水平也更低的东南亚、中国等地进行直接投资，扩大对这些国家的出口，而不是努力缩小与美国、日本等先进国家的技术差距。1994、1995和1996三年，韩国企业对外直接投资分别增加77%、33%和36%。这样的企业战略不仅不能解决转变增长方式的问题，只能缓解国内要素成本上升的压力，而且当企业不计成本地在对外投资方面互相"攀比"和竞争后，可用于研究和开发的投资更少。

二、背景之二：面临着来自发达国家和发展中国家的双重外部竞争压力

韩国在经济上的迅速崛起，提高了人均收入水平。从国际竞争的角度看，这意味着收入水平更低、发展阶段也较低的国家，如几个东南亚国家、中国等，在劳动力成本方面比韩国有优势。当它们的这一优势与更发达国家如美国、日本、德国的直接投资相结合并生产出发达国家品牌的产品后，便足以与韩国生产的纺织品、服装、家电、重化、微电子产品竞争。这是20世纪80年代后期以来，韩国产品在美国、西欧等发达国家市场占有率下降的一个重要原因。毫无疑问，随着20世纪80年代后越来越多的发展中国家进入高速增长阶

段，韩国面临的来自这些国家的竞争压力也不断增大。

韩国在经济上的迅速崛起，显著缩小了其人均收入与更先进国家的差距。许多发达国家企业（特别是日本企业）开始把韩国企业看成竞争对手，而不把最先进的技术转让给韩国企业。20世纪80年代后半期以来，一些发达国家政府更多地对来自韩国的进口采取单方面的保护性措施。比如，美国于1988年取消对韩国的普惠制，并在1987、1988两年强迫韩元升值8.7%和8.8%。此外，美国等国还强烈要求韩国开放国内市场。这些新变化，加上韩国在技术上与发达国家的显著差距，使韩国面临越来越严峻的来自发达国家的竞争压力。

上述国际竞争格局，表明韩国同时面临来自发达国家和发展中国家的双重竞争压力，有"不上不下"的风险。伴随经济增长而失去了劳动力成本方面的优势后，韩国就迫切需要开发出新的国际竞争优势源泉，以确立和提升自己在国际分工中的牢固地位。但过去的成功所带来的自信和自负，以及对当前经济高增长率的追求和对早日成为OECD（经合组织）成员国的渴望，妨碍了韩国政府认识到这个问题的紧迫性。

三、直接原因：金融体系的严重缺陷

金融体系存在严重缺陷，金融部门的发展与企业部门的发展不相适应，是导致韩国陷入金融危机的直接原因。

在20世纪六七十年代，韩国金融体系的突出特征是：以银行为主要融资中介，直接由政府控制并为政府产业政策服务。具体表现是：

（1）中央银行——韩国银行缺乏独立性，被置于财政部长的管辖之下，并且缺乏控制货币供应量和利率的决策自主权，也不对商业银行承担监管职能。

（2）政府对商业银行实行国有化（银行股份私人占有的总额被控制在10%以内），并且决定银行主要经理人员的任免和银行的预算。

（3）政府对银行贷款进行直接干预，许多贷款以优惠的条件和利率流向执行政府产业政策的财阀，而政府又规定韩国银行以一定比例对商业银行的这类贷款予以再贴现。在这种情况下，商业银行既缺乏对贷款项目进行评估、筛选的权利，也缺乏这样做的能力和动力。它们常常只按政府的旨意行事，毫无风险意识。因此，银行成为政府支持工业发展的工具，而不是按谨慎原则进行经营的企业。

(4) 政府的利率政策对银行体系有不利影响。从 1965 年起的三四年间，韩国为动员储蓄，一度使存款利率高于贷款利率。而 20 世纪 70 年代初推行偏向重化工业的产业政策后，贷款实际利率经常为负（优惠贷款更是如此），鼓励了企业的过度负债行为。

在上述多个因素的作用下，韩国银行在高速经济增长时期，特别是 70 年代发展重化工业后，已经积累了大量的不良资产。

20 世纪 80 年代初期，韩国开始对深受"压抑"的金融部门进行改革。但由于缺乏明确的目标、强有力的领导和前后一致的规划，金融体系面临的风险不仅没有降低，反而增加了。主要表现是：

(1) 在 1981～1982 年商业银行的"非国有化"之后，一方面，许多财阀获得了由政府转让出来的银行所有权，它们比以前更容易从银行获得贷款，使银行与财阀的关系更加密切；另一方面，由于每个私人持股者持有银行股份不能超过银行全部股权的 8%，非国有化很不彻底，政府仍然和以前一样任免银行主要经理人员。在财阀和政府官员的双重挤压下，银行十分被动，难以发挥对储蓄进行有效分配并监督其使用的作用，也缺乏风险管理的意识和技术，大量贷款继续源源不断流向负债率（负债与股本的比率）已经很高了的财阀企业。而只要这些企业投资收益下降，资金周转发生困难或者破产，银行就会受到严重拖累。

(2) 从 20 世纪 80 年代开始，在发展非银行金融机构的过程中，没有清楚地界定其业务与银行的差异，大量投资和融资公司及商人银行从事着与商业银行相类似的业务（可吸收公众储蓄，也可发行自己的票据），而不是补充银行的功能。这些机构和商业银行一样，多由财阀所有和控制，又缺乏必要的政府监管和内部风险控制，不良资产比例也很高。因此，这类机构的急剧增加，没有加强而是替代了商业银行的部分作用；其高风险经营，也使得整个金融体系的风险并没有因为它们的存在和发展而降低。

(3) 利率管制的放松，提高了实际利率水平，一方面扩大了国内利率与国际市场利率的差距，刺激了国内金融机构和非金融企业举借外债的冲动，增加了金融机构面临的外汇风险；另一方面，在大企业和金融机构负债率都很高的情况下，提高了债务融资相对于股权融资的成本，削弱了企业和金融机构的盈利能力。

（4）尽管金融体系存在上述严重缺陷，并且缺乏严格、有效、统一的金融监管，韩国仍然从 1992 年开始，着手对外国投资者开放国内证券市场，一些外国金融机构因此进入了韩国。由于依然存在许多限制性条规，这些外国投资者占有的市场份额较低，但作为国际化的投资者，与国内投资者相比较，它们对国外市场变化的反应十分敏感。这些机构的进入，增加了韩国证券市场受到外部冲击影响的可能性（外国的股票投资者实际上从 1997 年 9 月初就开始从韩国撤资）。

韩国金融部门的脆弱、被动属性，以及内部管理、控制风险的能力低下，与不断扩张（甚至国际化）、规模日益庞大的财阀形成鲜明对比。由此引起的结构上的不平衡，既是韩国经济体制和发展战略缺陷的集中表现，也威胁着韩国经济的平稳运行和经济增长的持续。只要不解决金融体系中长期累积的问题，不降低金融体系所面临的风险，即使没有外部危机的"传染"，韩国发生金融危机也不过是迟早的事。

四、深层原因：财阀企业组织和治理结构有严重缺陷

韩国财阀企业的成长与政府的支持分不开，但其组织和治理结构与二战前日本的财阀十分类似，是一种带有浓厚封建家族色彩的企业集团。其特征如下所述。

第一，一个突出特征是，个人和家族控制所有权，并且对集团内部成员企业进行严格控制。虽然从法律上看，成员企业之间是相互独立的，一些成员企业还成为上市的公众持股公司，但由于财阀主要所有者与这些企业的高层管理人员有密切联系，并且通常还设有秘书处和（或）计划协调办公室负责对全集团的业务进行统筹，所以这些集团实际上大都由家族的家长拥有最高决策权。即使是集团内的上市公司，经常没有外部董事，并且限制机构投资者的投票权，同样也很少能摆脱家族的控制。

第二，财阀大都进行"百货店式"的多元化经营，成员企业分布的行业十分广泛，结果是集团之间的分工不明显，由于互相攀比和竞争而具有相似的产业布局。这样的组织特征使得韩国的企业集团与许多发达国家的跨国公司有很大差别。这些跨国公司常常以一种产业或产品为主，能充分实现产品层次的规模经济，并且常常在技术创新方面处于最前沿地位。20 世纪 80 年代末以来，

韩国财阀在海外的投资沿袭了他们在国内的扩张方式，结果进入了许多在信息、技术和营销网络等方面都处于劣势的新行业。

第三，财阀成员企业之间交易种类繁多，加上缺乏合并的财务报表，使得财阀的财务状况很不透明。典型的内部交易有相互提供债务担保、相互提供资金、相互销售产品等。这些交易与公开的市场交易有很大差别，通常缺乏竞争，影响财阀配置资源的效率。

第四，虽然财阀的负债率很高，并且银行等金融机构是其主要资金来源，但与日本不同，金融机构在企业治理结构中并没有什么地位，也不能对财阀的资金运用进行监督。这是因为韩国的银行长期由政府控制，并且很多财阀拥有银行和非银行金融机构的股权。

第五，由于股权融资在韩国财阀全部资金来源中所占比例低，并且企业间的兼并和收购市场不发达，由此而形成的对企业经营者的间接约束也很缺乏。

企业是配置资源的最重要主体。韩国企业组织和治理结构方面的严重缺陷，必然影响到韩国资本、劳动力、技术、土地等一系列要素的使用效率。而在企业效率低下的情况下，要普遍减少金融体系的不良资产，降低金融体系面临的风险，也是困难的。

五、其他相关因素

韩国在 1997 年下半年爆发金融危机，还与东南亚金融危机之外的许多因素密切相关：

（1）日元贬值和贸易条件恶化引起经常项目收支赤字扩大。1995 年下半年日元开始对美元贬值，影响了韩国产品相对于日本产品的竞争力，再加上从 1996 年开始，一些韩国产品如半导体的国际市场价格大幅下降，导致韩国出口收入下降，经常项目收支赤字由 1995 年占 GDP 的 1.4%，上升到 1996 年的 4.5%。这种变化不利于韩国外汇储备的积累，并且使韩国表现出与泰国、印尼等东南亚国家相类似的对外经济特征。

（2）1996 年后，韩国企业利润普遍大幅下降，而从 1997 年初开始，一些大企业集团相继破产（如韩宝、大农、双龙、起亚等）。这些既影响到国际投资者对韩国企业的总体评价，也致使相关金融机构遭受损失，导致国际信用评级机构降低其信用级别。危机爆发前，韩国金融机构和企业在国际市场上举借新债已经比以前困难得多。在严重依赖"借新债还旧债"的情况下，韩国可持续的国际清偿力受到普遍怀疑。

（3）韩国政府在外债及汇率政策上有严重失误。1994年，政府取消了商业银行外汇贷款限额，但保留了对它们借用中长期外债的限额，这促使金融机构和企业转向短期外债，显著提高了全部外债中短期外债所占比重（1994年时低于45%，1997年6月底上升到63%，金融机构短期外债比重还高一个百分点），提高了偿债风险。1年后，韩国持续贸易赤字，与政府追求韩元的高汇率也有关系，但韩元贬值的压力因为外资流入增加而被掩盖。1997年第一季度，韩元下跌的压力通过离岸远期外汇市场上韩元汇率与即期韩元汇率的差异扩大反映出来，但外汇管理当局继续以官方外汇储备维持韩元汇率。直到东南亚金融危机爆发后，还进行类似操作，损失了大量外汇储备。

韩国政府对金融机构和企业借用短期外债进行长期投资缺乏监控，也是导致短期外债不断膨胀的一个重要原因。20世纪六七十年代，韩国外债以政府外债和政府提供担保的外债为主，多为长期外债，并且限制企业举借外债，政府比较容易控制外债使用和规模。在允许金融机构和企业举借外债、允许企业和金融机构设立海外分支机构后，政府相应的监控措施并未跟上，以至于在危机爆发前对外债的真实规模及短期外债用于长期投资的情况缺乏了解。

综上所述，韩国发生金融危机有其内在必然性，而不能完全归因于东南亚金融危机的不利影响。未能伴随自身发展水平及在国际竞争中地位的变化，及时调整增长方式和金融、企业体制，是韩国的深刻教训所在。

（1998年成稿，为国务院发展研究中心内部研究报告，曾收入2000年广东旅游出版社《WTO与经济全球化浪潮》）

东亚金融危机与东亚经济发展模式

由于始发于东南亚地区的金融危机波及了东北亚的日本、韩国等地，许多人对所谓"东亚模式"产生怀疑，把东亚金融危机归结为"东亚模式"的危机，进而全面否认这些国家和地区的政府在促进经济快速增长过程中发挥的积极作用。笔者认为，这样的看法具有片面性，会误导对这次金融危机的认识。

一、并不存在单一的"东亚模式"

理论界对"东亚模式"的讨论已有一段时间。最初的分歧来自对日本以及后来的亚洲"四小龙"快速增长原因的分析。它们持续的高经济增长速度是史无前例的。大多数持正统观点的经济学家强调市场力量的基础作用，也有一部分经济学家认为与欧美发达国家的情况不同，它们的政府（主要是日、韩等国政府）起到了主导的作用。1993 年世界银行推出名为《东亚奇迹》的报告，将这两种观点进行调和，认为日本、"四小龙"及印尼、马来西亚、泰国八个国家和地区在 1965~1990 年间的快速增长，是政府政策和市场力量共同作用的结果；并且肯定了日、韩、台等地实行的有选择干预措施起到了促进增长的作用。这一研究引起了对所谓"东亚模式"的更多讨论。比如，保罗·克鲁格曼1994 年撰文指出"东亚奇迹是被夸大的神话"，他认为除日本外，大部分东亚国家和地区的经济增长主要依靠的是增加生产要素投入而不是提高要素生产率，与当年苏联的高速增长性质相同；伴随投入增加速度的下降，它们的高经济增长速度最终会降下来。1997 年以来，青木昌彦等人则提出系统的"市场增强论"，从克服"协调失败"的角度对东亚政府的经济作用进行了新的阐释。1997 年世界银行出版的世界发展报告《变革世界中的政府》，也可认为是这一讨论的继续。该报告指出："没有一个有效的政府，经济和社会的可持续发展是不可能的"，并且认为政府的核心使命，是完成这样五项基本任务：建立法律基础；保持非扭曲的经济环境，包括维持宏观经济的稳定；投资于基本社会服务和基础设施；保护承受力差的社会阶层；保护环境。这一报告表明，对发展中国家而言，并不是"最小的政府就是最好的政府"。

其实，东亚国家和地区的发展模式是不尽一致的，不仅这些国家和地区的自然条件有差异，政府在快速经济增长过程中所发挥的作用也不尽相同。比如，中国香港和新加坡均为城市，与当初"二元经济"特征十分突出的韩国、中国台湾及印尼、马来西亚、泰国这几个东南亚国家和地区的初始条件差别很大；日本更是早在1885~1919年间已实现过较快的经济增长。就政府的经济作用而言，在初始条件有相同之处的中国香港和新加坡、泰国和马来西亚、中国台湾和韩国，也都有显著的不同；韩、泰、印尼同为危机比较严重并向IMF申请援助贷款的国家，各自的发展模式和发展阶段也不尽相同。就对外经济关系而言，外贸和外资在日本经济快速增长中的作用远不如其他东亚国家和地区显著，日本、韩国对待外商直接投资的态度与东南亚国家和中国香港也有很大差别。简言之，从实际情况看，并不存在单一的"东亚发展模式"，因而也就没有所谓"东亚模式"的危机。

二、东亚金融危机与金融体系的缺陷密切相关

这次金融危机从一开始就表现出这样的特点：银行体系越稳固的国家和地区，如新加坡，其经济受到的冲击相对越小；而银行等金融机构问题越多的国家和地区，经济受到的冲击也越大，在股市暴跌的同时，发生了银行、货币"双重危机"，如泰国、印尼、韩国。金融体系的缺陷，是发生金融危机的东亚国家和地区的共同特征，也是引发危机的主要原因。20世纪80年代后期日本泡沫经济的形成、泡沫破灭后的持续不景气，以及随之而来的经济衰退，也同样主要源于其金融体系的缺陷。那么，发生危机的东亚国家和地区的金融体系有什么独特之处呢？

许多经济计量分析表明，东亚的高速增长与较高的物质资本积累密切相关；而物质资本积累是储蓄转化为投资的结果，储蓄转化为投资的中介又是金融体系。因此，可以说东亚高速增长离不开其金融体系对储蓄的动员和分配。

高速增长时期，以日本为代表的许多东亚国家的金融体系具有一些显著不同于英美国家的特点，比如：

——企业更依赖于金融机构贷款而不是证券市场融资；企业的负债—资本比率更高；

——政府对信贷的分配进行指导和控制，而不是主要进行金融机构监管，并且有时保护和补贴银行等金融机构；

——银行与借款企业之间的关系更密切（如日本的"主银行"体制）；

——公司之间交叉持股的情况比较普遍（韩国财阀内部企业之间还相互对借款提供担保）。

在可用储蓄较多（因为居民储蓄倾向较高或积极利用国外储蓄）、政府以快速经济增长为目标的情况下，上述体制的主要优点是有助于"刺激投资"。同时，东亚金融体系的这一优越性并不能掩盖其他方面的缺陷。主要表现是：政府制定脱离实际的产业政策，直接促使所控制的银行为服从于产业政策的企业提供贷款导致大量的银行不良资产；银行与企业有密切关系，一些效益差、负债高、亏损严重的企业能不断得到银行的贷款；这些企业倒闭时拖累与之关系密切的银行陷入困境；一些政府官员因为可以对银行贷款施加影响而获得了为个人寻租的机会，等等。更深层次的问题是，政府对金融机构、主要是银行的负债（不管内债、外债）提供实际上的担保（比如，如日本长期坚持"金融机构不破产"的政策，印尼银行的所有者与政府官员有密切关系，泰国的金融公司负债实际上受政府担保，韩国在银行遇到困难时把银行债务视为国家债务），虽然降低了银行债权人的风险，却提高了作为债务人的银行的"道德风险"：以较低的成本获得储蓄，然后大量从事高风险的投资或收益不高的投资。结果是银行大量负债、大量投资，并且其短期负债（包括外债）与长期资产之间不"匹配"，导致投资过剩，以及高风险的房地产、金融资产市场存在严重泡沫。股市暴跌、金融机构和企业大量倒闭，作为对上述一系列现象的矫正，有其必然性。

总的来看，一些东亚国家的金融体系像一把"双刃剑"，既成就了这些国家过去的快速的经济增长，也直接与它们陷入目前的金融危机密切相关。这实际上表明，一个良好的发展中的金融体系一方面应该能最大限度地动员国内外储蓄的数量，并把这些储蓄转化成投资；另一方面也应该能保证投资的质量，在促进投资增加和保证投资质量之间取得平衡。如果投资质量高而投资数量不够大，会影响经济增长的速度；如果投资数量增加很多而投资的质量不高，经济增长将难以持续。

三、不能全盘否认东亚政府在经济发展方面的积极作用

大多数东亚国家和地区的另一个共同特征是，在其经济快速增长的过程中，政府对经济活动的干预比较多，并且在危机比较严重的国家如泰国、韩国、印尼，政府汇率、外债管理方面的失误也比较明显。但并不是发生金融危机后，就可以完全否认一些东亚国家和地区的政府干预对于经济增长的积极作用。许多研究表明，东亚政府在促进经济增长和改善收入分配方面有许多成功经验值得其他发展中国家学习借鉴，比如：

——政府重视教育的普及和教育机会的均等，一方面有助于劳动力素质的提高和人力资本的积累，从而避免劳动力素质低对经济增长的制约；另一方面也有助于促进收入的均等化。

——政府主持的农村土地改革及重视对农村交通、水利、通讯、电力等基础设施的投资，有助于农业的增长和农村非农产业的成长，从而对缩小城乡收入差距作出了重要贡献。

——政府的一系列措施鼓励了储蓄的增加，为扩大投资奠定了基础，比如通过财政收支盈余增加政府储蓄，设立便利储蓄的邮政储蓄机构，通过限制住房、耐用消费品方面的消费信贷刺激居民储蓄，通过保持物价稳定和正的存款利率增加储蓄的收益等。

——在对外经济方面，比较注重引进国外先进技术和设备，加速技术进步，缩小与先进国家的差距，同时运用多种政策鼓励企业出口。有的国家和地区鼓励外国直接投资的政策对产业升级和出口增加也发挥了积极作用。

从前面的分析中可以看出，东亚金融体系的缺陷也不全是政府干预过多的问题，而是"有的方面干预过多、有的方面干预不足"的问题。比如，对金融机构贷款活动的直接干预太多，既增加了政府官员寻租的机会，也限制了金融机构的自主权；而对金融机构借用短期外债从事高风险的房地产、股票投资缺乏严格的监管，也使金融机构面临的风险上升。再比如，对经营不善、遇到困难的金融机构给予过多的庇护，降低了金融机构的质量；而在金融自由化过程

中，放松了对金融机构短期外债规模、资本负债比率及资产分布的监管，降低了金融机构抵御利率和汇率风险的能力，也使整个金融体系处于脆弱的境地。

四、结论

无论是对一些东亚国家和地区政府干预经济过程中的缺陷，还是对东亚这次发生金融危机的原因，都需要做具体的分析，而不能笼统地说东亚金融危机是"东亚模式"的危机，或者全盘否认政府的经济作用。不仅东亚国家和地区的政府在过去为促进增长、缩小与发达国家差距方面所作出的巨大贡献已由其快速的经济增长所证实，难以抹杀，而且东亚国家和地区政府在今后的各项改革和政策调整过程中，仍将发挥重要作用，以克服本地经济的缺陷，迎接全方位的新挑战。西方发达国家在发展市场经济的过程中，也曾经受过设立社会保障体系和实施宏观经济稳定政策等方面的挑战。

东亚国家和地区到目前为止的发展过程可以归结为在市场经济条件下追赶最先进国家的过程。日本是世界上唯一由落后而达到高度发达水平、基本结束追赶过程的非西方国家，韩国也是 OECD 这一"富国俱乐部"的新成员，日本、"四小龙"的成功以及过去几十年间几个东南亚国家和地区的快速增长都已经表明，市场经济体制具有广泛的适应性，而不是西方价值观的附属物。至于政府官员与企业相勾结和裙带关系等腐败现象，也不是亚洲国家的专利，更不是"亚洲价值观"。

（1997 年 12 月成稿，供有关领导参阅，曾于 1999 年收入中国发展出版社《发展至上》一书）

转轨国家的金融改革及启示

在一个典型的市场经济中，金融体系提供与货币有关的各种服务，使货币作为一种记账单位、支付手段和价值贮备手段的功能得以充分发挥。但在计划经济中，货币的这些功能都因为货币化程度低、金融体系不发达而受到限制。比如在前苏联，没有单一的普遍接受的支付手段：职工所得的工资是以现金支付的，并且以现金购买商品，但企业存款只用于企业间交易，不能随意提取现金，除非是用于支付工资。因此市场经济中金融体系的一项基本功能——储户从银行提取现金的功能不健全。

在市场经济国家，中央银行通过改变对商业银行的储备要求、调整贴现率和公开市场操作等方式，调节货币供应量、信贷和投资需求，进而促进经济增长和控制通货膨胀。而在前苏联等社会主义国家，没有货币市场，中央银行与商业银行的界限不分明，全部银行都为国有，中央银行只能根据中央计划部门的投资计划来直接控制信贷量，扮演的完全是一个政府部门的角色。

在市场经济国家，由于存在金融机构之间、企业之间的竞争，存款者可选择最适合自己要求的金融机构，金融机构也会选择最能获利的投资项目。金融机构特别是银行，实际上起到了对企业资信进行评估，并以这种评估为基础，对储蓄进行分配的作用，同时，对企业经理人员起到一种外部监督的作用。因此，就动员整个社会的资本及提高资源配置的效率而言，金融机构的地位举足轻重。在计划经济国家，银行系统是垄断的，存款者不能对银行进行选择，贷款一般是按政府计划分配的，财政常常是企业更重要的一个融资渠道。也就是说，银行在这一体系中的作用完全是被动的，对资源配置的影响也有限。

在一个发达的市场经济中，利率一般是由对货币的供给和需求自由决定的，中央银行可对利率进行调节，以服务于一定的经济目标；利率也是金融机构判断其资产运用效率的一个标准。但在计划经济国家，利率完全由政府确定，且常常很低或者是负的，会抑制人们储蓄的积极性，从而降低资本的利用效率。

一、部分改革的尝试

从 20 世纪 70 年代起，作为整个经济改革的一部分，一些社会主义国家对其金融体系进行了部分改革，引入了一些市场机制。南斯拉夫在 1971 年，把单一银行体制改造成了一家中央银行和几家商业银行并存的体制，中央银行由南斯拉夫国家银行以及八个设于共和国一级的分行组成。1987 年，匈牙利把其国家银行也分成了 5 家国有商业银行。同年，前苏联把其最大的银行分成了中央银行和农业、工业、储蓄三家专业银行。1989 年，波兰通过新设立 9 家商业银行，打破了原有的单一银行体制，保加利亚和捷克斯洛伐克则设立了一些地区性银行。

这些部分改革，并未能改变计划经济国家金融体系的根本问题，其资源配置效率也没有改善。银行仍然由国家或企业所有；专业性和地区性银行的设立，未能促进竞争，而只是改变了垄断形式，地区和行业垄断极为普遍；银行与财政的关系理不清，增发货币仍是财政收入的一项重要来源；国有企业拖欠银行债务严重，银行贷款与财政补贴几乎是一致的。

就像这些国家的经济改革未能拯救其经济一样，其金融体系的部分改革也未能取得显著的效果。

二、经济转轨中的金融改革

1989 年以来，东欧一些国家和前苏联在政治巨变后，开始了由新政府组织的全面向市场经济转轨的过程。金融改革作为这些国家整个经济体制转轨的一个组成部分，也进入了新的阶段，并取得了令人瞩目的成果，主要表现在以下几个方面。

首先是确立二级银行体制。中央银行的独立性显著加强，能够比较好地控制货币供应总量。在通货膨胀比较严重、经济运行中存在过多货币的情况下，采取一次性放开物价的方法，使这些国家在转轨之初面临的通货膨胀更加严重。为了避免继续增发多余货币，这些国家大多增强了中央银行的独立性，赋予它维护本国货币稳定的权利，自主决定货币政策，不受行政当局的支配。如在捷克，中央银行不受政府管辖，只有被委派的内阁成员，才能参加中央银行的董事会会议，而中央银行行长有权参加政府的会议。在这种情况下，捷克政府不能通过向中央银行透支，以及发行新货币来弥补其财政赤字，而只能通过借债的方式来完成，从而划清了中央银行与财政之间的界限；政府也不能利用货币政策，为其政治目的服务。中央银行的这种独立性，使得捷克在控制货币增长、抑制通货膨胀和维护其币值的稳定方面尤其成功。

二是在商业银行中引入竞争。具体做法有：新成立自主经营的银行，为顾客提供一系列服务；对原有的银行进行私有化改造；允许外国资本进入本国的银行体系。

1991年，捷克就颁布法律允许建立私人银行；1992年2月颁布的法律，允许外国资本建立银行，或通过购买国有银行25%以下的股份，进入国有银行体系。到1994年，捷克共有46家银行，其中22家是外资银行或分行；罗马尼亚共有18家银行，其中外资银行7家；保加利亚有32家银行，除5家国有银行和7个银行团体外，还有20家新成立的私营银行；波兰也成立了多家私营银行，不过居主导地位的仍然是国有银行。

三是解决棘手的银行不良债权问题。在传统体制时期，国有企业与银行的关系很特殊，企业拖欠的大量银行贷款无力偿还，成了这些银行在转轨过程中的巨大包袱。

保加利亚从1991年开始解决这一问题，方法是取消企业的这些债务，同时，国家给予银行长期有价证券弥补其损失。捷克的办法是成立专门的银行接收这些债务，然后分8年偿还并降低这些债务的利息。匈牙利于1992年开始实施的债务重组计划的主要内容是，国家购买大部分债务，并将其转化成为期20年的债券进行出售；同时，国家也购买一部分这种债券。波兰也在1993年2月，通过了对银行和企业之间的财务关系进行重组的法令。

四是成立一批非银行金融机构，并且在整个金融体系中，开始发挥越来越大的作用。比如在捷克国有企业私有化过程中，共同基金发挥了特别突出的作用，它们通过购买私人手中的私有化证券而成为许多企业的股东。

虽然这些国家的金融改革取得了显著的进展，但无论是与经济发展对金融体系的要求，还是与价格、企业、宏观经济等方面改革的进展相比，其金融体系的状况还不能让人满意，必须进行进一步的改革。显然，为了实现在市场经济轨道上的良好运行，需要以一个完全不同的金融体系替代以前的体系，而不是仅仅对这一体系进行修修补补。

三、进一步改革必须解决的问题

各国转轨经济的实践表明，国有企业的私有化和金融改革是转轨过程中最难的两件事，并且这两件事又是相互关联的：一方面，大量新设立的私有企业需要金融部门的支持，但这有赖于金融改革的进展，要求金融部门在配置其资产时，符合市场经济的原则；另一方面，国有企业私有化不是一朝一夕能完成的，转轨过程中，国有银行迫于某些压力，不得不用大量资金，支持那些负债沉重而又无力偿债的国有企业，银行不良债权越积越多，银行净资产越来越少，反过来影响到金融体系的安全、金融改革的进行以及对私有企业的支持，挤占对私有企业的贷款。因此，同时推行私有化和金融体系改革是完全必要的。当前特别需要的是，加快处理国有企业所欠银行不良债务，避免形成新的对国有企业的不良债权，使金融系统有足够的能力支持私人企业。虽然前苏联和一些东欧转轨国家，已比较好地解决了大部分累积的不良债权问题，但由于国有银行在整个金融体系中仍占主导地位，因此在转轨过程中，大都未能避免新不良债权的产生。

不良债权问题的最终解决，不能回避现有银行的私有化问题。这些转轨中国家往往在建立新的私人银行和引进外资银行方面进展很快，而在现有银行的私有化方面进展不大。由于国有银行在行业和地区上的垄断地位，有必要在进行私有化之前，先将它们划分成若干小银行，降低金融业务的集中度，以避免私人垄断的形成。只有在银行的私有化完成之后，整个金融体系的效率才可望有比较大的改观；仅靠发展新的私人金融机构和国外金融机构，增加金融业的进入自由是不够的，这样会形成双轨并存的格局，延长整个金融改革的过程，使国有银行占主导地位的状况持续很长时间。

加快各种非银行金融机构的发展也是迫切需要，一些转轨国家在这方面潜力还很大。允许商业银行持有企业的股票，这对于维持整个金融体系的安全是有危险的，因为国有银行会像持有不良债权一样，持有不良的股票。而发展投资银行、共同基金、养老基金、保险公司、风险投资公司等非银行金融机构，则有助于降低商业银行承担的风险，加快国有企业私有化的步伐。建立和发展证券市场，也是对银行所提供的金融服务的补充，可以在私有化过程中，增加投资者所持股票的流动性，帮助投资者持有多样化的资产组合，并对其资产组合进行调节。

四、对推进中国金融改革的启示

自从改革开放以来，中国的金融体系发生了很大的变化，与传统计划经济体制下的金融体系已有显著的不同，但面临的问题与前苏联及东欧转轨国家极为相似，如银行的巨大不良债权存量，以及新的不良债权仍源源不断地产生、国家银行的垄断、对非国有部门金融支持的缺乏、负的实际利率，等等。与金融全球化的大环境和大趋势相比，与东欧转轨国家相比，中国的金融改革都已明显落后。

大部分东欧转轨国家通货膨胀率已显著降低。到 1994 年，捷克、波兰、匈牙利、斯洛伐克四国的消费品价格涨幅均降到 30% 以下，这与它们普遍推行二级银行体制、加强中央银行的独立性、避免货币过量发行有着密切的关系。为了消除通货膨胀，维持宏观经济的稳定，中国也应该进一步完善二级银行体制，增强中央银行的独立性，让中央银行担负起维持人民币稳定的责任。这就要求理顺中央银行与财政部门和商业银行的关系，划清中央银行与它们之间的界限，避免多余货币通过财政向中央银行透支，或商业银行对中央银行的"倒逼"而发行出来；同时，也要避免过多货币通过中央银行购买外汇、增加外汇储备而"自动"扩张。

国有企业所欠银行不良债权越积越多，势必影响银行的正常运行和企业之间的正常交易，危及存款人的利益，危及整个经济的稳定增长。中国需要像东欧和前苏联转轨国家那样，在进行企业改革的同时，尽快通过取消债务或债务社会化等方式，进行系统的企业与银行之间的财务重组。

为了消除银行系统中行业和地区性的垄断现象，提高银行的服务质量和存款的利用效率，在银行系统引入充分的竞争是必要的。具体做法也可以借鉴东欧转轨国家的经验。

利率的自由化很难一步到位。但在通货膨胀的情况下，需要尽快把实际利率调整到正的水平。在负利率的情况下，借债本身成了有厚利可图的"无烟工业"，借债人怎么还会去关心所借债务的用途呢？

（发表于 1995 年第 11 期《中国证券评估》，曾于 1999 年收入中国发展出版社《发展至上》一书）

针对货币、银行双重危机提出的政策建议

要保持经济的长期、稳定、健康发展，不仅要防止银行危机，更要防止银行和货币的双重危机。联系中国实际，具体而言，以下几点是今后需要特别加以注意的。

首先，把防止银行危机当作一项长期的工作来抓，不能寄希望毕其功于一役。中国银行系统累积的大量不良资产不是一个新问题，与长期以来大批国有企业效率低下，改革以来调整国有企业与财政和银行的关系，以及银行体系本身的缺陷等方面都有关，而不只是各个银行内部管理的问题。要解决这一问题，降低银行体系所面临的风险，不仅需要加快银行体制的改革，让银行和非银行金融机构各显其能、商业银行和政策性银行各司其职，减少新的银行不良资产出现，而且有赖于整个国有经济体制改革的推进、特别是国有企业与银行关系的调整，及其资源配置效率的普遍提高。因而也将是一个长期的过程。在整个过程中，都不能松懈对银行危机的防范，特别要注意防止商业银行的资金过多流入容易形成"泡沫"的房地产业和股票市场。

其次，要注意把握好国内金融体制改革与金融开放的步伐和顺序。应在国内金融体制改革基本完成后，包括中央银行的调控能力和监管水平显著提高、商业银行不良资产显著减少，主要商业银行、政策性银行、非银行金融机构运转正常，并且国际竞争力显著提高，外汇市场、货币市场和资本市场都比较规范且发育成熟的情况下，再考虑对外国投资者大规模开放国内金融市场、放松对资本流动特别是短期资本流入和流出的管制，以及实行人民币资本项目下自由兑换的问题，特别是需要把实行人民币资本项目下的自由兑换，以及资本流出、流入的自由化，当作整个经济体制改革的最后一步。这样，中国的金融系

统和经济运行就有了一道"防火墙"，基本上能够避免由银行危机扩展为银行、货币双重危机的情况。当然，不能把这道"墙"当作停止或放慢国内金融体系改革步伐的借口。

这样做的其他好处还包括：有助于把国内投资和经济增长建立在国内储蓄不断增加的基础上，而不是过多地依赖外资的流入；使人民币汇率主要由经常项目收支决定，而少受短期外资特别是游资的影响和冲击；使进口规模与出口能力相适应，避免进口过多地通过外资流入获得融资；政府可以集中力量于国内金融体系的改革和完善，提高国内储蓄的利用效率；使人民币免受"投机性攻击"；等等。

在中国比较顺利地实现人民币经常项目的可兑换后，一些人提出，中国应抓住目前外汇储备充足、贸易持续顺差、外资不断流入的"良机"，尽快实现人民币资本项目下的可兑换。他们还常常强调进行资本项目自由兑换的必要性、必然性和利益，而认为国内条件是无所谓的；由此而带来的风险、对政府进行宏观调控的能力提出的要求，也是不必计较的。这种片面的看法，严重脱离了中国经济体制、发展水平和对外经济关系的现实。如果真的这样做，将把中国置于随时会发生墨西哥、泰国式的货币银行双重危机的危险境地，即使有再多的外汇储备恐怕也不够用。

还有一种观点经常成为放松对资本流动进行控制的借口：在实现经常项目可兑换后，要维持对资本项目的控制很困难。事实上，即使发达国家，20世纪80年代以前，也只有美国、瑞士和英国等少数几个国家允许资本自由流动，前联邦德国是1984年才允许的，日本更晚，法国、意大利、比利时等国则长期对资本流动保持一些限制，而它们的经常项目早就实现了可兑换。

在具体实施对资本项目的控制时，除了继续区别对待直接投资这种长期资本流入和以证券投资、贷款等方式流入的短期外资外，还要注意到的是，长期外资如果不是用在贸易品的生产上，而是用于非贸易品部门，甚至非生产性项目，就难以通过扩大出口增加外汇收入，或通过替代进口节约外汇，在以后汇出利润或还本付息时，仍会对国际收支平衡带来压力。许多发展中国家特别是拉美国家都曾陷入这样的困境。

第三，注意保持汇率政策的灵活性。要不断根据国内经济状况、对外经济关系的新特点及外部环境的新变化，适时对名义汇率进行适当的微调，目标是维持对外经济平衡，把不平衡消灭在刚刚开始显露的阶段，并避免突然、被迫对汇率进行大幅度的调整。比如，当国内通货膨胀持续高于贸易伙伴国、本币实际汇率上升而开始不利于本国贸易品部门时，在采取措施抑制通货膨胀进一步上升的同时，还需要下调名义汇率（本币贬值），以避免实际汇率高估导致经常项目收支赤字或赤字的扩大，如果仅贬值而不控制通货膨胀，贬值对于恢复对外平衡的效果将被削弱。在一个经济快速增长的国家，通货膨胀往往成为威胁经济内部、外部平衡的主要因素，坚持强调对通货膨胀的预防是有必要的。再比如，在采用钉住汇率制（如钉住美元）的情况下，如果美元对其他主要货币升值，即使本币对美元的名义汇率未变，本币对其他货币也升值，从而会对本国经常项目收支带来不利影响。政府只有通过调整本币对美元的汇率（本币贬值），才能避免这一不利影响。在国内外经济形势不断变化的情况下，追求名义汇率的稳定，往往会影响对外经济关系的平衡发展。当然，在汇率政策的运用上，也要避免的一个误区是，在已经实现对外经济平衡后，仍把增加外汇储备当作汇率政策目标。

　　（本文为 1997 年 8 月国务院发展研究中心内部报告的一部分，曾于 1999 年收入中国发展出版社《发展至上》一书）

如何避免金融市场全球化过程中的金融危机

一、在宏观经济管理的"三难选择"中作出明智的选择

以货币政策促进经济增长、维持国内物价稳定，是中央政府（具体是中央银行）的主要职责之一。同时，维持汇率稳定，减少国际经济活动中的风险，也是许多国家追求的宏观经济目标之一。20 世纪 70 年代以来，越来越多的国家解除了对资本项目交易的外汇管制，资本跨国流动越来越自由，汇集成了金融全球化的潮流；在越来越多的发展中国家，保持资本交易和流动的自由也日益成为一种"时尚"。事实上，正如美国的诺贝尔经济学奖得主克鲁格曼教授所言，各国只能在以上三个目标之间选择两个，而不能同时实现三个；这里存在着一个"三难选择"：要么放弃用货币政策服务于国内经济目标，实行固定汇率（或者像有的欧洲国家放弃本国货币采用欧元），保持资本的自由流动；要么实行灵活的服务于国内经济增长和物价稳定的货币政策，以及保持资本的自由流动，这时必须让汇率自由地浮动，而难以实行固定汇率；要么实行资本管制，而达到独立运用货币政策及稳定汇率的目标。

墨西哥和泰国等国发生金融危机前的情况，类似于上述第一种选择。即在资本大量流入的情况下，维持固定的汇率，结果导致不能灵活运用货币政策，调节国内的货币供应量和利率，服务于实质经济活动，抑制股市及房地产市场的过热现象。这实际上相当于用货币政策服务于稳定汇率的目标，失去了货币政策的独立性。

另外，在这种情况下，外部资本流入使出现经常项目收支赤字的可能性大大增加；尤其是汇率缺乏灵活性，难以用于调整经常项目收支的平衡，即经常

项目收支赤字不能转化为本币贬值的压力，本币不贬值反过来不能改善本国经常项目收支。墨西哥、泰国、印尼乃至韩国在发生金融危机前，都或多或少存在这样的问题。

再者，在资本自由流动的情况下，实行固定的或钉住的汇率政策的国家，其货币通常很容易成为机构投资者如对冲基金的投机对象。这种投资者的特点在于，能控制比自有资本大得多的交易量——他们"卖空"一些金融资产并承诺在将来某一时间以特定的价格归还这些资产，同时用所获得的现金去"买空"另一些资产。

总的来看，在资本流出入日趋自由的情况下，政府让独立的货币政策服务于物价稳定和经济增长的目标，并以灵活的汇率政策帮助实现经常项目收支平衡，是一种比较合适的选择。此外，像中国这样通过对资本流动的控制，保持货币政策的独立性及人民币汇率的相对稳定，也不失为一种避免货币危机的选择。

还需要牢记的是，在任何情况下，保持国内宏观经济平衡都是政府实施宏观经济政策的首要目标。这一点并不能因为金融市场的开放、资本的跨国流动增加而有任何动摇：利用国际金融市场"趋利"，需要"宏观经济平衡"这一条件；避免大规模的资本跨国流动引发危机，也需要这一条件。在许多发展中国家，一种典型的国际收支危机正是由无节制的扩张性货币和财政政策与高通货膨胀引起，加之实际汇率高估，导致经常项目处于赤字状态，外汇储备被耗竭。

二、防止举债过度引发债务危机

外债与内债的显著不同在于，偿债成本与汇率及国外利率变化密切相关。而汇率又与外汇供求及对本币的信心密切相关。这些因素使发展中国家外债的偿债风险远高于内债。一旦对本币的信心丧失，市场上外汇供不应求，或者国外利率上升，发展中国家就有陷入债务危机的风险。发展中国家的外债主体除了政府部门（主要是中央政府）、国有企业外，还有各种金融机构以及一些非金融企业。发展中国家政府不仅需要管理好政府部门及国有企业的外债，还要严密监测私人部门外债的规模及其使用效果，避免因不能偿还到期外债而陷入债务危机。

三、努力避免大规模资本外逃

当一国的经济环境恶化，如发生恶性通货膨胀，实际利率变为负数，私人资本及其安全和收益缺乏保障，金融机构发生系统性危机损害金融资产的价值等，都会带来大规模"资本外逃"。其危害是减少国内储蓄中可用于国内投资的部分，致使经济增长速度达不到国内储蓄许可的水平。同时，国际收支不平衡的状况也很可能因此而加剧。许多拉美国家在债务危机时，转轨国家在高通货膨胀时，墨西哥在 1994~1995 年金融危机期间，东亚国家在 1997~1998 年的金融危机期间，都发生过这种现象。因此，发展中国家在加入国际金融市场时，需要注意避免大规模"资本外逃"的危险。

一般地，避免这种危险的关键在于为国内储蓄转化为投资创造良好的环境和各种制度条件。比如，在宏观经济政策上，努力避免恶性通货膨胀，保持一个正的实际利率；加强对国内金融机构的监管，避免系统性的金融危机，降低持有国内金融资产的风险。

直接针对资本流出的措施是通过限制本币的资本项目可兑换性，达到控制资本流出的目的。虽然这一措施的实行有成本，会减少外资的流入，会阻碍一些资本交易；并且在经常项目可兑换的情况下，比较容易找到规避这种控制的办法，但在危机即将到来或已经到来时，仍不失为可行的临时性措施。

四、维持金融体系的稳定面临新的挑战

东亚国家和地区的经验教训实际上表明，一个"良好的"金融体系一方面应该能最大限度地动员国内外储蓄的数量，并把这些储蓄转化成投资；另一方面也能保证投资的质量，从而在促进投资增加和保证投资质量之间取得平衡。如果投资质量高而投资数量不够大，会影响经济增长的速度；如果投资数量增加很多而许多投资的质量不高，经济增长将难以持续。维持金融体系的稳定不仅是保证投资的数量和质量的需要，也是在金融市场全球化新形势下分享资本流入的利益的需要，以及增强抵御其他国家危机"传染"的需要。一些国家因国内金融体系不稳引发大量资本突然外流、带来灾难性后果的事实更是表明，在金融市场已经全球化的情况下，维持金融体系的稳定比以前更难，也更为重要。但在这方面，发展中国家面临许多新的挑战。主要表现是：

第一，国内金融机构面临的竞争压力增大。与金融市场全球化相伴，大量外资金融机构进入国内金融市场，国内居民及企业与国外金融机构往来的障碍被消除，使得国内金融机构在动员、分配国内储蓄方面，不再是占垄断地位的中介组织。如果本国金融机构在安全性、服务质量及成本方面没有优势，将难以在外资金融机构的竞争压力下生存。而实际情况是，发达国家的金融机构在组织管理、风险控制及信誉上的优势，常常是发展中国家的金融机构难以匹敌的。在引进国外金融机构的竞争之前，先在国内金融机构之间创造公平竞争的环境，有助于提高国内金融机构的国际竞争力。

第二，如何保证通过金融体系流入的外资得到有效利用。虽然在发展中国家，存在像印尼这样大部分外债直接由非金融企业借用的情况，但从总体上看，目前发展中国家私人部门的外债主要是通过其金融体系加以利用和分配的。如果这部分外债使用效率低，或者其偿还遇到障碍，国内金融体系的稳定也将受到威胁。亚洲金融危机之前，韩国和泰国都存在这样的问题。韩国金融机构所借大量外债，贷给了投资效率低的大财阀，而财阀的破产和经营困难使与之关系密切的金融机构遭受损失。泰国金融机构将所借外债大量用于高风险的房地产和证券投资，房地产和股票泡沫的破灭，使这些金融机构陷入困境。相反，奉行稳健经营原则的金融机构会在外资流入时起到"闸门"式的作用。当外资流入超过一定限度、使用效益降低时，闸门将控制外资流量甚至自动关闭，避免新的外资流入。金融机构的这种作用实际上可以称为金融危机的"第一道防线"。这道防线的坚固程度取决于金融机构自身的组织结构、进行风险控制的动力及在营利与稳健之间获得平衡的能力。

在加固这道防线的作用方面，政府也是可以有所作为的。比如，在外资流入时，金融监管当局不仅应要求金融机构像经营国内储蓄那样奉行稳健原则，还应要求它们有额外的应付汇率和外债利率变化风险的资本。为了保证外资的有效利用，越来越多国家开始借鉴国际清算银行制定的有关标准进行监管。

第三，中央银行作为金融体系的一个组成部分，作为最后贷款人，也面临新的挑战。在金融机构没有外币负债的情况下，中央银行以本国货币进行最后贷款活动，常能在拯救陷入危机的金融机构时发挥作用。而当金融市场全球化导致金融机构从事外币交易和跨国交易增多时，金融机构很可能因为外币负债不能按期偿还及外币资产质量下降而陷入困境。这时中央银行需要动用外汇储备而不只是发行本币。如果外汇储备不足，像亚洲金融危机中的韩、泰、印尼诸国，就要向国际组织或其他国家求援。也就是说，全球化对中央银行的外汇储备管理提出了更高要求。

再比如，如上文所述，大型机构投资者有对已开放金融市场的国家货币进行"投机性攻击"的可能性。发展中国家中央银行或金融监管当局需要对此予以特别注意，随时准备给予回击，保护好本国货币。美国的做法是，规定大的机构投资者及时报告其持有金融资产的情况。这种报告所提供的信息使投资者的活动更透明，有助于监管当局了解其动向并做好防范措施。比如，在对某种货币发动攻击前，机构投资者常常要大量购进（或借入）该种货币；监管当局获知此类信息后，就可做好"回击"的准备。

五、适当限制资本流入

一些资本流入国从自身利益出发，在 20 世纪 90 年代针对资本流入剧增的状况，采取了一些限制性措施。

(1) 智利。1990 年，资本项目盈余占智利 GDP 的 10%，其中短期外资约占 1/3。由于考虑到这种流动可能逆转（就像该国 20 世纪 80 年代发生债务危机时那样），从 1991 年 6 月开始，实行了对短期资本流入的限制性措施，具体办法是要求举借短期外债的银行和企业，实行 20% 的无息储备。1991 年资本盈余占 GDP 比重降为 2.4%，短期资本差额由占 GDP 的 3.2% 降为 −0.7%。1992 年进一步把无息储备比例提高到 30%。

(2) 哥伦比亚。20 世纪 90 年代初哥伦比亚流入的外资迅速增多。1993 年 9 月哥采取了与智利类似的措施，不同的是适用的外债范围更广：除贸易信贷以外的全部 5 年以下外债都按特殊比例交纳储备；比率由 14% 到 42.8% 不等，外债期限越短，比率越高。虽然采取这一措施后资本盈余占 GDP 比重与此前相差不大，但短期资本流入所占比重下降较为显著。

(3) 捷克。1994 年资本项目盈余占 GDP 比重是 6.6%，1995 年上升到 16.7%。1995 年开始采用 0.25% 的外汇交易税和延长审批时间的方式，抑制资本流入，1996 年资本盈余占 GDP 比重下降 3.5 个百分点。

(4) 马来西亚。从 1989 年起外资大量流入，特别是 1993 年，短期外资流入剧增。由于政府认为短期资本是投机性的，1994 年 1 月开始实行 6 项临时性限制措施，主要是取消本国居民将短期货币市场工具卖给外国投资者。结果短期资本流入占 GDP 比重由 1993 年的 8.4%下降到 1994 年的－4.6%。

显然，在尚未建立（或正在建立）稳固而有国际竞争力的金融体系的国家，对资本流动（特别是短期资本跨国流动）实施一些限制，有其合理性，主要原因是：

（1）国际金融市场与货物和服务市场有很大不同。从理论上看，金融市场的特殊性是：不对称信息引致的道德风险和恶意选择，使金融市场经常偏离均衡状态；主要涉及跨时选择，使金融市场的不确定性增加；市场参与者的信心很容易受非经济因素影响。因此金融市场很容易波动。资本流进和流出发展中国家发生于国际金融市场中，这一问题更严重。从事实看，近 200 年来每隔 10 年左右，世界上就要发生金融波动或危机，而且资本流进流出的周期性波动也从未中断过。1996 年，韩、泰、印尼、马、菲五国吸收了 930 亿美元净私人资本，1997 年发生了金融危机，净流出 121 亿美元，一年之内，1051 亿美元资本的变化占其 GDP 之和的 10%。

（2）金融资产价格的波动有多种"溢出效应"，如影响货币政策传导机制，影响金融机构的稳定，影响与政府采取稳定措施（如以外汇储备干预汇率，提高利率抑制本币下跌等）相关的实际经济成本。而当一国金融市场国际化后，金融资产价格波动常因资本流进和流出而加剧，溢出效应也会扩大。无论是墨西哥金融危机，还是东亚金融危机，都存在这一问题。大量资本流进迫使它们的货币当局增加外汇储备并采取"冲销性"货币政策，利率被提高，对经济活动水平有不利影响；发生大量资本流出后，货币当局更是大量抛售外汇储备，大幅提高利率，既损失储备又增加国内企业的资本成本。

（3）缺乏随时可以提供帮助的国际间最后贷款人，使发展中国家金融机构和企业在用短期外币负债进行长期国内投资时，面临着特殊的汇率和（外国）利率变化风险。

（4）从现实看，并没有充分证据表明，资本项目交易越自由的国家，经济增长越快，投资占 GDP 比重越高，或有更低的通货膨胀率（据 IMF 的估计，20 世纪 90 年代中期仅有约 15 个左右的发展中国家和地区实现了资本项目交易自由化）。20 世纪五六十年代，许多发达国家也对资本项目交易进行限制，而这正是他们经济增长的"黄金时代"。也就是说，实行资本流动方面限制的机会成本仍然是不确定的。

总而言之，对短期资本跨国流动进行限制的合理性，在于金融市场的内在缺陷。其主要功能，在于"避害"——避免大规模短期资本流入和流出对金融稳定和经济持续增长的损害。从这个意义上讲，这种消极性的政策具有积极意义。相对于通过利用外资"趋利"而又无力控制其负面影响的情况，这一政策选择是一种风险更低的、更稳妥的选择。当然，这一选择不应成为拖延发展中国家建立能促进经济稳定增长的金融体系的"借口"。没有金融体系的配合，要实现快速的经济增长，实现对发达国家的追赶，是不可能的。如上面所述，这种金融体系的关键功能，是既能促进储蓄转化为投资的数量增加，又能保证投资的质量。

六、回应投资者信心动摇的挑战

1992~1993 年，部分西欧发达国家的货币如英镑、意大利里拉、法郎等受到投机者攻击，汇率也曾发生较大波动，有的还不得不因为贬值幅度较大而退出欧洲货币体系。但贬值在这些国家并不像在发展中国家那样，引起市场恐慌以及大量的资本外流。这些国家的汇率很快稳定下来，并且未对"实质经济"带来大的影响。比如，当时英镑在贬值 15% 之后稳定下来；英国政府也没有提高利率以保卫英镑的汇率，而是降低利率，刺激经济。结果有竞争力的汇率与低利率结合，反而促进了英国经济的增长。这与墨西哥、泰国等国的情况形成了鲜明的对比。

澳大利亚在东亚金融危机期间的情况对比更突出。1996 年，澳元汇率大致是 1 澳元兑换 0.8 美元。并且澳大利亚还有较大的贸易赤字，依赖从外部流入的资金。其主要的出口对象是包括日本在内的发生金融危机的亚洲国家。除1998 年夏季一段很短的时间以外，澳大利亚既没有提高利率，也没有在外汇市场上卖出美元，购入澳元，以维持澳元的汇率。在东亚危机最紧张的阶段，澳元汇率下降后，很快就自动停止了。原因是，投资者认为，澳大利亚政治、经济稳定；澳元贬值，正是大举投资澳大利亚的大好时机。结果，1998 年澳大利亚的经济表现良好。

为什么会有上述差别呢？除了金融机构资产质量的差别外，还有一个基本因素是投资者对投资对象国的信心有差别。在金融市场全球化的情况下，这种

"信心不对称"常常十分突出，发展中国家政府需更加重视投资者的信心，消除一切可能动摇投资者、尤其是外国投资者信心的因素。比如，需要把外汇储备的合理水平定得更高些；在借用外债时更谨慎些，尽量少用风险较高、流动性较强的短期外债；在制定针对商业银行等金融机构的监管条规时，努力奉行稳健的原则；在宏观经济不平衡如经常项目国际收支出现赤字、通货膨胀稍有显露时，就需要采取果断的措施进行纠正。对于一些适用于发达国家的金融政策，也需要批判地吸收，而不能照抄照搬。

综上所述，回应金融市场全球化的多种挑战，是不能仅仅用金融自由化如利率自由化、借贷款活动自由化、金融业进入和退出的自由化、资本项目交易的自由兑换这样的措施来简单概括的。自由化对于主要从事跨时选择（intertemporal choice）、不确定性高、信息不对称严重的金融部门，并不总能带来像金融体系的安全和稳定、流入外资的有效利用、避免资本外逃和降低外债风险这样的结果。墨西哥、泰国、印尼等多个发展中国家的实践都证明了这一点。金融自由化本身不应成为发展中国家政府追求的目标，而只是一个手段；完善金融体系、使之更好地服务于现实经济增长的过程，也并不是简单地"取消政府的干预"能够概括的①。

（1998 年底成稿，曾于 2000 年收入广东旅游出版社《WTO 与经济全球化浪潮》一书）

---

①显然，即使在东亚，其金融体系的缺陷也不全是政府干预过多的问题，而是"有的方面干预过多、有的方面干预不足"的问题。比如，对金融机构贷款活动的直接干预太多，这既增加了政府官员寻租的机会，也限制了金融机构的自主权；对金融机构借用短期外债从事高风险的房地产、股票投资缺乏严格的监管，使金融机构面临的风险上升。再比如，对经营不善、遇到困难的金融机构给予过多的庇护，降低了金融机构的质量；在金融自由化过程中，放松了对金融机构短期外债规模、资本负债比率及资产分布的监管，降低了金融机构抵御利率和汇率风险的能力，使整个金融体系处于脆弱的境地。

改革国际金融体系，防范金融危机

　　如果把各类金融机构自身的风险控制系统称为金融危机的"第一道防线"、把各国政府防范金融危机的一系列对策措施称为"第二道防线"，那么改革相关的国际金融组织，使之服务于国际金融稳定的目标，就可称为"第三道防线"。这不仅仅是国际货币基金组织的改革问题。虽然在这方面，发展中国家不是组织和规则的制定者，但确实与他们的利益密切相关。

　　自从亚洲金融危机爆发后，国际上对这一问题的讨论明显增多：美国、法国、德国和加拿大政府都提出了自己的方案，七大工业国的部长们就此发布了宣言，20国集团就此发表了多个报告，国际货币基金组织和世界银行的高级主管们更是不甘寂寞，纷纷就此发表演讲。作为机构投资者代表的大名鼎鼎的索罗斯，也"积极发言"，著书立说，更不用提那些世界知名的研究机构。一时间，真可谓"众说纷纭"。在一些主要问题上，这些方案提出了相互冲突的建议：就资本流动而言，有的建议继续和加速国际资本市场的自由化进程，有的建议重新实施资本控制；就汇率体制而言，有的建议增加各国汇率的弹性，而有的建议恢复固定汇率制以保持汇率的稳定；就国际社会与发生危机的国家之间的关系而言，有的建议加强国际社会介入的程度，以避免危机的扩散，也有的认为应该让陷入危机的国家自行负责，让市场力量自由地发挥作用；就国际货币基金组织在国际金融体系中的作用而言，有的建议扩大其作用的领域，增加其为维护金融市场稳定而制定的金融市场规章及标准的强制性，尽快补充该组织可用资金的数量，而有的建议限制国际货币基金组织作用的范围，甚至取消该组织。这些建议之间的差异与各国对现存国际金融体系缺陷的认识、在国际金融体系中的地位和利益，以及对国际金融市场发展趋势的看法等方面存在差异有密切关系。

加州大学伯克利分校柏瑞·埃欣格林（Barry Eichengreen）教授所著《构建新的国际金融体制：亚洲金融危机之后的可行议程》一书中提出的建议，是比较有代表性、比较折中、也更具有现实针对性和可行性的。他认为，那种野心勃勃的设置一种世界性货币，建立一个世界性中央银行、一个世界性金融监管机构或一个世界性破产法院的主张不具有政治可行性，因而没有过多地加以讨论。在现实中，要把西欧一些国家统一货币、成立跨国中央银行的做法推广到全世界，是极其困难的。

该书的建议以对现存国际金融架构的客观认识为前提。在他看来，目前的国际金融体系是由50余年前的布雷顿森林体系演变而来，资本流动以及相关的汇率浮动、金融自由化和金融市场全球化已成为现实经济生活的一部分，并且带来了巨大的利益。今后这一趋势基本上是不可逆转的。但由于金融市场中固有的信息不对称，金融危机也是难以杜绝的。基于这样的认识，他认为政策的着眼点应该是保证资本流动的收益而降低由金融危机带来的成本。正是在这个意义上，他认为不能"将婴儿和洗澡水一起泼掉"，而只能是在现存体制的基础上进行一步步的渐进式改革，着眼于减少金融危机的发生并降低解决危机的成本。因此就 IMF 的改革而言，他的建议不是重新构造 IMF，改变其行为方式，而是改变 IMF 发挥作用的环境。并且这方面的改革只是他所谓"新的国际金融架构"的一部分，而不是其全部。他提出的改革建议还包括：

（1）就阻止金融危机的发生而言，他主要针对的是所谓新的"第二种类型的金融危机"——由国内金融部门的缺陷与国际资本流动的相互作用引发的金融体系和货币汇率的双重危机，而不是传统的由过分扩张性的货币和财政政策引起的国际收支危机。在他看来，由于越来越多的国家放松国内的金融管制，发展金融市场，并且资本跨国流动日趋自由化，流动的规模不断扩大、速度不断加快，这种新的危机将会继续发生。为减少这类危机，他提出：第一，制定和推行更多的、内容更为广泛的国际金融标准，以维护各国的金融稳定——在金融市场日趋一体化的情况下，各国金融稳定是国际金融稳定的前提。这些标准包括：国际公认的会计和审计标准，以便利债权方评估作为债务方的银行和公司的财务状况；债权方的有效权利，以便他们能对债务方经理人员的财务决策进行有效控制；保护投资者的法律（如禁止内部人交易等）；公平和迅速的公司破产程序；政府、银行和公司的信息披露标准；有效监管的最低要求等。在目前情况下，要单靠 IMF 来制定和推广如此广泛的标准是不现实的。因此，作者建议充分利用私人部门的力量（如国际会计标准委员会、国际公司治理网络等），以及由各国金融监管机构组成的国际委员会（如巴塞尔委员会）。第二，鉴于许多发展中国家的银行缺乏进行风险管理的能力，而监管机构也难以对银行实施有效的监管，很多国际标准可能得不到有效实施，作者认为对短期资本的流入征税是十分必要的，这有助于促使发展中国家的债务人更谨慎地对待短期外债。由于目前 IMF 主要听命于美国财政部，而美国财政部在国际金融方面的政策深受华尔街金融大亨们的影响，倾向于维护他们的利益，因此 IMF 未曾明确提倡智利等国实施过的此类限制短期资本流动的政策。这些政策并不利于华尔街的金融大亨们从短期资本流动中获益。

（2）就危机的管理而言，作者首先批评了目前流行的两种极端做法（或由 IMF 出面提供大量拯救贷款，或者国际社会坐视不管，听其自然），进而提出了关键是要创造出一套（参照发达国家如美国国内债务重组方法的）对有问题的国际债务进行重组的规则，而不是建立超国家的担保机构或破产法院。建立债权方的常务委员会，以便借贷双方的信息交流和沟通也是作者所倡导的。

（3）就 IMF 的改革而言，作者认为 IMF 应该更像一个"警察"而不是"消防队员"；它应继续向有关国家提供金融援助，但应把更多的精力放在根据国际标准监督各国金融市场的运行上。此外，它还应该在重组债务的谈判中发挥更积极的作用，并推进与此相关的一系列制度建设，增加其合法性。

发展中国家急需在改革国际金融体系的讨论中发出反映他们利益的声音，以便他们所关心的问题也能列入议事日程。例如：

（1）接受国际货币基金组织援助时，该组织的许多条件是否是必要的？发展中国家是否要以放弃最适合自己的政策来换取援助？在印尼，在韩国，在巴西，该组织除了要求在接受援助时实行极端紧缩的财政性政策，提高利率水平外，还被要求进行一系列"结构性改革"，如劳动力市场改革、贸易体制改革、企业治理结构改革等。这些是否是一个国际性的金融组织应该涉及的问题？

（2）另外，如前面所指出的，供求双方信息不对称是一个在国际金融市场中表现得更加突出的问题。这种不对称使一些发展中国家出现"超借"现象。换言之，某些发达国家的债权银行"超贷"了（对应地，如果债权方对发展中国家的债务方的风险估计过头，会引起"借贷不足"或"惜贷"的现象）。无论是 20 世纪 80 年代初的拉美债务危机，还是 20 世纪 90 年代的东亚金融危机，都有"超借"方面的原因在起作用。不同的是，前一次主要是政府举借了大量商业贷款，后一次既有金融机构过度举借外债的问题（如韩国、泰国），也有非金融企业大量举债的问题（如印尼）。换个角度看，就是发达国家的债权机构超贷了。因此，发达国家的债权机构在危机发生后，也应承担相应的责任。但实际上，国际货币基金组织主导下的援助，成了通过债务重组保护债权机构利益的工具。

（3）在金融市场全球化的形势下，一国金融体系中的问题很可能迅速传染给另一国，在多国市场中发生连锁反应。这样，一国的金融体系尽管比较稳固，政府对本国金融机构也进行谨慎的监管，并且经济基础因素比较正常，仍可能因为"传染"机制的作用而陷入金融危机。无论是 1994 年的墨西哥金融危机，还是 1997 年的泰国金融危机，都波及了多个国家。在这种情况下，一国中央银行和金融监管当局仅靠自己的力量常常不足以避免危机。只有各国中央银行之间加强沟通和合作，或者借助于国际组织的作用，构筑国际性的金融安全网，才能解决这样的问题。新的国际金融组织必须对此予以足够的关注。

（4）在那些进行折中改革的方案中，往往涉及一系列国际性准则的制定和实施，如 1997 年巴塞尔银行监管委员会制定的 25 条有效监管基本准则（即"巴塞尔核心准则"）；其他还包括公司治理结构方面的准则、会计和审计准则、证券监管准则、统一的破产程序和准则等。发展中国家的特殊性如何在这些准则中得到体现呢？

（5）在那些进行激进改革的方案中，还涉及世界货币、世界中央银行（尤其是作为国际性的最后贷款人）、世界金融市场监管者、世界破产法庭之类的问题。这类方案尽管在近期不会有实施的可能性，但发展中国家也需要加入到有关的讨论中去，研究这些方案对自身利益可能产生的影响。

（1998 年底成稿，曾收入 1999 年中国发展出版社《发展至上》一书）

第三编
人民币汇率与中国经济的对内对外平衡

对维持中国经济对外平衡的一些基本认识

中国在实行对外开放后，与封闭时相比，就多了一个维持经济对外平衡的问题。对外平衡是宏观经济平衡的重要方面，与内部平衡相对应。在维持今后我国经济对外平衡的问题上，有一些基本的认识需要澄清。

一、注意短期资本流出和流入的平衡问题

在今后相当长时期内，都要注意避免因短期资本流出和流入的不平衡，引起我国经济的对外不平衡并冲击内部平衡。

一国的对外经济交往，集中反映在其国际收支平衡表上。对外平衡即国际收支的平衡，反映在该表上就是经常项目和资本项目总的平衡。收大于支即盈余或支大于收即赤字都是不平衡。国际收支平衡的实现，并不要求经常项目和资本项目分别保持平衡。只要经常项目的赤字（盈余），能被资本项目的盈余（赤字）所抵销，总的平衡仍然能够实现。只有在这两个项目的差额不能相互抵销，以及同时出现赤字或盈余时，国际收支的不平衡才会发生。

国际收支平衡之所以重要，成为各国的主要宏观经济目标之一，是因为国际收支的不平衡发展到一定程度，就会影响一国经济的正常运转。巨大的国际收支赤字，会消耗掉一国的国际储备，降低其国际资信，使正常的对外经济交往不能进行，对外支付发生困难。巨额的国际收支盈余也是不平衡，会使本国的国际储备不断累积，货币供应量扩大，通货膨胀和资产泡沫化的压力增大，本国储蓄被外国利用，导致本国资源的浪费。因此，把国际收支盈余当作政策目标，等于去追求国际收支的不平衡，也是不恰当的。

在对外经济交往完全自由化的情况下，国际收支不平衡，即对外不平衡会

经常发生，但只要具有完善的市场机制，不平衡所引起的物价、汇率、利率和供求的变化，一般能够自动地将不平衡调节到平衡状态。比如，当国际收支不平衡由进口增加、经常项目逆差扩大引起时，反映到外汇市场上，对外汇的需求增加，以外币表示的本国货币汇率将下降，从而引起产品市场上对本国产品的需求增加，出口增加进口减少，缩小经常项目逆差，不平衡状态将回复到平衡状态。在这一调节过程中，完备的外汇市场及汇率的自由浮动是关键。当国际收支不平衡由资本大量流进、资本项目巨额盈余引起时，反映到资本市场上，供给增加，本国利率下降，资本流出随之增加，恢复国际收支的平衡；在这一调节过程中，完备的资本市场和利率的自由浮动是关键。如果不具备完备的外汇和资本市场，当对外不平衡发生时，就很难像以上两种情况那样自动调节到平衡状态，而需要政府的直接干预。这种干预，往往意味着对涉外交易的自由进行限制。

自从改革开放以来，我国对于对外贸易的限制越来越少，对外贸易活动越来越自由，资本项目的管制也有所放宽，我国的对外交易规模不断扩大。特别是 1994 年后，我国开始了人民币经常项目自由兑换的过程。在经常项目交易、主要是贸易的自由化不断加强的同时，我国在今后相当长时期内，都要继续坚持和优化对资本项目交易的政府控制；不仅控制流出，也要警惕和控制异常流入。这既是为了避免因资本流入和流出的不平衡，引起我国经济的对外不平衡，也是为了维护我国货币和财政政策的独立性，以便把货币和财政政策工具直接用于维护内部平衡，而不是用于抵销对外不平衡对内部平衡的冲击。当今世界，资本跨国流动的数量极为巨大，特别是短期资本，不仅量大，而且流向飘忽不定，受许多经济和非经济因素的影响，很容易对一国的外汇和资本市场构成冲击，破坏其国际收支的平衡，影响经常项目交易的正常进行，甚至破坏内部平衡的维持。墨西哥的金融危机即是一次深刻的教训。另外，我国的外汇市场和货币、债券、股票、期货市场都不发达，金融体系的市场化改革，还需要很长的时间才能完成，汇率调节经常项目收支的机制尚不完善，利率调节资本项目国际收支的机制更是缺乏，宏观调控体系的完善和调控能力的提高，也需要一个过程；一旦在放开资本项目的交易后，发生资本大量流出，引起国际收支赤字和国际储备枯竭，或者资本大量流进，引起本币升值和储备猛增，都将很难通过利率机制恢复国际收支的平衡，甚至内部平衡也将受到威胁。

在对资本项目特别是短期资本流动继续进行控制的情况下，可以保证资本项目的收支不出现大的不平衡。这样，我国经济对外平衡主要是经常项目的收支平衡，而其中关键又是贸易项目的收支平衡。

二、实现人民币经常项目下自由兑换的目标

实现人民币经常项目下自由兑换的目标应是：在对外贸易活动显著自由化后，把维持经常项目收支，主要是贸易收支平衡的任务，交由市场完成，政府不再直接控制汇率，也不再把它作为调节经常项目收支的一个政策工具。

一国货币的汇率表示的，是该国货币与其他国家货币之间的兑换比率，能同等程度地作用于进口品和出口品的国内价格，但不改变它们之间的相对价格，与改变进口品与出口品相对价格的关税、配额等贸易政策不同。不过，由于任何一个开放经济体，除了贸易品部门，即出口和进口替代部门外，还有非贸易品部门，在可贸易产品的国际价格及非贸易品的国内价格一定的情况下，汇率通过影响贸易品的国内价格，能改变贸易品与非贸易品的相对价格，从而调节资源在这两类产品之间的配置：以外国货币表示的本国货币汇率的下降，即本币贬值，意味着本国贸易品相对价格的提高，资源将由非贸易品部门流向出口和进口替代部门，国内需求方面的变化相反，由贸易品转向非贸易品，特别是当本币的贬值，降低了国内劳动力的实际工资时，国内消费还将下降；本币升值对生产结构和需求的影响与贬值时相反。正是汇率变化的这种转移效应和收入效应，使得汇率政策的作用往往不是中性的，而能够对资源在贸易品与非贸易品部门的配置产生影响。因此，不能仅把汇率当作一种贸易政策工具来使用。

当然，汇率政策上述作用的发挥，是以贸易品和非贸易品国内相对价格的变化为前提的。如果非贸易品的价格因国内供给或需求方面的原因，发生与贸易品价格同等程度的变化，这两类产品的相对价格未变，也就是实际汇率没有与名义汇率同方向变化，就不会有上述作用。

汇率虽与关税配额等贸易政策不同，却同样能够在影响生产和消费的同时，调节贸易活动。汇率下降后，在贸易品国际价格不变的情况下，出口品和进口品的国内价格上升，对生产出口和替代进口产品的刺激加强，而对出口品

和进口品的国内需求，转向非贸易品及替代进口的产品。在这一过程中，只要进口需求和出口供给的弹性足够大，出口将增加，进口将减少，贸易收支的逆差将减少，顺差则将扩大；如果考虑贬值引起的实际收入下降的效应，则上述影响将得到加强。在贸易收支变化后，如果汇率是自由浮动的，它反过来又会调节贸易收支。

汇率对资源配置的调节作用表明，不能仅从出口换汇成本的角度来判断汇率及其形成机制的合适与否，而应从实现整体经济中贸易品部门与非贸易品部门之间均衡的角度进行判断。而汇率对贸易收支的调节作用则表明，不一定非要通过对贸易活动，及与此相伴的货币汇兑的限制，来实现贸易收支的平衡。在贸易自由化和货币自由兑换的情况下，发生贸易收支不平衡后，只要外汇市场上汇率是自由浮动的，汇率形成机制是市场化的，不平衡所引起的汇率的变化，能够自动地把收支调节到平衡状态。这时，虽然政府仍然能够通过在外汇市场上公开买卖外汇的活动，影响和调节市场汇率的变化，但政府不直接决定汇率的水平，汇率不再是一个政策工具，而是外汇市场上的供给和需求决定了汇率水平。

与政府直接控制外汇的分配和汇率相比，这种经常项目下货币自由兑换和汇率自由浮动的制度的优越性主要是：(1)避免政府控制汇率时汇率水平不适当，引起资源在贸易品和非贸易品部门之间不适当；(2)在引进国际竞争的情况下，促进贸易品部门效率提高，避免货币不能自由兑换对贸易活动的阻碍，以及对国内低效率贸易品部门的保护；(3)提高外汇的使用效率，避免政府分配外汇时的寻租行为和低效率；(4)市场经常地对汇率进行小幅调整，避免了政府间隔地对汇率进行大幅调整，给经济运行带来冲击。更重要的是，中央银行从汇率决定机制中独立出来，更类似于一个"旁观者、监督者、守护者"的角色。

在显著放松了对贸易活动的直接控制后，从1994年4月起，我国实行银行结售汇制，建立银行间外汇市场，开始向人民币经常项目下的自由兑换过渡。从实际运行情况看，与人民币有管理浮动的市场汇率目标模式还有不小的距离，汇率的形成机制还不够健全，中央银行在外汇市场上具有买方垄断地位，被动地"吞吐"专业银行结售汇的差额，货币供应量被动地受结售汇差额的影响，而不是主动地对市场汇率进行调节。今后，就这一制度本身的完善而言，首先需要把中央银行独立出来，避免其作为货币供应量调节者和市场汇率自主调节者的功能冲突；同时也需要在银行间外汇市场引入更多的市场主体，增加进入的自由，完善市场竞争机制。

就提高我国总的（而不仅仅是贸易品部门）资源配置效率、国际竞争力及促进我国的经济发展而言，除汇率形成机制的市场化外，还有许多更基础性的工作要做，如微观主体的改制、国内统一市场的建设和区际竞争的加强等等，这些主要应靠国内制度改革来完成，靠引入国际竞争是不能代替的。今后需要把握好国内制度改革与引进国际竞争之间在节奏上的差异，在加快国内市场体制建设、消除国内扭曲的基础上，推进贸易的自由化和加强人民币的可兑换性。

三、注意内部平衡与对外平衡的协调

对于中国这样的大国，在内部平衡与对外平衡的关系方面，内部平衡是基础；一旦内部平衡被破坏，对外平衡的维持就会有困难。以牺牲内部平衡的方式维护对外平衡，是不可取的。但无论是对外平衡还是内部平衡，都应服务于持续、快速的经济发展这一目标。

无论是从发达国家的历史，还是从发达国家和发展中国家的现实看，大国不同于小国的一个重要方面，就是对外交易在大国的整个交易活动中所占的比重，比国内交易要低得多。我国是最大的发展中国家，在这方面也不应有例外。因此，维持我国经济的内部平衡比维持对外平衡更为重要，应在内部平衡的基础上追求对外平衡，而不应以破坏内部平衡的方式去实现对外平衡。这一点应成为长期指导我国宏观经济政策的一个基本原则。

在1994年初，这一原则并没有得到很好贯彻。1993年底，由于1992年、1993年国内吸收（投资、消费和政府开支）大幅度上升、货币供应量迅速增加，我国经济的内部平衡被严重破坏，通货膨胀率显著上升，并面临进一步上升的巨大压力；外部平衡也被打破，全年贸易赤字超过100亿美元。但在1994年初人民币汇率并轨时，为了消除贸易赤字、刺激出口，实行了人民币的大幅度贬值，下调33%；并且，在4月份建立了银行间外汇市场后，中央银行以在外汇市场上大量购买外汇的方式，进一步扩大货币供给并继续人民币贬值的政策。这样虽然在短期内对改善我国的贸易收支有显著的作用，促进了贸易平衡的恢复，但加剧了内部不平衡，提高了1994年的通货膨胀率。

贬值加剧通货膨胀的传导机制主要有：①在可贸易品的国际价格不降低的情况下，直接提高它们的国内绝对价格；②在贸易品国内价格已与国际价格基本一致而国内总需求膨胀的情况下，促进非贸易品价格的上涨；③促进名义工资的上涨跟上贬值的幅度。这些在我国 1994 年通货膨胀的大幅上升中均有体现。

作为一个发展中国家，经济发展是我国的最高经济目标。无论是内部平衡还是对外平衡，都是为了经济的持续和稳定发展。从我国经济的实绩看，今后一个时期内，只要加快市场化改革，让人们有从事经济活动的自由，并保障他们从经济活动中所获收益的安全，我国经济就有持续较快发展的可能，对我国经济发展构成威胁的一个重要方面，将是通货膨胀或通货紧缩这种内部不平衡。这要求把避免通货膨胀或通货紧缩，当作我国宏观经济政策的一个基本出发点。

比如，通货膨胀意味着国内绝对价格水平的提高，在贸易伙伴国的价格不变，或其通货膨胀率较低的情况下，本国贸易品的价格竞争力将下降，出口减少、进口增加，贸易平衡难以维持，除非降低本币汇率来消化通货膨胀的影响。只要不消除通货膨胀，我国在人民币汇率上，就经常会面临这样的两难选择：不贬值，贸易品的价格竞争力下降，贸易平衡及对外平衡难以维持；而贬值又会加剧通货膨胀。为了避免陷入通货膨胀—贬值—更高的通货膨胀—再贬值的恶性循环，我国首先需要消除通货膨胀，实现内部平衡；只有在消除通货膨胀后，我国才比较易于维持一个较低的人民币实际汇率，提高贸易品部门的竞争力，促进贸易品部门的发展，避免贸易赤字的扩大引起对外不平衡。对二战后许多发展中国家经济的实证分析表明，那些快速增长的国家，大都维持了一个较低的实际汇率，而那些增长不理想的国家，大多与其货币实际汇率的高估有关。

根据现行的结售汇和人民币汇率形成制度，贸易顺差或资本盈余必然导致外汇储备不断扩大，货币供应会相应地增加。1995 年 9 月底与 1993 年底相比，我国的外汇储备增加了近 500 亿美元，由此增加的基础货币超过 4000 亿元人民币。在这种情况下，采取冲销性的（sterilized）货币政策，压缩其他的国内货币供给，减轻通货膨胀的压力是很必要的。但是，这样做是有限度的，更为根本的是，要避免过多的外汇储备的产生；为了更多的外汇储备，而放弃本来可以达到的经济增长速度，降低生产能力的利用率，增加失业，降低国民的福利水平，就更不值得。在外汇储备超过合理水平后，一个现实问题是，不让这一趋势继续下去，并使用掉一些储备。可以考虑的方式有：①进口先进技术或国内短缺的先进设备、化工产品和原料。提高供给能力；②对我国产品出口发放出口信贷；③鼓励企业开展战略性的对外投资，获取境外资源或技术；④借鉴日本的"黑字环流"计划，适度增加对外援助优化外部经济环境。这样的使用方式，将有助于利用外汇储备直接或间接地促进经济增长。

在达到比较合理的储备水平后，如果资本项目略有盈余，并且非贸易经常项目可自求平衡，那么贸易项目可以略有赤字；只要贸易赤字不超过资本盈余，并且，进口中有很大部分用于扩大贸易品供给能力，使进口及偿还外债本息所需的外汇有保证，这一平衡模式就是可以长期维持的比较理想的模式。

（1995 年 10 月成稿，曾供有关领导参考并发表在《国际金融研究》1996年第 3 期，有删节）

美国为什么要求人民币升值

　　自 2003 年以来，美国有关方面和人士就不断对中国施压，要求中国改变人民币对美元的汇率。2003 年 9 月，美国财政部长斯诺公开批评中国"人民币被钉住"（a pegged Renminbi）的汇率制度，要求中国实行弹性汇率制度。此后他又在多个双边和多边场合重申这一观点。美联储主席格林斯潘在 2004 年 3 月的一次公开演讲中指出，"（中国中央银行）连续大规模地购买美元与中国内部经济平衡的目标不相协调"，也暗示他认为中国应该停止这一做法，以便让外汇市场上的供求力量促进人民币升值。美国一些国会议员同样表现出对人民币汇率的"特别关注"。2003 年 2 月至 2004 年 1 月两院 13 个与中国有关的议案中，有 10 个都包含这样的观点：中国利用低估人民币，不公平地获取对美贸易利益。更有甚者，2004 年 3 月，几个参议员要求与布什总统举行"紧急会议"，就中国汇率政策对美国制造业工人的影响问题进行讨论。2004 年 12 月 3 日，美国财政部向国会提交的《关于国际经济关系和汇率问题的报告》认为："中国自 1995 年以来一直实行人民币对美元 8.28∶1 的固定汇率。"并且声称，"美国行政当局要求中国尽快转向具有更大弹性的汇率制度"，"继续与中国有关方面一道确认和克服实行具有更大弹性的汇率制度的障碍"，"美国政府将持续和坚定地帮助中国尽快转向弹性汇率制度"。与此相呼应，美国一批智囊机构、大学的学者也从缩小美国经常项目赤字等角度，提出了人民币需要升值的幅度——以 20% 左右的居多，高的甚至达到 51%。

　　美国为什么要求人民币升值？我国如何应对人民币汇率问题上来自美国的压力？回答这两个问题，需要先了解美国为什么希望甚至纵容、诱导美元贬值。

一、美国为什么希望美元贬值

自从布雷顿森林体系解体以来，美元汇率的波动就十分常见，并屡创纪录低位水平：1995年4月19日1美元兑81.1日元，7月28日欧元区初始成员国货币与美元的加权平均汇率为1：1.35。此后至2002年，美元进入总体上的升值周期，美联储广义名义汇率指数由89升至当年最高时的130，升幅达46%。2002年11月至2004年初，美元又开始贬值，对欧元贬值约33%，对日元贬值约23%。2004年上半年，美元贬值趋势中止，美联储广义名义汇率指数上升2.2%。综合近来多方面的信息，美国政府不仅希望而且纵容、诱导美元贬值。背后的经济原因是什么？

第一，从表面看，这源于美国经常项目赤字的规模及其不断扩大的趋势。

20世纪80年代初到90年代初，美国经常项目赤字经历了由扩大到缩小的周期变化，1987年赤字规模约1700亿美元，此后不断缩小，1991年还出现了短暂的盈余。1992年以来，赤字不断增加，占国内生产总值比重不断上升。2004年全年预计超过6000亿美元。这样的经常项目赤字规模本身，就是对外经济的不平衡，足以让美国有关方面感到担心。美国一些智囊机构的专家预测，按20世纪90年代以来的趋势发展下去，到2010年，美国的经常项目赤字将超过10000亿美元。从历史上看，经常项目赤字不断增加往往会增强美国国内的保护主义势力，助长美国的单边保护主义行为，使美国国内越来越多的人将失业等问题归罪于别国向美国的出口，从而威胁到多边国际贸易体系。

第二，纵容美元贬值是美国在两类调节经常项目不平衡的机制之间进行权衡的结果。

美国经常项目赤字的主体是货物贸易赤字，其服务贸易长期顺差。从理论上看，减少贸易赤字有两套机制：一是抑制国内需求的增长，或使贸易伙伴的国内需求以更快的速度增长，这是所谓的收入调节机制；二是价格调节机制，即本币对贸易伙伴国货币的实际有效汇率下降，提高本国产品相对于进口产品的价格竞争力。显然，在短期内，美国不愿意也不太可能在美元汇率不变的情况下，通过抑制其国内需求，来削减其贸易赤字，因为这将损害其经济增长。种种迹象表明，在布什总统的第二任期内，由于减税及扩大政府社会保障、国防、反恐等方面的开支，美国的国内需求会持续、较快增长。如果美元汇率和美国国内需求都不变，而其贸易伙伴国大力刺激需求，加快经济增长速度，以此增加从美国的进口，帮助美国削减其贸易赤字，对美国没什么害处，但对于尽快削减其贸易赤字的目标而言，只单向作用于美国的出口，力度还不够，所需的调整时间也较长。

最直接、迅速、有效并最符合美国利益的方式，是两种调节方式相结合：一方面，美元贬值或其贸易伙伴国货币升值；另一方面，在不降低美国国内需求和经济增长率的情况下，其贸易伙伴国国内需求和收入能实现较快的增长。由于近期美国两个重要贸易伙伴，即欧盟、日本的需求扩张速度很难超过美国，许多美国决策者认为，对于调节美国贸易不平衡而言，需要更多地依赖价格也就是汇率调节机制。这是这次美国纵容美元贬值的重要原因，也是过去美国逼迫日元及其他国家货币升值、经常在国际场所要求其他国家扩大国内需求的重要原因。

第三，美国纵容美元贬值的根源在于美国对外经济关系及美国宏观经济结构方面的特征。

在目前美国不平衡的对外经济关系中，不断增加的经常项目赤字是由不断增加的净资本流入、特别是债务资本流入支撑的。比如许多亚洲国家以持有美国政府债券的方式作为外汇储备。造成这一不平衡的主因是美国的内因，即其宏观经济结构方面的问题：消费增长强劲，国内储蓄不足，需要大量吸纳国外储蓄和资本。美国目前大体上每个工作日平均吸引 40 亿美元的国外资本。美元长期作为国际储备货币的地位，也为美国通过大量举借美元标价的外债（而不是外汇标价的外债）维持这样的对外经济关系创造了前提条件。美国这一对外经济关系面临的危险在于：当经常项目赤字继续扩大，美国的负债率继续提高，无论是美国政府还是国外投资者都认为其不可持续时，对美元贬值的预期越来越普遍，到某一天美元就可能发生突然、急剧、失控的贬值；短时间内大量的资本外流，不仅直接在美国资本市场上影响资本供给，不利于美国经济的内部平衡和增长，同样也会在外汇市场上引发美元突然贬值。

美元的这种"硬着陆"，在最近的 30 余年间曾发生过几次，如 1971~1973年、1978~1979 年、1985~1987 年、1994~1995 年，并都引发了美国经济和全球经济的动荡，对美国当前的执政者而言，都是"前车之鉴"。在充分就业的情况下，与美元大幅贬值相伴的将是国内的高通货膨胀压力，进而迫使美国通过大幅度提高利率，吸引国外资本。但高利率又会对国内经济增长带来十分不利的影响，并迫使其他国家效仿美国提高利率，不利于全球经济增长，也不利于美国出口的增长。高利率还会增加美国巨额债务的偿债成本。这样的结果是美国最不愿意看到的，也是美国的贸易伙伴国不希望看到的。因此，可以说，对未来某个时候发生美元突然、急剧、失控性贬值及其恶果的恐惧，促使美国接受或纵容美元逐步、持续、有序贬值的现实，并以此逐步实现这样的目标：把美国经常项目赤字减少到人们普遍可接受的范围、可持续的水平。

此外，美国通过大量举借美元标价的外债支撑其巨额经常项目赤字的对外经济关系特征，还"天然地"决定了美元贬值有助于降低美国的债务成本。

虽然近来美国政府并没有直接干预外汇市场，但 2003 年以来，美国财政部长斯诺、美联储主席格林斯潘等美国有关高层人士，在面对美元贬值的市场趋势时发表的言论清楚地表明，美国对外汇市场采取了"口头干预"（oral intervention）的方式，实际上在诱导美元逐步贬值。

二、美国为什么要求人民币升值

美国方方面面一致要求人民币升值，主要原因有五：

第一，这是美国在其经常项目赤字迅速扩大的背景下希望和纵容美元贬值政策的一个组成部分。近两年欧元、日元、加元、澳元、英镑等都对美元有较大幅度的升值。而在美国看来，虽然在美联储广义汇率指数中人民币有近10%的权数，并且中国是对其拥有巨额货物贸易顺差的国家，但人民币与美元汇率未变，减缓了美元贬值幅度，也不利于其减少对华经常项目赤字。

第二，美国一些决策者认为人民币被钉住的汇率制度，对其他一些亚洲国家和地区实行类似制度，或在外汇市场上大量购买美元阻止本币升值，有重要示范作用。这些国家和地区包括中国香港和台湾，韩国、新加坡、泰国、印尼、马来西亚、菲律宾甚至印度和日本。它们都对美国有贸易顺差，并且视中国为出口市场上的竞争对手，不愿意在中国人民币对美元升值之前，实现本国货币对美元升值，否则会在国际市场上损害自身出口产品相对于中国产品的竞争力。因此，在美国看来，人民币升值还能带动其他亚洲国家货币升值，从而在更大程度上帮助美国改善其经常项目收支状况。

第三，美国一些人认为，近两年中国经济正处于快速增长过程中，中国政府致力于实施宏观调控、消除经济过热，此时向中国施压，"晓以利害"，将比较容易达到其实现人民币对美元升值的目标。美国有关方面认为，人民银行为维持人民币对美元的固定汇率，在外汇市场上大量购进美元，扩大了基础货币投放，不利于中国灵活运用利率、货币供应量等货币政策手段，控制信贷的增长和抑制经济过热。许多投机性资本因人民币低估及预期的升值而源源不断流入，也对银行信贷扩张和房地产价格过快上升有刺激作用。而与人民币升值相伴的进口增加和出口减少，则有助于增加中国的总供给，减少中国的总需求，符合中国抑制经济过热的需要。

第四，美国还有一些决策者认为，中国正在借低估币值，步日本和亚洲"四小龙"之后尘，走出口导向型增长之路；美国在过去曾成功地逼迫他们将货币升值，也希望能对人民币"重演故技"。

第五，以人民币汇率议题捞取更多的贸易之外的利益。如迫使中国更多、更快地开放金融市场，特别是对美国金融机构开放市场。

三、相关对策建议

可以肯定，只要人民币不升值或升值幅度不如美国所愿，美国在人民币汇率问题上施加的压力将始终存在。在今后相当长时期人民币汇率和汇率形成机制都将是中美经济外交的重要话题。下面就如何应对在这一问题上来自美国的压力，提出几点建议：

第一，在双边和多边对话中，强调中美贸易的互补性、非替代性，并且这种互补性还能伴随美国减少和解除高科技产品对中国出口的限制而显著加强。汇率对贸易差额的价格调节机制发挥作用的基础，是贸易品与国内产品之间的替代性、竞争性。要强调中国对美国出口的产品主要不是美国国内大量生产的产品，包括有许多是美国企业在国内不生产而到中国进行直接投资生产的产品。

第二，针对中国总的贸易顺差远小于中美贸易顺差的现实，在双边和多边对话中，强调中国在多边贸易中追求平衡，不以贸易顺差为目标；强调中国作为大国，主要依赖国内需求推动经济持续增长；强调中国对美顺差主要弥补了对其他国家贸易的逆差。如2003年，中国对日本、日本以外的东亚国家和地区、东盟、拉美的货物贸易都是逆差。

第三，对美国进一步增多的针对中国的贸易保护主义措施，要有充分的思想准备，提前做好预案；有关部门、行业协会和企业要密切配合、相互支持、积极应对。必要时也可依据世界贸易组织规则，采取针锋相对的措施。

第四，积极与有关亚洲国家协调贸易和汇率政策，分散和转移美国对我国的压力。强调我国经济与亚洲有关国家经济之间的互补性而非竞争性。

第五，有关部门对美国借助国际货币基金组织等国际组织施压的可能性要有所准备。最近美国一些智囊机构的学者已向美国政府提出建议，由7国集团或20国集团出面要求国际货币基金组织干预成员国"操纵不均衡汇率"的行为，并就成员国间相互协调的经常项目目标和调节准则进行谈判。

第六，在汇率形成机制与外汇政策上，从长期看，一方面要坚持建立以外汇市场为基础的有管理的人民币浮动汇率制度的决心和方向——这是我国从自身利益出发，建立社会主义市场经济体制的必要和重要组成部分；另一方面，要清醒地认识到建立这一制度必须具备的条件，并积极地、有序地致力于准备这些条件，如商业银行的改革、利率的市场化等。在当前，针对在宏观调控背景下外汇占款扩充货币供应量、投机性资本流入引发不良贷款增加等具体问题，有关部门需要采取有效措施，如从制度上切断被动吸纳外汇储备、扩大货币供应量的链条、进行"冲销操作"、加强结售汇管理、强化金融风险管理、防范资产泡沫等，避免对外经济不平衡影响国内经济平衡的大局。在中期，人民币汇率形成机制与立足于对外经济特别是国内经济形势变化的需要，不排除人民币逐步、适度升值的政策选择，并加快人民币汇率形成机制的市场化改革。

（2004 年 12 月成稿，供有关领导参阅）

美国学术界有关人士对人民币汇率问题的看法

在美国学术界，也有很多有识之士对人民币汇率问题的看法与美国政府的看法不尽一致。2006 年 8 月 22 日美中经济和安全评估委员会听证会上几位专家的观点，可为佐证。

一、纽约一家全球研究机构的负责人 Brad Setser 的观点

（1）人民币升值只是平衡全球需求增长的众多措施中的一个。其他有经常项目盈余的东亚国家和大的石油输出国也采用钉住美元的汇率政策，同样需要扩大国内需求。美国自己的许多政策如财政开支、能源、房地产税收和金融政策也都有调整的余地。只有各相关方共同行动，调整全球经济不平衡的成本才会更小，效果才会更佳。

（2）2005 年中国的汇率形成机制改革并没有改变中国对外汇市场进行严重干预的状况，中国在外汇市场上大规模购买外汇压低了人民币币值。近两年中国因此而增加的外汇储备，有 70% 左右投资于美国的证券市场，主要购买了美国国债等债券。这有助于增加美国资本市场的供给，降低美国的利率水平。但低估的人民币降低了中国对美国产品的购买力，使美国对中国的出口未达到本来可以达到的水平。

（3）中国为减少资本流进和外汇储备的增加，采取了低利率的政策，但这样的利率对于控制过高的投资及经济增长速度而言太低了。

（4）尽管中国的利率水平比美国的低，并且中国银行体系的弱点众所周知，现在仍然是流进中国的资本比流出的多。最近的一年，流进中国的热钱不少于 500 亿美元。

(5) 中国政府在干预外汇市场的同时，也保持对跨境资本流动的显著控制。今后中国资本项目的自由化并不必然导致人民币的贬值，与之相伴的将是资本双向流动的增加：中国的储户将持有更多的国外金融资产，而国外投资者也想通过持有中国的金融资产分享中国的经济增长。

二、CATO 研究所高级研究人员 James Dorn 的观点

(1) 私人资本跨境流动和浮动汇率制度从根本上改变了二战后建立的布雷顿森林体系。1994 年的比索危机和 1997 年的亚洲金融危机就是在新形势下发生的。不需要以新的汇率方面的广场协议来解决全球失衡问题。因为现在的全球金融市场上有了更多的 "演员"、协调成本太高，并且谁也不知道正确的汇率应该是多少。更好的调节方案是各国维持自己的货币稳定、缩小政府规模并扩展市场。

(2) 2005 年中国的汇率改革是朝正确方向迈出的重要步子。金融自由化需要时间，中国将按自己的步调行事。美国应该保持耐心并且更现实一些。低估人民币币值的成本主要由中国人民承担；因人民币升值不够而对来自中国的进口征收高关税将损害美国的消费者。

(3) 资本自由是重要的人权。美国应通过示范而不是威胁帮助中国迈向更自由的国际经济秩序。如果中国让其资本市场更加开放、让其汇率更加具有弹性，中国就能通过货币政策实现长期的价格稳定，而不用大量积累外汇储备并一味扩张货币供给。

三、斯坦福大学金融学教授 Ronald McKinnon 的观点

(1) 1994 至 2005 年人民币汇率形成机制改革前，中国的货币政策操作原则是维持人民币与美元之间 8.28 的汇率。中国由此把通货膨胀率从 20% 左右降到了 1%~2% 之间，并且实现了高速的经济增长，这是一个巨大的成功。

(2) 2005 年人民币汇率形成机制改革后的一年间，人民币对美元升值 3.3%；中国的通货膨胀率是 1.5%，而美国的通货膨胀率是 4.3%，两者相差大约 3%。人民币升值的幅度与中国通货膨胀率和美国通货膨胀率之差大体相当。

(3) 这期间，中国的基准利率也低于美国的基准利率。在人民币升值预期

作用下，人们愿意接受回报率低于美国的人民币资产。

（4）当今世界仍然是美元本位的时代，美国处于美元本位的中心，中国制定货币政策和确定人民币升值幅度时，必须密切关注美国的通货膨胀率和利率水平。麦金农教授还阐述过这样的观点：人民币升值将使中国步日本在 20 世纪 90 年代中期以来的后尘，陷入利率为零的流动性陷进和通货紧缩，从而不利于美国消除贸易逆差。中国正确的调整方式是让劳动力工资增长速度跟上生产率的提高速度，而不是调整人民币汇率。

四、其他观点

哈佛大学教授库伯（Richard Cooper）2005 年 12 月在美国国际经济研究所的一篇《政策摘要》中明确表示，人民币升值不仅无助于消除美国和全球的贸易失衡，而且会引发金融危机。美国诺贝尔经济学奖获得者约瑟夫·斯蒂格利茨（Joseph Stiglitz）和罗伯特·蒙代尔（Robert Mundell）更是认为，要求人民币升值，在经济学上是站不住脚的。人民币升值既不利于中国消除农村的贫困、缩小城乡差距，对美国经济也没有多少益处。要求人民币升值的那些人是出于政治目的。

这些观点启示我们，在人民币汇率问题上必须有主心骨，不能按美国设定的目标和节奏走：第一，从理论上看，完全自由浮动的汇率制度是否就是最优的，是一个充满争论、尚没有定论的问题。第二，从中国的实际看，要充分认识到建立稳固的金融体系的长期性，摆正金融自由化各个环节的顺序，相当长时期内都要重点控制好短期资本跨境流动的规模。既要避免比索危机和亚洲金融危机在中国重演，也要避免像 20 世纪 80 年代末的日本那样，因日元升值过快、过多而陷入通货紧缩。第三，就目前而言，我们既要从 1994～2005 年成功的人民币汇率政策实践中吸取营养，也要结合美国和世界经济形势可能发生的重大变化，抓紧准备新的货币、财政和汇率政策组合预案。

（2006 年 11 月成稿，供有关领导参阅）

对我国外汇储备突破万亿美元的几点思考

在我国现行银行结售汇制度和人民币汇率形成机制下，国际收支盈余必然表现为外汇储备增多。由于我国国际收支持续盈余，2006年秋我国外汇储备已经突破1万亿美元。社会上对这一问题议论纷纷，笔者结合对国内外有关情况的研究，提出以下几点看法，供领导参考。

一、外汇储备增加是近几年多个国家的共同现象

通过中央银行在外汇市场购买外汇，增加外汇储备积累，并不是近几年中国的独特政策现象，也是诸多发展中国家和地区及欧洲前社会主义国家的普遍现象。据IMF的国际收支统计，在2001~2005年的5年间，亚洲的韩国、印度、中国台湾的外汇储备分别增加了1360亿、990亿、1470亿美元，印尼、马来西亚、菲律宾、泰国、新加坡和中国香港共增加了1320亿美元；拉美的阿根廷、巴西、智利、哥伦比亚、墨西哥、秘鲁和委内瑞拉共增加了830亿美元；中东的科威特、利比亚、阿曼、卡塔尔和沙特等石油出口国共增加了1670亿美元；俄罗斯增加了1670亿美元，中欧的捷克、匈牙利和波兰增加了390亿美元。当然，中国增加得最多，达6640亿美元。

身为发达国家的日本，也有巨额增加，在2000年底3616亿美元的基础上增加到2005年底的8469亿美元，增加了4853亿美元。虽然其他发达国家的外汇储备总额从20世纪90年代以来大体上一直保持稳定，但正如美联储前主席格林斯潘曾指出的，从布雷顿森林体系瓦解以来的更长时间跨度看，发达国家外汇储备的绝对规模也是增长的，只是不像其外汇交易规模和资本跨国流动规模增加得那样快。

另据 IMF 2006 年出版的《世界经济展望》估计，近两年发展中国家外汇储备的总额还将分别增加 5840 亿美元和 5620 亿美元。

从地理分布看，亚洲经济体在全球外汇储备总额中所占比重由 1995 年 1 月的 46%，增加到 2005 年 8 月的 64%，2002~2005 年间其外汇储备增加额占到了全球外汇储备增加额的 77%。

二、这些国家外汇储备增加的内部原因有异有同

原因之一是亚洲金融危机后，许多国家不管是否曾身陷危机，都十分注意吸取危机的教训，注重通过增加外汇储备提高自主应对突发事件的能力，防范类似危机的爆发，避免发生危机后对 IMF 等国际组织和其他国家的过分信赖。

原因之二是许多国家注意通过扩大出口和实现经常项目盈余促进经济增长，并通过维持钉住美元的汇率政策稳定汇率、降低出口风险、促进出口。韩国、印度和中国台湾的外汇储备增加同时与资本项目顺差有密切关系。

原因之三是部分国家和地区的国内金融体系存在不同程度的缺陷，不利于促进国内投资的增长（如马来西亚、新加坡、韩国和中国台湾等），或者难以充分利用快速增长的国内储蓄（如印度、俄罗斯和巴西等）。

中东等地的石油出口国主要因近年来石油价格上涨而增加了大量的外汇储备。科威特、利比亚、阿曼、卡塔尔和沙特等都属这种情况。

日本则是另一种情况。虽然日本实行浮动汇率制度的时间较早，但自 20 世纪 70 年代以来长期面临日元升值的压力，政府经常对外汇市场进行干预，出售日元购买美元等外汇，由此积累了大量的外汇储备。比如，据 IMF 的统计，仅在 2002 年第 4 季度至 2004 年第一季度的一年半时间内，为阻止日元升值，日本政府的外汇储备增加了 3540 亿美元，其中 80% 以上是美元资产。

近几年我国外汇储备大幅增加是多种因素综合作用的结果。既有当前国内宏观经济形势影响下经常项目、直接投资等资本项目持续顺差这两个实质性、基础性因素的作用，也受到房地产等资产价格上涨和人民币升值预期等引发的投机性资本流入和"虚假"经常项目顺差等因素的直接影响。而将这些影响演变为外汇储备大规模增加的制度性因素则是我国实行的有自身特色的银行结售汇制度、人民币汇率形成机制和和资本流动管理制度等。

三、这些国家外汇储备增加的深层次外部原因是世界经济中的"美元本位"

这些国家和地区增加的外汇储备的主体是美元资产。虽然美元作为官方主要价值储备手段的地位自 20 世纪 70 年代布雷顿森林体系瓦解以来有所下降，但从总体的下降幅度看，平均到年度下降得很小，到 2005 年底，美元资产占全球外汇储备的总额仍有 66.5%（在发达国家大体是 70% 左右，在发展中国家大体是 60% 左右，在亚洲经济体的比重更高些）；特别值得注意的是，1999 年欧元问世后，对美元在全球外汇储备货币构成中的地位有影响，但影响程度远不如此前人们预期的那样大，目前欧元所占比重达到了 20% 左右。从全球范围看，欧元更像是欧洲内部的"区域性货币"，其国际接受和使用程度远不能与美元相比。

美元作为主要官方价值储备手段的功能只是美元作为国际交易中心货币多种功能的一个方面。自第二次世界大战结束以来，美元一直在政府部门和私人部门，同时发挥了作为交易媒介、记账单位和延期支付标准等多方面的功能和作用。20 世纪 70 年代布雷顿森林体系瓦解，没有改变这一状况；20 世纪 80 年代初以来美国连续多年出现贸易赤字、由国际上的债权国演变为最大的债务国，也没有改变这种状况。例如：

——据国际清算银行的统计，2004 年，全球涉及美元的外汇交易量占到近 90%，是欧元的 2 倍以上，日元的 4 倍以上，英镑的 5 倍以上（每笔交易涉及两种货币，计算两次）；美元交易不只在美国，并且遍及全球，伦敦作为全球最大的外汇交易市场也以美元为清算货币，美元离岸市场存在于新加坡、香港等地。

——从国际贸易的记账单位看，不仅石油、小麦、铜等初级产品的定价货币以美元报价为主，欧洲国家间贸易除外的制成品国际贸易也大量使用美元报价。最典型的例子是韩国，虽然它与日本的经济关系十分密切，但 2000 年以美元报价的出口和进口占到 85% 和 80%，而以日元报价的只有 12% 和 5%。东南亚、拉美国家的对外贸易、包括区域内部国家之间的贸易也以美元报价和记账为主。即使日本与东南亚国家之间的贸易，美元报价也超过日元报价。

——虽然近几年欧元债券在国际债券市场中的地位越来越重要，但美国国库券仍是各国无风险资产的代表，其利率是确定其他债券利率的基础。

　　——20 世纪 90 年代后期以来，美国就很少在外汇市场上干预美元汇率，而主要让其他国家调节其货币对美元的汇率。比如，其在 1995 年 8 月中旬到 2003 年 10 月的 8 年多时间里，只干预了两次。

　　面对这一"美元本位"的外部环境，许多发展中国家采取了汇率政策和货币政策上的"简单规则"——在汇率上实行"钉住美元、限制浮动"的政策，在货币上实行"随美联储起舞"、同步调高或调低利率的政策，从而使美国的货币供给、名义利率和物价水平变化产生更大的全球影响，进一步强化了"美元本位"的国际金融货币体系。基于以上内外因素的共同作用，这些国家经常项目的顺差或资本项目的顺差必然导致外汇储备增多。它们实际上是以吸纳外汇储备替代了汇率升值，以货币供应量增减替代了适合本国经济形势需要的利率调整。

四、大规模积累外汇储备的有利和不利影响

　　在"美元本位"制度下，美国永远可以举借美元外债，并且只要美联储控制好美国的通货膨胀率，人们一般也不会丧失对美元的信心，所以美国不用担心发生债务危机、货币危机。但其他欧洲以外发达国家和发展中国家则不然，不能以本币举借外债和进行对外支付，经常面临交易伙伴对本币信心不足的挑战，容易发生大规模资本外流，容易发生债务危机、货币危机以及银行危机。因此，这些国家积累充足的具有安全性和高流动性的外汇储备的好处是显而易见的：对外支付能力得以提高——无论是满足进口的需要、满足所借外债还本付息的需要，还是应对较大规模资本外流的需要；在面临本币贬值压力情况下对国内外汇市场进行干预、以维护本币汇率稳定的能力也得以提高；也提高了让利率等货币政策工具服务于国内经济增长目标的能力，不必为稳定汇率而把国内利率提高到金融机构、借款企业和消费者无法承受的水平，打击正常的借贷、投资和消费活动。

　　大规模积累外汇储备的不利影响是：这些外汇储备是通过各国中央银行增发货币而从银行（或企业和居民）手中购买的，必然导致金融体系流动性增多，引发通货膨胀和资产价格上涨。即使央行同时实施"冲销性干预"（sterilized intervention），比如通过出售央行债券或央行持有的政府债券等方式，回笼货币，抵销一部分增加的货币供给，这种"冲销"常常是短期的、不完全

和不充分的。国际上一般认为其他不利影响还包括：

第一，中央银行的资产外币化（主要是美元化），而负债以本币为主，面临的汇率风险不对称，特别是当所持有的储备货币贬值或发生通货膨胀时，有较大的资本损失或购买力损失。

第二，当本国利率高于储备货币国利率时，央行要承担较高的这类操作的财务成本（中国由于这几年国内利率低于美国利率，不存在这个问题）。

第三，产生货币不平衡：通常主要是商业银行而不是非银行企业或居民持有了央行冲销货币供给量的债券，它们感觉这种资产的流动性很高，因此这类操作对抑制其货币增长的作用只是暂时的，并且由于支付这类债券利息的压力使央行依赖于发行新的债券，使这类债券的存量越来越大，后续的类似操作越来越困难。

第四，产生金融部门内部的不平衡，导致股票市场和不动产市场的过热。资本流入自由度高的情况下，升值预期形成后，这种危险尤其大。多个亚洲国家的房地产市场日益过热，为此提供了充分证据。

第五，对金融中介组织的市场化发展产生不利影响。有的国家用行政手段消除过多的流动性，影响金融中介的市场化经营；有的国家央行通过发行债券、提高存款准备金率等方式转移了太多的国民储蓄；商业银行通过简单地持有央行债券而获得利率，会减弱提高效率、进行市场化经营和持有私人债券的动力，影响企业债券市场的发展等。

五、关于外汇储备合理水平的判断标准

第一，IMF 等国际机构长期坚持以 12 周或 3 个月进口量为判断外汇储备充足水平的标准，实际上在亚洲金融危机爆发后已经宣告失效。这个标准只关注了进口对外汇的需要，只适合资本跨境流动规模很小或可以忽略不计的情况，而不适用于资本流动越来越频繁的情况。

第二，目前国际上常用到的评价标准是曾任阿根廷财政部副部长的 Pablo Guidotti 提出的，又叫"Guidotti 规则"：即一国的外汇储备必须超过其一年内全部外债的本息偿付额。这不仅是因为政府所负外债还本付息所需外汇由政府承担，政府外债直接扩大了对外汇储备的需要，而且因为私人部门所负的外债也经常会通过外汇市场将外汇需求压力转移到中央银行和政府：浮动汇率

制度的情况下，如果政府或央行不干预汇率，将表现为本币汇率的大幅度下滑，如果通过干预阻止本币汇率的大幅度下滑，必然动用外汇储备；固定汇率的情况下，将直接对外汇储备构成压力。拉美和亚洲多个发生金融危机国家的教训都证明了这一点。

第三，许多国家根据其宏观经济状况，在上述标准基础上进一步提高了最低外汇储备的规模。主要考虑这样一些经济变量：是否存在持续的经常项目赤字，是否存在较大规模的资本外逃，银行体系是否比较脆弱，本币高估是否导致较多的资本外流。这些方面的肯定回答都要求增加外汇储备。

第四，格林斯潘曾提出过一个"流动性风险"规则，设想在综合评估一国面临的经济风险的基础上确定其外汇储备合理规模，但仍停留在概念层面，缺乏操作标准。

第五，存在政治风险的情况下，如何确定相应的需要增加的外汇储备数量是一个难题。这是许多存在政治缺陷的国家更多地积累外汇储备的重要原因。

六、有关国家外汇储备管理和使用的新趋势

近些年外汇储备增加后，有关国家和地区外汇储备管理和使用的实践出现了以下几个值得关注的新趋势：

第一，储备资产币种多样化有所加强，虽然这种加强远不足以动摇美元的主导地位，但仍是一个有助于分散美元资产市场风险的举措。

第二，投资的金融工具越来越多样化。传统的具有高流动性且安全的外国政府债券和定期存款之外，增加了部分回报率更高的准政府机构债券、股票和未来预期收益较高的证券，以及一些衍生金融工具，进行组合投资。比如，韩国和新加坡为此分别设立了新的投资机构进行外汇资产分流管理，还起到促进国内资产管理行业和资本市场发展的作用。

第三，用于外汇政策目标之外的方面，改变了外汇储备的传统用途。比如，多个石油出口国（俄罗斯、挪威、委内瑞拉、科威特、阿曼）设立了石油基金，或者用于稳定石油市场和收入，或者为后代储备石油收入。再比如，中国台湾将部分外汇储备投资于重大基建项目，印度也在进行类似的研讨。如此用去的外汇储备不再被统计在外汇储备存量里。中国用部分外汇储备向国有银行注资，也被国际上公认为改变了外汇储备的传统用途。

七、对我国外汇储备突破万亿美元的认识和建议

第一，我国外汇储备的增多有其必要性。充足的外汇储备是我国在美元本位的国际经济体系中发展开放型经济时，为应对多种经济风险和潜在政治风险而积累的重要物质基础。外汇储备对于我国的必要性既有与诸多发展中国家共同之处，也有不同之处——那就是外部世界对我国的政治歧视在何时表现出来并转化为我们的政治、经济风险。这一情况也使我们难以仅通过经济变量精确地估算我国合理的外汇储备规模到底是多少。可以肯定的是，随着我国经济总量的壮大、对外交易规模的扩大、面临各种风险的增加，需要的外汇储备会相应地增加。

第二，我国外汇储备增多的趋势将具有长期性。这是由这样几个实质经济方面的基础性因素所决定的国际收支的长期趋势：其一，我国劳动力多的基本国情所决定的出口方面较高的竞争力和改革开放深化日益激发出来的较强的经济活力；其二，与我国经济持续发展、国内市场不断扩大、产业结构不断升级相伴的大量商机引发的国外资本不断流入；其三，国民较高的储蓄倾向使国内的资本供给比较充足，同时消费倾向的提高也将是一个长期的过程，不仅需要相关社会保障体制的完善，需要消费信贷等金融制度的配合，也需要更多的劳动者充分、公平地分享发展的成果。这些基础性因素长期发挥作用，仍会促使我国外汇储备增加。

第三，基于以上两点判断，中近期，主要应在技术性层面对积累外汇储备过程中的风险和可能的负面影响采取有针对性措施。包括：适当分散国内外汇资产持有主体和分散风险承担主体，包括进一步由"藏汇于央行"转向"藏汇于民""藏汇于企"，乃至于转轨到"藏汇于财政"——切断央行吸纳外汇自动地扩张货币供应的链条；逐步地、适度地、静悄悄地实现储备资产种类的多样化和币种的多样化；打消普遍存在的人民币持续升值的预期，并把工作着力点放在严格控制由此引起的投机资本进入股票市场和不动产市场；以体制改革促进金融市场体系的发展完善，包括金融中介组织的市场化发展，等等。

第四，在外汇储备管理和使用的具体方法上，要借鉴有关国家的新经验，果断地对新增外汇储备实施分类和分层管理，按"三个一部分"实施分流：一部分继续以安全和流动性为唯一要求，以可兑换、硬通货国家的政府债券等为

主，确保外汇储备的适度、稳定增加，这构成了外汇储备的"内核"；一部分以全球市场上更高收益的金融资产为目标，与更高的风险进行权衡，进行组合投资，这构成外汇储备的"外圈"；一部分从外汇储备统计中划转出来，进行战略性物资（如石油等资源）的储备、设立国家面向发展中国家的对外援助基金、充实国家进出口银行和开发银行等政策性金融机构的资本金以提升其服务于"走出去"战略的能力——由此转移的外汇可视同为国家的"候补外汇储备"，是在危急时刻可以由国家置换或征用的外汇资产，或者转给国家独资投资公司进行战备性产业的直接投资。

第五，从长期发展的战略需要看，有必要以落实我国加入 WTO 时在金融服务方面的承诺为契机，抓紧谋划我国金融发展的整体战略、目标和路径选择，包括系统研究人民币国际化的分阶段目标和"路线图"。从历史中，我们既可以清晰地看到美元这样的国际本位货币给美国带来的巨大利益，也可以看到发展中国家的边缘货币（甚至日元）面临的"过度贬值或过度升值的陷阱"。由今天的人民币发展到未来具备与"国际经济体系中的美元"类似的功能，要经历漫长的过渡期，有许多陷阱要跨越，这期间主要的精力必须用于防范风险——外汇储备是我们进行"防御"的重要工具和筹码，拉美和东亚的金融危机和日本长期的通货紧缩已经为我们提供了防御方法上的深刻教训；同时，欧元的试验，也为选择我国金融发展漫长过渡期内的"进攻"策略和方法提供了参考。也许在未来的某个时期，人民币发展成为与我国有密切经济联系的国家和地区的"区域性货币"，从而使人民币向"国际本位货币"的目标迈进一大步。毫无疑问，仅仅达到这一步，也需要以我国大批高端金融人才的培养、金融市场的完善、金融产业的大发展及其国际竞争力的大提升为前提，就像美元本位依赖于美国金融业和资本市场的超强竞争力一样。到目前为止，我国对外贸易上的成功已经充分证明了我国在"实质经济"上的国际竞争力，我们是否有充足的理由对未来我国在"虚拟经济"方面的国际竞争力抱有信心呢？这将在很大程度上取决于我们现在怎么做。

（2006 年 11 月成稿，供有关领导参阅）

中国的经济结构升级
必将为中美经贸合作带来新机遇

——从《华尔街日报》等媒体 2006 年 10 月的几则报道谈起

伴随土地和劳动力等要素成本的上涨，肯定会有一些企业撤离珠三角、长三角这样率先开放的发达地区，也会有一些出口订单转移到越南这样的低成本国家，就像当年劳动密集型产业从香港等"四小龙"撤离和转移一样。但这并不意味着中国优势的丧失、过去成功模式的中断和与发达经济体合作机遇的减少。仅从《华尔街日报》中文网等媒体 2006 年 10 月下旬的几则报道中，就可以清楚地看到，在许多理性的美国企业家看来，伴随中国经济结构的升级和向越来越多的"高端"产品和服务逼近，中国为美国等发达国家企业提供的二三产业投资和贸易机会不是越来越少，而是越来越多；今天的中国与美国等发达国家和越南、孟加拉国或毛里求斯等发展中国家相比，仍有自身鲜明、独特的优势。

其一，2006 年 10 月 31 日《华尔街日报》中文网报道，雷曼兄弟控股公司和国际商业机器公司（IBM）宣布合作创建了一只 1.8 亿美元的风险投资基金，在未来数年投资于中国的公司，包括科技、电信和工业行业的上市和非上市公司，引领它们走向国际舞台。雷曼兄弟和 IBM 还将向这些公司提供技术外包服务，以降低其运营成本，同时还将就如何节约成本向这些公司提供咨询服务。

其二，2006 年 10 月 26 日《华尔街日报》中文网报道，Schneider National Inc.和 YRC Worldwide Inc.等美国长途货运企业准备进军中国。Schneider 是美

国最大的卡车运输公司，目前在北美以外地区基本没有大型业务，已在上海成立了一家办事处提供咨询服务，并正在申请经营许可，有可能一年内在中国投入数千万美元的资金。在该公司看来，随着中国推动内地城市的经济发展和全国路网建设继续推进，长途货运业务将日渐兴旺，充满商机。Schneider（施耐德）首席执行长 Chris Lofgren 说，中国是一个不可思议的让人兴奋且充满活力的国家，它在很多方面与 20 世纪 50 年代的美国非常相似，当时，美国初步开始修建由州际公路构成的全国性道路网。Schneider 将把其在北美提供的道路交通服务、货运经纪服务和管理等内容移植到中国。另外，2005 年六月，YRC Worldwide 称，它将与中国第二大空运公司上海锦江国际实业投资公司组建一家合资运输企业，它在合资公司投资 4500 万美元，持有半数股份。

其三，2006 年 10 月 25 日《华尔街日报》中文网报道，星巴克增持在华合资业务股份。星巴克已收购一家香港公司 High Grown Investment Group Ltd.，是从其母公司汉鼎亚太公司（H&Q Asia Pacific）手中购得的，而该公司在北京和天津两地经营 60 多家星巴克门店。星巴克总裁 Martin Coles 说，这样的业务整合可以使其在华业务在未来二三十年中得到最充分的发展。星巴克首次进入中国时，其饮品之一"星冰乐"对大多数人还是一个很神秘的词。而据汉鼎人士透露，时至今日，星巴克在京、津地区已开设 62 家门店，有员工 1000人，在整个大陆地区则有近 200 家门店。

其四，2006 年 10 月 27 日《华尔街日报》中文网报道，福特放眼亚洲、寄望中国。福特汽车公司董事长小比尔福特表示，要实现增长，公司必须到海外寻找机会，除此之外别无选择；未来十年，全球汽车产量的增长将有 90%来自亚洲，福特需要基于此制定对策。他相信，距离福特总部万里之遥的中国城市南京将深系福特的未来。福特及其合作方日本马自达汽车在这里建设的两家占地庞大的新工厂已基本完工，一家生产发动机，一家从事组装，预计将于2007 年开工投产，初期主要针对迅速增长的中国市场。福特计划 2006 年为其在美国、欧洲及其他地区的装配厂在中国采购价值 26 亿~30 亿美元的零配件，2005 年在中国的采购额是 16 亿~17 亿美元。福特表示，未来在中国的采购量还将继续增长，公司在中国的事业才刚刚开始，甚至未来有可能在中国生产供应美国及其他市场的微型轿车。而与此同时，福特将加速实施在美国和加拿大的裁员计划，预计裁员总数接近 58000 人，约占 2005 年底北美在册雇员总数的 40%；还将关闭该地区的部分工厂，到 2008 年底之前，将关闭 9 家工厂，到 2012 年底再关闭 7 家。福特对中国市场表现出的兴趣在通用汽车和戴姆勒克莱斯勒身上同样可以见到。毫无疑问，这是整个汽车行业正在经历的变化。

其五，美国报业拟采用中国新闻纸。2006 年 10 月 31 日英国《金融时报》中文网报道，美国报业公司计划从中国进口新闻纸，以压低其比重最大、上升最快的一部分成本。近几个月来，Gannett、Tribune 公司和纽约时报公司都已开始试用中国纸，而且预计未来几个月会用得更多。接受中国供应商是因为美国报纸正承受着各种压力，包括互联网对读者和广告商的争夺。

其六，成本上升的珠江三角洲仍有独特的吸引力。2006 年 10 月 31 日英国《金融时报》中文网报道，珠三角一些传统制造企业在压力下表现出了非凡的灵活性，它们通过提供更高价值和更高利润的产品，来消化成本上涨。许多工厂仍有足够的动机留在原地。珠三角的基础设施，特别是高速公路和机场，都是世界级的。该地区供应链完整，供应商密度，可以确保制造企业在 1～2 小时卡车车程内买到它们所需的任何组件。该地区的人力资源优势可以说更为显著，很多企业通过实行计件工资，使工人收入远远超过法定最低工资，从而赢得了较高的员工保留率和生产率；还有大量来自香港的非常优秀的管理人才——1990 年，估计只有 5 万名香港居民在内地工作，16 年后，这个数字变成了 50 万，其中大约一半是退休人员，另外 25 万人定期往来于两地之间。

（2006 年 11 月成稿，供有关领导参阅）

全面深化中美经贸关系必须解决的几个问题

根据美国的统计，改革开放以来中国在美国对外贸易中的地位快速上升：1978 年中美贸易额仅 10 亿美元，中国在美国出口市场排序中列第 32 位，在美国进口来源排序中列第 57 位；2007 年中美贸易额达到 3870 亿美元，中国成为美国仅次于加拿大的第二大贸易伙伴。而在美国进口来源排序中已超过加拿大，列第 1 位；在美国出口市场排序中列第 3 位，已超过日本以及英国、德国、韩国、荷兰、法国，仅次于加拿大和墨西哥（约为美对这两国出口的 1/4 和 1/2）。2001 年至 2007 年，美对华出口增长 240%，中国在美出口市场中排位上升了 6 位，占美国出口总额的比重上升到 5.6%。

只要中美两国都保持开放型的经济发展模式，并且两国关系保持正常化，那么伴随中国经济规模的进一步扩大，中美这两个全球最大的经济体之间的贸易往来必然增加。中美包括贸易在内的经济联系的加强，又将为两国关系的理性、稳定、正常发展奠定坚实的物质基础。而理性、稳定、正常的中美关系符合中国延续战略机遇期、促进自身发展的最高利益。这些不仅为过去 30 多年中美经贸关系发展的历史所证明，也有希望为未来两国经贸关系的发展所证明。

对于中国的发展和中美关系而言，未来的 10 年甚为关键。根据目前国际经济学界一项对中国经济崛起颇具权威性的数量预测研究，中国 GDP 的规模很可能在 2020 年前超过美国而位居第一。这项研究是由荷兰 Groningen 大学经济系荣誉教授 Angus Maddison 在 20 世纪 90 年代末完成，并由 OECD 在 2007 年再版的。他的方法是用购买力平价指标对各国的 GDP 进行折算，而不是直接用市场汇率进行折算。根据他的研究，中国已在 1992 年超过日本成为

世界第二大经济体，2003 年中国经济规模已相当于美国的 73%。但中国人均
GDP 要达到美国的水平还需要长得多的时间，从这个意义上说，中国对美国
的追赶过程将是漫长的，中国成为处于世界上发展最前沿的领先国家的过程
也将是漫长的。

一、给现实的中美贸易关系打分

根据美国统计，2007 年美国对华贸易逆差有 2650 亿美元，占美国全部逆
差的 32%。正如两年前时任美国总统经济顾问委员会委员的 Kristin Forbes 女
士在美国国会作证时所说的，只关注中美双边贸易逆差而不是美国的多边贸易
逆差是有问题的，更重要的是关注美国的多边贸易逆差及其原因。这些原因有
外在的，更主要的是内在的，在这个问题上美国应该更多地"躬身自问"。美
国不仅与中国的贸易持续多年是赤字，而且与中国之外许多国家的贸易也持续
多年是赤字，总体贸易持续多年是赤字，从这个意义上说，美国同中国的贸易
赤字是美国总体贸易状况的反映。比如，在 20 世纪七八十年代，在中美贸易
规模还很小的时候，在人民币汇率也不成其为一个问题的时候，美国的贸易赤
字问题就出现了，美国与日本、德国等经济大国的贸易就是赤字，至今还是赤
字。2000～2006 年，按美国自己的统计，美国总的货物贸易赤字由 4365 亿增
加到了 8180 亿，与之相伴，同中国贸易的赤字也相应上升。再往前看，在
1990 年，美国贸易赤字 1031 亿美元，其中美国与日本贸易的赤字所占比重高
达 41%；而 2006 年，按美国统计，中国占美国赤字的比重达到创纪录水平，
也只占 28%。从根本上看，美国的对外经济失衡与美国经济的内部失衡（储
蓄不足、消费过多）和美元在国际经济中的独特地位都有密切关系。而中国对
美国出口与美国对中国出口位次和数量的不对称，除了这些作用于所有美国贸
易伙伴的因素外，更直接的原因在于美国政府的对华出口管制政策，管住了美
国有比较优势的高科技产品对中国的出口。

萨缪尔森（Paul Samuelson）作为美国第一位诺贝尔经济学奖获得者和世
界上最畅销的经济学教科书的作者，曾说过：几乎所有的经济学家都赞成比较
优势原理，这个原理是经济学中少有的可以同物理学的力学定律相比美的定
理。以这个著名的比较优势原理来衡量中美贸易关系，目前的中美贸易仍只能
打 60 分，刚刚及格。虽然中国的比较优势发挥得比较好，可以打 80 分，但美

国的比较优势发挥得很不够，只能打 40 分，平均起来 60 分。如果说改革开放以前的中国，是因为没有市场机制，劳动力资源方面的比较优势无法发挥，那么今天的美国，是因为政府对完善的市场机制的不当干预，才使得美国作为最发达国家在发明创造和高科技方面的比较优势无法自由地、充分地在中美贸易中表现出来。

展望未来，伴随中国经济持续增长和中国国内市场规模不断扩大，中国的进口需求将稳定增加，如果没有人为因素的不当干预，任凭两国的比较优势自由地引导贸易发展，美国对华出口的机会肯定会越来越多，美国有比较优势的跨国公司和广大消费者也将更多地从中受益。

二、中国对美国的直接投资：有待克服的短板

将中美经贸关系与美欧这种成熟的经贸关系进行一下比较，可以为探讨中美经贸关系的发展方向提供一个参照系。

欧盟是美国最重要的经济伙伴。两者之间有世界上最大规模的双边经济贸易流量。根据美国国际收支平衡表对经常项目的统计，2006 年美国对欧盟的商品和服务出口收入 3535 亿美元，进口支出 4954 亿美元，自 1993 年以来美国一直是逆差，同种产品间的行业内贸易是美欧贸易的突出特点；美国投资收入 2727 亿美元，投资支出 2711 亿美元，基本平衡，美欧互为最大的直接投资来源地，美国对外直接投资的 46% 流向欧盟，所吸收外来直接投资的 60% 来自欧盟。

同美国与欧盟之间成熟的经贸关系相比，中美经贸关系有两个突出特点：一是中美贸易主要是互补性的不同行业间产品的贸易，并且中国对美出口具有鲜明的"加工贸易"和"相关方贸易"特征，是经济全球化这一新发展的生动写照。中国的生产和出口活动是全球生产链条、增值链条上的部分环节，特别是劳动力密集的加工、组装环节，发达国家和东亚新兴工业化国家和地区如韩国、新加坡和中国台港地区的跨国公司驱动了这些活动，并从中获得丰厚的利润。比如，根据 2006 年中国海关统计计算，2006 年中国对美顺差的 78% 是加工贸易；72% 的顺差主体是外资企业，其中美资企业占 14%，港澳台资企业占 44%，韩资企业占 9%，日资企业占 8%，新加坡资企业占 4%。现有的贸易总额和差额统计无法反映中国对美贸易的这个特点。

　　另一个突出特点是在美国吸收和输出的直接投资上，中国所占的地位远没有贸易上重要，并且美对华投资与中国对美投资不对称，中国大量贸易盈余所积累的外汇储备由政府购买了美国的债券等低收益金融资产，弥补了美国的贸易赤字。这样的外汇收支平衡方式有其宏观经济基础——在浮动汇率制度下，只要美国人和世界其他国家的人对美国经济有信心，美元作为储备货币、世界货币的地位不改变，美国就可以充分利用别国的储蓄弥补自身储蓄的不足，美国就可以承受巨额贸易赤字，贸易赤字也就不会成为威胁美国经济的一个实质性问题，只不过会成为美国某些政客达到自身目的的"借口"和"托词"。这样的外汇收支平衡方式也有微观经济基础——目前我国企业的国际直接投资能力与其进行国际贸易的能力相比，很不相称。

　　中国对外直接投资包括对美直接投资的发展不仅有助于分流中国外汇储备增长的压力，也有助于中国获得在对美贸易中得不到的东西。从长期看，中国对美直接投资地位的大幅度提升要靠大量的非国有企业的成长和它们对外直接投资能力的提高。从近期平衡和全面发展中美经贸关系的角度看，中国政府有必要配合中国企业对美投资冲动的不断上涨，努力为它们创造公平的外部投资环境和公平的待遇，迫使美方消除针对中国企业的制度性歧视，包括对非国有企业投资的歧视（从美国的制度环境和制度安排看要消除对国有企业的歧视则是困难的）。

　　2006年10月美国财政部二号人物、副部长 Robert Kimmitt 曾在一次关于欧美经济关系的演讲中说，美国和欧洲成为"领导"全球经济发展的自然伙伴是基于以下三个原则：对外来投资开放以保证资本的自由流动；自由和公平的贸易；有弹性的汇率。美国应该"通过树立良好的榜样而不是不好的榜样来领导世界"（to lead the world by good example, not bad example）——但这些年美国在贸易和投资方面以保护主义方式树立的"坏榜样"很多。

三、从总需求看，中国转向国内消费需求主导的增长模式符合中国自身利益也有利于中美经贸关系的发展

　　20世纪80年代，中国居民消费占GDP的比重略高于50%，但在20世纪90年代下降到46%，自2000年以来更是急剧下降，2007年占GDP的比重已不到40%，这几乎是世界上最低的。比如，同一年在美国，这一比重是70%，

在英国是 60%，在印度是 61%。消费不足、投资驱动的增长有很多问题：一是导致生产能力过剩，降低资源配置的效率。二是阻碍个人消费的增长。比如，2004 年与印度相比，虽然中国的人均 GDP 要高出一倍半，但人均消费只比印度高 2/3。三是吸纳就业增长的能力递减。1978~1993 年间中国就业年均增长 2.5%，1993 年以来降到 1%。四是引发严重的能源短缺和环境污染问题。五是恶化了金融体系的不良贷款问题。六是与投资驱动型增长相伴的出口和进口替代部门生产能力过剩还会使中国的净出口增多，导致贸易不平衡，引发贸易摩擦和国际矛盾，带来外汇储备增多的压力。从总需求角度看，中国未来实现可持续增长的关键是转向消费需求主导的增长模式。这将有助于促进中国经济的内部平衡和对外平衡，也有助于实现对经济增长更广泛的分享，促进社会和谐；中国作为一个大国的经济增长和稳定也将因此而更自主、更少受外部市场波动的影响。中国消费需求的持续增长将直接为各国对华出口的增长提供大量机会。中国转向这一增长模式的过程不仅符合自身利益，也是促进全球贸易包括中美贸易的过程。

四、从总供给看，中美经贸关系的全面发展有助于中国转向创新驱动型增长

从产品供给角度来考察经济增长就会发现，现有产品的生产规模的扩大可以促进增长，新的产品不断涌现更能促进增长。前者可以形象地称为"横向增长"，后者可以形象地称为"纵向增长"。历史上，大国经济上的成功崛起都同时依赖于两种增长相结合即"纵横交错式"的增长，而不能像小国只局限于一二种产品生产规模的扩大。

纵向增长依靠什么呢？对于不同发展阶段的国家答案是不同的：

——处于发展的最前沿的国家，只有靠创新。从美国最近 10 多年来的经济发展中可以清楚地看到，信息、生物等方面新产品和新服务的令人眼花缭乱的推陈出新，再一次使美国延续了 10 年以上的高增长，在发达国家中独领风骚。这也再次雄辩地证明，美国作为处于经济、科技最前沿的"创新领导者"（leading innovator），创新对于其经济增长和竞争力的至关重要的作用。

——对中国这样的后进国家，除了像发达国家一样要靠创新以外，更多地要靠学习、模仿。从中国改革开放以来经济快速增长的经历看，其中不仅有横

向增长的贡献，也有纵向增长的贡献，特别是外资和外贸对纵向增长的贡献十分巨大而且不可替代，直接在许多新兴产业和产品、服务方面发挥了良好的示范作用，为国内企业和投资者的迅速模仿、跟进创造了条件，使中国的产品种类空前地丰富起来，极大地拓展了产品空间。展望未来，由于中国与最发达国家在产品种类上仍有巨大差距，意味着我国有实现新的纵向增长的巨大空间和可能性；中国史无前例的劳动力数量和生产能力规模与世界市场吸纳能力的限制，意味着今后中国在现有产品的横向增长上将受到强烈约束，从而凸显出不断地实现新的纵向增长、持续地拓展产品空间的必要性。

在开放的全球化条件下，今后中国的大多数纵向增长可以靠学习、模仿来实现。但要成功实现对美国的赶超，成为真正的"一流国家"，实现综合实力上的崛起而不只是经济规模意义上的崛起，关键要看中国的创新能力，要看中国能否在最前沿的创新中占有重要地位，像美国那样成为一个"创新领导者"，垄断较多的新产品和新服务的技术和生产。可以说，如果中国学到了美国如何培养创新人才、促进创新活动的制度，就学到了美国制度的精华，也学到了美国在实体经济（real economy）方面的精华，获得了推动我国实体经济实现创新驱动型增长的源泉。

因此，从量上看，美国的市场规模和市场需求对于中国的增长依然重要，但随着中国经济持续以比美国更快的速度增长，伴随中国经济相对于美国经济的规模越来越大，其相对重要性会逐步有所降低。而从质上看，美国作为处于经济、科技最前沿的"创新领导者"的地位，还会持续相当长的时间，美国对于中国的最大利益存在于其作为世界上最大的新思想、新技术、新产业、新产品和新服务的来源地。

加快和便利我国对美国新思想、新技术、新产业、新产品和新服务学习和模仿的途径很多。技术贸易是最直接的，最终产品上的双向贸易和双向直接投资也是人们所熟悉的，各类美国人与中国人之间的直接交流，包括派遣赴美留学生、聘请美国各类专家来华进行面对面的交流，以及通过互联网等现代通信工具的信息交流，同样是很重要的方式。中国一定可以从密切与美国各个层面交流和合作中受益，特别是在新观念、新信息、新技术、新产业、新产品和新服务等方面。

清醒而深刻地认识到这一点对于中国今后的对内对外战略选择有重大意

义。在对外关系方面，最重要的就是着力营造中美友好而不是对抗的氛围，着力构造稳定和发展中美关系的制度性和利益性机制，而不是以权宜之计对待中美关系。对内而言，最重要的还是提高中国全体劳动者学习、模仿和创新的能力，以及完善激励人们进行创新活动和进行终生学习的制度设计。中国不仅要学习美国在创新方面是怎么做的，首先还必须学习日本和韩国这些善于学习和模仿的国家在过去是怎么获得成功的。无论是国家、非营利组织、企业还是个人，如果不善于学习，肯定也不会善于创新。

（2008 年 5 月成稿，供有关领导参阅）

应对近期外汇储备快速增长的几点政策建议

近期外汇储备的快速增加对国内抑制通货膨胀和资产泡沫的宏观调控大局产生了重大不利影响，有必要采取针对性措施加以应对：

第一，为打破投机者近期的升值预期，减少投机资本流入套汇，建议改变人民币升值方式，一次性升值3%~5%后，保持汇率基本稳定。这样也有利于延续近年来出口结构调整的良好趋势，进一步提高出口产品价格和附加值，加速转变出口增长方式。

第二，鉴于贸易顺差占外汇储备增量的比重已显著下降，而外部环境对我国出口增长的不利影响在扩大，建议暂不出台新的下调出口退税率和限制加工贸易的政策，保持相关政策的稳定性和连续性；在人民币一次性升值3%~5%后，适时提高部分符合产业升级方向产品的出口退税率。这样不仅有利于保持出口的平稳增长，而且对于继续保持整个经济平稳较快发展的势头具有重要意义。

第三，加强对跨境资本流入流出的监管，打击各种形式的违法违规套汇套利交易行为。充分发挥出口收结汇联网核查系统的功能，加强对货物贸易项下资金流入的监管。利用电子口岸系统中有关进口的信息，加强对企业进口付汇的监管，抑制海外代付等减少售汇、规避管理的行为。改进对金融机构及国内企业境外分支机构借用外债的管理。强化对个人经常性转移的监管，规范个人资本项下外汇交易。调整对外币现钞及个人携带大额现钞入境的管理办法。借鉴瑞士、智利等国经验，研究对非居民存款实行低利率或零利率。加大对非法钱庄和虚假出口、虚假外商直接投资、无真实贸易背景的"贸易融资"等行为的打击力度。有关部门在改进监管的过程中，要尽量不增加或少增加影响经常项目可兑换的行政审批项目。

第四，有针对性加大舆论宣传力度，引导全社会形成稳定的经济预期。一是宣传有关部门加强"热钱"流入流出监管的举措，及时公布查处的违法违规、套汇套利典型案例，提高"热钱"流入的预期风险；二是宣传我国经济在较长时期保持稳定增长的有利条件，宣传宏观调控的举措和成果，努力降低国内外对我国价格总水平上涨的预期，促进形成在我国进行长期投资的预期；三是宣传政府在中长期维护汇率稳定的决心，减弱中长期人民币升值预期。

第五，在外汇储备持续增长的情况下，为避免外汇占款增多而扩充货币供应、影响从紧货币政策的有效实施和抑制通货膨胀的大局，央行要继续坚持对冲操作。同时，鉴于目前国内外经济形势复杂多变，有关部门要着手准备多种应对预案：一是外部市场环境进一步恶化后出口急剧下滑的政策预案；二是美欧相继提高利率、美元转向升值，引发"热钱"大规模流出的政策预案；三是资本市场、房地产市场波动等因素引发系统性金融风险的预案。

（本文为 2008 年 6 月国务院研究室内部报告的一部分，提交有关领导参阅）

关于人民币汇率问题的几点看法①

对于我国而言，人民币汇率既是一个能够影响经济全局的基础性变量，也是一个涉及国际关系的重要外交问题。当前人民币面临较大的升值压力，其中有被外部过度渲染的成分，也有内在的经济基础。我们需要在认真分析内部升值压力来源的基础上，通盘考虑、妥善应对。既不能简单地屈从于外部压力，导致人民币升值幅度过大带来负面影响，也不能错失适时顺势而为、主动推进内部调整改革的良机。建议近期继续保持人民币汇率基本稳定，以利于巩固经济复苏的态势。同时多措并举，着力缓解人民币升值的内在压力，完善人民币汇率的市场化形成机制，促进经济对内对外平衡。

一、正视人民币升值的内在压力

我们要认清人民币升值外部压力的本质，更要全面分析、认真对待人民币升值的内在压力。这些压力主要是长期累积的，也有近来加剧的。

其一，我国国际收支持续双顺差的格局。虽然 2009 年我国贸易顺差，大幅减少 1/3 以上、2010 年 1~2 月贸易顺差同比大幅减少一半，但不足以改变双顺差的总体格局。近期来自资本项目顺差的压力有所加大。

其二，普遍和持续的人民币升值预期。最近境外"无本金交割远期"（NDF）市场美元兑人民币一年期合约显示人民币升值接近 3%，该汇率主要由国际资本市场对人民币的投机需求决定，反映了国际市场对人民币升值幅度的预期。国内的相关市场主体也普遍有类似预期。受此影响，各种投机热钱大量

---

①匡小红为本文初稿提供了部分素材。

流入，有的假借正规的经常项目和资本项目之名，有的通过非法的"地下钱庄"，有的借道港币通过"蚂蚁搬家"方式进入境内，还有的属于市场主体为趋利而主动调整投资、财务行为，加剧资产本币化和负债外币化。这些都放大了市场上的人民币升值压力。国内房地产等资产价格暴涨，利率高于主要发达国家，也进一步刺激和助长了热钱流入。

其三，宏观经济内部失衡。最突出的表现是：居民收入占国内生产总值的比例明显偏低，储蓄占居民可支配收入的比例明显偏高，投资与居民消费比例严重失衡。比如，2005 年，我国居民消费占 GDP 的比重已只有 38%，这几乎是世界上最低的，同年美国 70%，英国 60%，印度 61%；我国人均 GDP 要高出印度一倍半，人均消费只高 2 / 3。当年中国储蓄率约为 50%，投资率超过 42%。在应对金融危机的非常时期，这一失衡加剧，2009 年固定资产投资占 GDP 的比重高达 67%，按经验推算投资率高达 60% 左右。这一失衡反映到贸易品部门，便是大量投资形成的超出国内消费需求的过剩生产能力只能与外需"匹配"。这是经常项目收支盈余的根源，因而也是人民币升值压力的内部根源。

其四，相对较高的生产率提高速度和相对较低的工资增长速度。经济合作与发展组织（OECD）公布的全要素生产率数据表明，1990 年至 2008 年间，美国等主要发达国家全要素生产率的年均增长率十分接近，都在 1% 左右。而据瑞士银行 Cates 的研究，过去 20 年里，中国全要素生产率年均增长速度将近 4%。另外，根据英国《经济学家》杂志的报道，金融危机期间美国非农部门劳动力的单位工作小时产出量比上年增长了 4.3%，而中国的劳动生产率增长了 7%~8%。这背后有企业制度改革创新的作用，有技术进步的作用，也有资本－劳动比率持续快速上升的作用。与此形成鲜明对比的则是相当长时期我国工资增长缓慢，甚至一度出现"农民工工资 10 年不涨"。这与我国特殊国情下的农民工体制和大量劳动力跨区域流动，以及最低工资、工资集体协商等劳动力分享机制缺位有密切关系。以上两个方面相结合，使得我国贸易品部门能够长期维持低价竞争的模式。这正是人民币实际汇率升值压力得以不断累积的微观基础。

此外，从理论上看，如果我国物价上涨速度持续低于贸易伙伴物价上涨速度，人民币实际汇率也面临升值压力。我国入世后到 2005 年汇改前的几年间，物价涨幅明显低于美国。

以上这些国内外压力"碰头"表明，如果完全听任人民币汇率自由浮动，人民币很可能持续大幅升值。

二、警惕人民币持续、大幅升值的负面影响

从理论上看，汇率是调节国际贸易的一个重要价格杠杆。但从实践看，单靠汇率调整，很难解决双边或多边贸易不平衡问题。无论是 2005 年人民币汇改以来中美贸易的实际情况，还是历史上经历过货币大幅升值的日本、德国等发达国家和韩国、我国台湾等新兴经济体的情况，都证明了这一点。1985 年签署"广场协议"至 1995 年，美国强压日元一升再升，日本贸易顺差不降反升。德国从 1969 年到 1987 年，也经历了马克大幅升值，但其贸易顺差一直呈上升趋势。1985~1989 年间，韩国、我国台湾的货币对美元分别升值 31% 和 59%，其净出口和经常项目盈余均呈不断扩大之势。

另一方面，一些国家货币大幅度升值引发了诸多负面影响。主要表现是：

第一，国内外投机资本大量流入股市，直接推高股票价格，形成泡沫。从 1985 年 2 月底到 1987 年 12 月底，日元相对美元升值 114.4%，日元每升值 1 个百分点，"日经 225 指数"上涨 0.7 个百分点；此后的 1988~1989 年，日本股市继续上涨 80.5%。1997~2005 年，韩元相对美元每升值 1 个百分点，汉城综合指数上涨 2.6 个百分点。2002 年 9 月 ~2006 年 9 月间，巴西雷亚尔相对美元平均每年升值 15.0%，每升值 1 个百分点，代表巴西股市走势的圣保罗指数就上涨 3 个百分点。台币大幅升值的 1985~1989 年间，台湾股指上涨 11 倍多。

第二，国内外投机资本大量进入房地产等非贸易品部门，导致地价与房价猛烈上涨。这在日元升值时期表现得尤其明显。1985~1990 年间，东京商业用地和住宅用地价格分别上涨 3.4 倍、2.5 倍，大阪的分别上涨 4 倍、3 倍；1988 年日本土地资产总额已超过其名义国民生产总值，1990 年日本土地资产总额是美国的 4 倍。

第三，实体经济特别是贸易品部门遭受沉重打击。金融和不动产等资产价格膨胀，一方面，通过拉升企业（特别是新建企业）用地成本、用工成本等方式，对实体经济产生挤出效应；另一方面，大批贸易品部门企业主动采取对外直接投资的方式应对货币升值，转移出口原产地、替代国内生产，形成急剧

的、大规模的产业向外转移。实体经济部门与虚拟经济持续失衡的状况给整个经济带来巨大的负面影响：产业空心化减少总的就业机会；降低工资率，打击长期实业投资，挤压国内总需求；政府税基缩小、居民税赋增加，或者政府财政赤字增加。日本在日元升值后的短短几年间走上经济泡沫化的道路，进而在泡沫破灭后陷入长期通货紧缩和经济衰退，其教训尤其深刻。

我国在 2005 年汇改到 2008 年上半年间的经历同样表明，普遍和持续的升值预期很可能放大实际升值对经济的总体影响。比如，越来越多的国内外市场主体加入到资产炒作行列，既期待资产增值，也期待汇兑收益，推高资产价格，增加流动性；出口企业因汇率升值而利润受损，因担心成本上升过多影响竞争力而延缓提高工资，因汇率不确定而放弃一些长期订单；外国投资者因预期人民币更大幅度升值推高在我国布点的综合成本而转移到他国或放弃追加投资；政府因担心成本上涨因素碰头而延缓水、电、气等能源资源性产品价格调整步伐。因此，我们不仅要注意避免人民币大幅度升值的负面影响，也要注意管理和控制好人民币升值预期，避免普遍和持续的升值预期的负面影响。

三、近期保持人民币汇率基本稳定的主要考虑

近期，我们主张继续保持人民币汇率基本稳定。最主要的依据是，国内外的经济走势还存在诸多不确定性。对 2010 年我国保持经济平稳较快发展构成威胁的主要问题是通货膨胀还是需求不足，目前还很难依据近几个月的数据作出全局性、方向性的判断，需要继续观察。继续保持人民币汇率基本稳定，有利于减少国内市场主体面临的不确定性，巩固经济复苏的态势。

另外，最近国内外形势的一些新变化，有助于为我们更好地应对人民币升值的外部压力提供筹码和事实依据。一是我国经济在内需驱动下率先复苏，我国经济增长和国内需求对于世界经济复苏的重要性进一步增强。许多国家更加重视我国需求和市场，更加重视对我国出口，增加我国对外博弈的分量和筹码。二是美国的财政赤字再创新高，并将继续存在相当长时期，仍需要依赖中国的外汇资金流入。一些国家主权债务危机的爆发也促使美国更关注这一问题。三是我国促进对外经济平衡的努力初见成效。2009 年我国进口降幅低于出口降幅、顺差减少超过 1/3，目前进口正以比出口更快速度回升、顺差继续大幅缩减等都是有说服力的事实。四是我国劳动力市场正在发生有利于经济内

部平衡的变化。"80后""90后"逐步成为劳动力市场主力,其权益保护和平等观念更强,对工资和社会保障水平的要求更高,加之出现"民工荒""招工难",有助于劳动力报酬的提升和消费需求的扩大。

四、化解人民币升值内在压力的对策建议

化解人民币升值的内在压力既有紧迫性,也有长期性,既是当前避免人民币大幅度升值的治本之策,也是在中长期促进经济对内对外平衡的必然要求。

第一,在宏观上,着力保持国内投资与居民消费两个轮子之间的平衡,关键是逐步把约占 GDP 10% 的过剩储蓄转化为居民消费。适应我国国内市场潜力巨大的国情,主动从优化内部需求结构、提升内生增长动力入手进行调整,有助于避免被动或直接打压出口部门进行调整的代价,有助于降低经常项目盈余而又不损及增长速度。美国作为这次危机的发源地和金融问题最严重的国家,2009 年 GDP 降幅不到日本、德国降幅的一半,也从反面说明,与严重依赖外需的日本、德国等经济体相比,像美国这样更依赖国内消费需求的经济体,在应对全球性冲击中具有一定优势。因此,这一调整是把我国经济增长建立在更为坚实、更为自主的基础之上的必然选择,也是我国转向并确立更可持续的大国增长模式的必然选择,对于尽量延长我国的高速增长期,引领经济继续向高收入水平顺利过渡具有深远的战略意义。显然,汇率不是对提高消费率、降低储蓄率最为有力和最为直接的工具,因而也不应成为优先使用的工具,但可以成为辅助性工具,而不是阻碍上述调整的力量。

第二,在微观上,着力完善劳动力分享发展成果的体制机制,加快土地、水、电、气等能源资源性产品和要素价格改革步伐。相比于人民币升值,这一举措的最大优点在于,公平地调节所有产业部门,而不会在贸易品部门和非贸易品部门之间造成扭曲。并且在缓解人民币升值压力的同时,有助于促进企业升级、产业升级和结构调整;有助于提高劳动者收入和发展成果更广泛的共享,促进消费更快增长,实现工资上升与经济增长、产业升级之间的良性循环;有助于促进投入资源要素的集约和节约使用、保护资源环境,促进可持续发展。从更长远的观点看,这也是应对可投入要素数量限制、资源包括进口资源成本上升、人口老龄化等局面的必要步骤。

第三,在对外贸易方面,做足扩大进口的文章。我国经济越发展,现实的

国内市场规模越大，进口对于其他国家而言的分量就越重，也就越有条件打好进口牌。总的看，在贸易自由化方面，我国还有很大余地，可以根据自身需要研究分行业、分领域的优先顺序，兼顾主要贸易摩擦对象国的关切，结合多边贸易谈判进程，适时、分步予以推进。与升值相比，这一政策的优势在于，国内消费者（或其他需求者）肯定会获益，而负面影响也是局部的、可衡量并可适当予以补偿的。

第四，在资本项目方面，坚持"防热钱"和"宽流出"并举。在遏制短期热钱流入方面，近几年主管部门进行了有益的尝试，积累了经验，应该及时完善有关监管制度，提高对异常投机资金流入的识别能力、反应速度，加大打击非法钱庄等违法违规行为的力度。对非居民进入房地产市场可考虑设置更高的门槛；也可借鉴瑞士、智利等国经验，考虑对非居民存款实行低利率或零利率。在便利对外直接投资、放宽对外金融投资限制方面，潜力很大，可以适度加快步伐，促进企业和居民在更大范围实现资产多元化，培养其外汇风险意识和适应、应变汇率波动的能力，拓展国内外汇市场的深度和宽度。以上两方面的成效越大，越有助于直接缓解外汇市场上的人民币升值压力，越有助于"解放"利率、货币供应量等货币政策，使之更好地服务于国内经济目标。

第五，在人民币区域化方面，迈出更加积极、扎实的步伐。美元作为国际本位货币给美国带来了巨大利益，而其他边缘货币（甚至日元）都或多或少面临"过度贬值"或"过度升值"的风险。从长远看，我们应该有比人民币汇率形成机制市场化更高的目标，那就是人民币的国际化，使之具备与今天的美元在国际经济体系中类似的功能，或与之竞争的实力。在向这个目标迈进的过程中，一个稳妥的中间步骤是，人民币成为与我国有密切经济联系的周边国家和地区认可的"区域性货币"。目前我们有条件在这方面顺势而为，加大采取一些扎实措施的力度，如扩大跨境贸易人民币结算试点，探索以人民币形式向境外提供融资等金融支持，扩大境外主体获取和运用人民币的渠道，支持港澳发展人民币离岸业务等。

五、适当改变汇率调控、管理方式

在出口和整个经济复苏态势得到巩固、已经采取了以上各项措施的情况下，如果人民币仍有升值必要，建议在完善人民币汇率市场化形成机制的基础上，适当改变干预人民币汇率的方式方法，以利于减弱人民币升值预期和抑制短期热钱流入。一是细化、落实人民币钉一篮子货币的决策，避免单钉美元的弊端，中和主要贸易伙伴货币波动的影响，增加人民币汇率的稳定性；二是适当加大一次性跳升幅度，为一个时期的双向浮动奠定基础；三是根据国内外经济形势灵活确定两次跳升之间的时间间隔，一般情况下以超过一年为宜，以适当减少调整频率，打乱升值预期；四是适当扩大每次跳升后的汇率浮动区间。由此形成类似于调整间隔较长的"BBC"型复合汇率模式（三个字母分别指"钉住一篮子货币""区间浮动""爬行钉住"）。

（2010 年 3 月成稿，供有关领导参阅）

第四编

其他热点问题

实行东中西互动促进区域经济协调发展

我国今后的经济发展，要按新的发展观的要求，达到全面、协调和可持续的境界，不仅需要提高资源在不同产业和产品间的配置效率，而且要提高资源在不同地区即空间上的配置效率；不仅需要解决条件较好、经济相对发达地区的继续发展问题，而且需要解决困难较多、条件较差地区的发展问题。十六届三中全会明确指出："要加强对区域发展的协调和指导，积极推进西部大开发，有效发挥中部地区综合优势，支持中西部地区加快改革发展，振兴东北地区等老工业基地，鼓励东部有条件地区率先基本实现现代化。"在这次全会确定的关于完善社会主义市场经济体制的七项主要任务中，有一项即是"形成促进区域经济协调发展的机制"。实施好西部大开发、东北等老工业基础振兴、东部沿海地区继续发展这几大战略，构成了我国现阶段不可分割、不可偏废的区域经济发展战略整体，意义重大。

一、东部地区继续发展是中西部地区加快发展和全国发展的需要

根据国家统计局的统计，2002 年，我国人均国内生产总值超过 10000 元的省市共有 10 个，按由高到低的顺序，依次是上海、北京、天津、浙江、广东、江苏、福建、辽宁、山东、黑龙江。除黑龙江外，其余都属东部地区。该地区大部分省市在改革开放 20 多年来的快速发展，既是自然规律、经济规律和历史累积因素共同作用的结果，也是改革开放以来国家实行鼓励一部分地区率先发展的结果。在新世纪新阶段，这一战略仍然是个"大局"。只有东部地区实现了更快的发展，才能创造更多的就业机会，吸纳更多的中西部地区劳动力，才能积累更多的资本向中西部地区输出，才能采购更多中西部地区出产的

农产品、矿产、能源、原材料及制成品，扩大前往中西部地区旅游的客源，并购买更多的中西部地区提供的服务；中央才能集中更多的财力，实行对困难地区的更大规模转移支付，在基础设施建设、生态环境保护、社会文化事业发展等方面，增加公共投入，也才能集中财力解决更多的发展难题。

从国家统计局提供的统计指标看，2002 年，不包括辽宁、河北、海南 3 省，东部地区的广东、江苏、山东、浙江、上海、福建、北京、天津 8 省市，人口约为 3.65 亿，占全国的 28.4%，国内生产总值之和约占全国各省区市国内生产总值之和（后者大于全国的国内生产总值）的 47%，税收、进出口、吸引外商直接投资、吸引跨地区流动农民工就业等方面所占的比重更高。因此，可以说，解决好了这些省市的继续发展问题，就抓住了我国经济发展的"牛鼻子"，使我国经济发展的先导力量得以释放。今后，在开放条件下国际分工格局不断调整的过程中，这些省市继续保持较高经济增长速度的可能性很大。关键是要做好加快城市化进程及二、三产业提档升级两个方面的工作，加快培育面向未来的以技术、质量和服务为基础的国际竞争优势。

二、在实施西部大开发中贯彻东中西互动原则

实施西部大开发战略是党的第三代领导集体做出的重大决策，涉及的 12 个省（区、直辖市），共占全国国土面积的 71.4%，集中了全国绝大部分老、少、边、穷地区和生态环境恶劣、脆弱地区。2002 年，其人口略多于上述东部 8 省市，约为 3.67 亿；国内生产总值之和约占全国各省区市国内生产总值之和的 17%；人均国内生产总值不到东部的 40%。虽然西部很多地区经济持续发展的难度很大、条件较差，但实施西部大开发战略 3 年多以来，国家采取了正确的方针政策和措施，促进了西部地区经济增长速度的提高。2000～2002 年，12 个省区市国内生产总值（与上年相比）增长速度的算术平均数分别为 8.7%、9.4%、10.3%，而 1999 年低于 8%。

西部大开发战略的实施，不仅未对东部的发展带来负面影响，而且对东部和中部的发展起到了促进作用。比如，开发西部的优势资源，包括能源和原材料等，满足了东中部产业发展的需要，如西电东送、西矿东送等；西部江河上游大规模的生态建设，使地处江河中下游的东中部地区受益；西部地区大规模的城乡基础设施建设活动，扩大了对东中部地区设备、中间材料、资本、技术

服务等方面的需求；西部地区人民收入水平的提高，扩大了对东中部地区产品和服务的消费需求。西部大开发战略改善了沟通西部地区与中部、东部地区的交通、通信网络，有助于整合西部地区的市场与东部、中部地区的市场，降低市场交易成本，密切东中西部产品、服务和生产要素市场间的联系，实际上扩大了我国国内市场的规模，使我国许多产业的发展，在面对国际市场供求关系急剧变化的情况下，有了一个相对稳定的国内市场和相对较大的国内回旋余地。

在基础设施和生态建设等方面已经取得一些实质性进展的情况下，下一步西部地区急需解决的一个突出问题是：在区域间关系层面，促进东部（包括中部）资本、技术和包括企业家在内的各类人才，向西部流动，以新的机制，带动西部具有特色和优势的二、三产业发展，实现东部、中部和西部产业联动的问题。从长期看，我国东部、西部之间的产业分工格局由西部输出初级产品和中间产品、输入最终产品的垂直分工型，向东部、西部之间相互输出输入最终制成品和服务的水平分工型逐步转变，是不可阻挡的客观趋势。

近几年，大批东部地区相对成熟的纺织、制鞋、家电、食品、日化、流通、旅游等企业，到中西部地区开厂设店，并迅速获得成功，通过建立企业内部跨区域的分工协作体系，对国家东部与中西部区域之间分工格局的调整起到积极作用，即为此提供了充分的证据。在西部地区二、三产业发展问题上，必须有开放的观念、创新的思维，努力避免重蹈计划经济时期的"覆辙"，避免低水平重复建设的恶果。"东中西互动"的原则，为这一问题的解决提供了新的思路，应成为西部地区按十六大要求"在改革开放中走出一条加快发展的新路"的重要内容。

三、振兴东北老工业基地也要贯彻东中西互动的原则

东北地区三个省，辽宁属东部沿海地区，黑龙江、吉林虽然属中部地区，但离辽宁的几个海港都较近。2002年，人口1.07亿；国内生产总值之和约为11603亿，与广东省的国内生产总值相当。与西部地区相比，甚至与其他东、中部地区相比，东北三省的自然环境和基础设施状况都是比较好的，水、土、草地、森林、矿产资源也比较丰富。

自从改革开放以来，在经济发展上，东北三省与一些沿海省市相比形成了

较大的反差：改革开放初期，辽宁省的国内生产总值大体上是广东的两倍，而2002年，广东是辽宁的 2.14 倍；1980 年，黑龙江省的国内生产总值是浙江省的 1.23 倍，而 2002 年，浙江是黑龙江的近两倍；1978 年，吉林的国内生产总值是福建的 1.24 倍，而 2002 年，福建是吉林的 2.09 倍。

东北三省面临的困难较多，主要表现是：体制性和结构性矛盾尖锐，企业设备和技术普遍老化，老职工社会保障和企业办社会负担沉重，产品竞争力低下，就业机会严重不足，特别是一批资源性城市资源枯竭、主导产业衰退，缺乏新的增长点，经济发展步伐十分缓慢。

当前，全国统一产品、服务和生产要素市场基本形成并且日益对外开放，体制改革已进入攻坚克难阶段，区域间分工格局也已明显不同于改革开放初期；东北在这一新形势下实现振兴的关键，在于找准自己在全国统一大市场和国际市场中的定位，扬长避短，真正从体制上解决企业"按市场需要组织生产经营活动"的问题，而不是继续过去"能生产什么就生产什么、想生产什么就生产什么"的老路。只有这样才能从根本上解决产业结构和产品结构不合理问题，提高竞争力，提高各种生产要素和资源的配置效率，真正把经济增长速度与效益统一起来，实现东北地区经济与全国其他地区经济和国际经济的融合。

从开放的思维、全局的观点、相互联系的角度看，我国进一步加入国际分工体系，东部沿海一些地区继续快速发展并实现结构升级，西部大开发战略继续实施，中部一些地区发挥承东启西、左传右递的作用而加快发展，都会为东北地区的发展和振兴提供大量的市场机会，扩大对东北优质农产品及其深加工食品的需求，扩大对东北高性能机械设备产品的需求，扩大对东北适销对路中间制成品的需求。而东北地区大量国有企业的改革、改组和技术更新，各种优势资源及农牧产品的开发和深加工，传统装备制造业的结构升级，也都离不开大力引进其他东部、中部地区及西部地区的投资者。这就是说，在振兴东北的过程中，东中西互动的原则同样有着广阔的应用空间；试图以孤立、封闭、局部的方式，解决东北面临的问题，其效果将令人怀疑。

四、结论

实现区域经济发展过程中的东中西互动，关键在于构建全国统一的竞争性生产要素市场和产品市场，并且降低交通、信息、管制等方面的跨区域交易成本，让市场决定的价格自由地调节生产要素和产品跨区域流动，主导地区间的收入分配，实现交易双方的互利互惠。但对于存在垄断的领域，如石油和天然气等重要战略性资源、电力市场等，未消除垄断时，中央政府要对有关价格进行严格监管，确保交易双方公平获利，确保资源输出地的利益，避免买方或卖方垄断损害对方的利益；存在外部经济的领域，如生态建设和环境保护等，中央政府要强制性地建立必要的补偿机制，让受益地区分摊相应的保护成本。

新的中央领导集体和新一届国务院强调继续实施东部沿海地区加快发展的战略，充分显示了对自然规律、经济规律和客观现实的尊重。贯穿其间的区域互动原则，则使人们看到了解决区域经济协调发展的新思路、新方法、新机制。各地区各部门要高度重视密切各区域间的经济联系，重视国内统一的竞争性产品、服务和生产要素市场建设，重视消除各种不合理的垄断、分割和地区保护，重视降低区域间市场交易成本，努力形成区域发展东中西互动、相互促进、利益共享、良性循环的局面，使我国作为最大发展中国家的经济发展真正建立在国内统一大市场不断成长、不断成熟、国内需求不断壮大的坚实基础上。

（发表于 2003 年 11 月 11 日《中国经济时报》，笔者当时正挂职担任国务院西部办综合组副组长）

附：就此问题接受《经济日报》薛小和采访的问答

东中西互动促进区域经济协调发展

西部大开发沟通东中部

薛小和：中国共产党十六届三中全会指出："要加强对区域发展的协调和指导，积极推进西部大开发，有效发挥中部地区综合优势，支持中西部地区加快改革发展，振兴东北地区等老工业基地，鼓励东部有条件地区率先基本实现现代化。"近几年，党中央、国务院对区域经济协调发展高度重视，先是宣布实施西部大开发战略，最近又提出振兴东北地区等老工业基地的任务。请问，西部大开发战略已经实施了近四年，有什么成效？

熊贤良：虽然西部很多地区经济持续发展的难度很大、条件较差，但实施西部大开发战略以来，由于国家在项目安排、建设资金投入、财政转移支付、税收政策等方面向西部地区倾斜，促进了重庆、四川、陕西、内蒙古等西部省区市经济增长速度的提高。就整个西部地区而言，2000～2002 年，12 个省区市国内生产总值（与上年相比）增长速度的算术平均数分别为 8.5%、8.7%、9.9%，而 1999 年不到 8%。

薛小和：实施西部大开发战略对东中部的发展有什么影响？

熊贤良：2000 年，广东、江苏、山东、浙江、上海、福建、北京、天津 8 个东部省市国内生产总值（与上年相比）增长速度的算术平均数达到 10.6%，比西部 12 个省区市高约 2 个百分点，2001 年和 2002 年也都分别高约 1 个百分点。一个重要原因就是实施西部大开发战略也对东中部的发展起到了促进作用。比如，开发西部的优势资源，包括能源和原材料等，满足了东中部产业发展的需要，如西电东送、西矿东送等；西部江河上游大规模的生态建设，使地处江河中下游的东中部地区受益；西部地区大规模的城乡基础设施建设活动，扩大了对东中部地区设备、中间材料、资本、技术服务等方面的需求；西部地区人民收入水平的提高，扩大了对东中部地区产品和服务的消费需求。实施西部大开发战略，有助于整合东中西部的区域市场，促进东中西部产品、服务和生产要素跨区域流动。

西部：实现与东中部的产业联动

薛小和：在西部大开发战略取得良好开局之后，下一步应着重解决哪些问题？

熊贤良：在西部的基础设施和生态建设等方面已经取得一些实质性进展的情况下，下一步西部地区亟须解决的三个问题是：在中央层面，建立长期稳定的西部开发资金渠道问题；在西部地区内部，加快改善发展软环境问题；而在区域间关系层面，通过政府管理体制、企业体制等方面的改革，以及运用多种经济政策工具，促进东中部资本、技术和包括企业家在内的各类人才向西部流动，实现东中西部产业联动的问题。

薛小和：请具体讲讲如何促进东中西部的产业联动？

熊贤良：我国东西部之间的产业分工格局由西部输出初级产品和中间产品、输入最终产品的垂直分工型，向东西部之间相互输出、输入最终制成品和服务的水平分工型逐步转变，是不可阻挡的客观趋势。近几年，大批东部地区相对成熟的纺织、家电、食品、流通、旅游等企业，到西部地区开厂设店，并迅速获得成功，通过建立企业内部跨区域的分工协作体系，对东西部区域之间分工格局的调整起到积极作用。

东北：找准定位拓展空间

薛小和：新一届国务院对振兴东北老工业基地非常重视，东北面临的问题与西部开发有所不同，东北的困难表现在哪些方面？能否振兴的关键在何处？

熊贤良：东北三省面临的困难较多，主要表现是：体制性和结构性矛盾尖锐，企业设备和技术普遍老化，老职工社会保障和企业办社会负担沉重，产品竞争力低下，就业机会严重不足，特别是一批资源型城市资源枯竭、主导产业衰退。当前，全国统一的产品、服务和生产要素市场基本形成并且日益对外开放。东北在这一新形势下实现振兴的关键，在于找准自己在国际国内市场中的定位，真正从体制上解决"按市场需要组织生产经营活动"的问题，而不是继续过去"能生产什么就生产什么、想生产什么就生产什么"的老路。

事实上，我国进一步加入国际分工体系，东部地区继续快速发展并实现结构升级，西部大开发战略继续实施，中部一些地区发挥承东启西、左传右递等方面的优势而加快发展，都会为东北地区的发展和振兴提供大量的市场机会。而东北地区大量国有企业的改革、改组和技术更新，各种优势资源及农牧产品的开发和深加工，传统装备制造业的结构升级，也都离不开大力引进其他地区的投资者。这就是说，在振兴东北的过程中，要贯彻东中西互动原则来解决东北面临的问题。

相互促进利益共享

薛小和：按照你上面讲的逻辑，任何一个区域的发展都离不开区域外的资源和市场，区域间相互开放进而互动是确定地区发展战略、促进区域经济协调发展的基本出发点。

熊贤良：是这样的。无论是西部开发还是振兴东北，都要高度重视密切各区域间的经济联系，重视国内统一的竞争性产品、服务和生产要素市场的建设，重视消除各种不合理的垄断和地区保护，重视降低区域间市场交易成本，努力形成区域发展东中西互动、相互促进、利益共享、良性循环的局面。

（原载于 2003 年 10 月 23 日《经济日报》）

有关国家设置区域发展机构的模式及启示

　　许多发达市场经济国家都有较长的实施区域发展政策的历史。虽然在不同时期它们的区域发展政策宗旨、目标、工具及其效果有差异，但始终无法回避的一个问题是：中央政府以什么样的组织机构保障区域政策的有效实施。研究总结几个发达的英语国家在这方面的实践，能为我国相关决策提供有益启示。

一、美、加、澳、英四国的区域发展机构

　　美国的区域发展政策多为任务导向型，缺乏宏观性、连续性，联邦政府设立的区域发展机构也具有组织形式灵活、多样的特点。比如，在罗斯福新政时期的 1933 年，国会根据行政当局的倡议，通过《田纳西河流域管理局法》，设立田纳西河流域管理局（TVA），其性质是一家联邦政府所有的电力公司，董事长由总统任命。该局最初主要是为了统一解决该流域的防洪、灌溉、用电问题，后来才逐步将业务延伸到消除农村贫困、促进经济社会可持续发展等领域，从而兼有政府区域发展机构的职能。20 世纪 50 年代，该局曾是美国最大的电力供应商，至今仍是美国较大的电力供应商，供电范围覆盖 7 个州、8 万平方英里范围内的 800 多万人。它不仅像其他电力公司一样获取卖电收益并交纳税收，而且以发电、供电、防洪、灌溉、航运等方面的功能为基础，在促进区域发展上发挥独特的作用。再比如，1963 年，肯尼迪总统设立阿巴拉契亚区域委员会（ARC），专门负责为这个跨越 10 多个州且相对落后的区域，制定综合性的经济发展计划。1965 年国会以该委员会提交的报告为基础，通过《阿巴拉契亚区域发展法》，确定由该委员会负责制定和执行这一区域的联邦开发计划。该委员会的成员结构充分体现了联邦与 13 个州之间密切合作的特点：

14 名委员中，一位为委员会主席，由总统任命，代表联邦政府；其余 13 位为该区域所涉及的 13 个州的州长，并且每年选举其中一位为委员会的联合主席。委员会目前大约有 50 名工作人员，办公地点设在华盛顿，行政经费由联邦政府和 13 个州分摊。多年来，委员会分配的资金主要用于在阿巴拉契亚山脉地区修建高速公路，以方便和加强与其他地区的交通联系；也有少部分用于改善供排水和信息服务等基础设施、培训和开发人力资源、鼓励地方经济多样化等方面。20 世纪 70 年代中后期，卡特总统在其任内还曾设立过几个其他的区域发展机构，如新英格兰区域委员会（NERC），但都被继任的里根总统撤销。

加拿大联邦政府的区域发展政策也有几十年的历史，主要侧重于在落后区域增加就业、改善基础设施及社会福利、培训人力资源。近些年，联邦政府除继续通过大量转移支付实现各省之间的"财政均等化"（fiscal equalization）和公共服务水平一致化外，还设有四个针对特定区域的部级区域发展机构：总部设在多伦多的联邦安大略北部地区经济发展举措部、总部设在厄德蒙顿的西部经济多样化部、总部设在蒙克顿的大西洋区域经济机遇署、总部设在蒙特利尔的加拿大魁北克地区经济发展署。这些机构一般都在区域内设有多个派驻机构（或办事处），进行垂直管理，同时与地方政府保持密切联系，以使其提出的战略、政策和实施的项目适合当地特点和需要。在联邦政府的有关决策中，它们也有义务代表相关区域利益提出意见、建议。

长期以来，澳大利亚的联邦政府、州政府和地方政府都比较重视区域发展问题。联邦政府将区域发展事务的职能赋予运输和区域服务部（DOTARS）。该部同时负责交通运输、为地方政府提供服务等工作，在全国设有多个办公室，以加强与各州和各地方的联系。2003 年，兼任该部部长的联邦政府副总理安德森曾发起成立全国性的区域发展委员会（RDC），构建起联邦政府、州政府和地方政府在区域发展原则、战略、计划、项目等方面进行合作的新平台，进一步强化了该部的区域发展职能。委员会 10 名委员的构成是：一名为联邦运输和区域服务部部长，出任委员会主席（当时就是兼任该部部长的联邦政府唯一的副总理安德森）；一名为澳大利亚地方政府联合会（ALGA）主席，代表地方政府；其余 8 位分别来自首都堪培拉地区、大陆北部地区及全部 6 个州的政府，都是所在地负责区域发展事务或经济发展事务的部长。

英国传统上是一个集权的单一制国家，与上述三个联邦制国家不同，没有州或省一级政府，中央政府直接面对地方政府。1997年布莱尔出任首相后，比以往更加重视区域政策的作用，把它与保持宏观经济稳定的财政和货币政策、消除市场失效的微观经济改革政策放在同等重要的地位，强调把英国的持续发展建立在发挥所有区域经济潜力的基础上。一方面，中央政府通过宪制改革，大幅度向苏格兰、威尔士、北爱尔兰分权，使各自的议会和行政当局在外交和国防之外的区域性事务如区域经济社会发展中承担更多的责任，具备更大的独立性。另一方面，在英格兰构建起全新的区域发展组织体系：一是把英格兰划分成9个区域：伦敦、东英格兰、东中部、东北部、西北部、东南部、西南部、中西部、约克郡和亨伯郡地区，允许这些区域在全民公决的基础上自主选择是否成立直选的区域议会，以负责区域发展和公共服务，接受中央政府的区域性分权。二是在中央政府层面，于2002年5月成立名为"副首相办公室（ODPM）"的内阁部门，具体负责区域发展事务及与建设可持续发展社区相关的住房、城乡规划、老工业基地改造等工作，由副首相兼任该部门首席大臣。在2004~2005财政年度，该部门共有工作人员6500名左右，开支规模约为500亿英镑。三是在区域层面，在原来贸易和工业部设立的区域开发署（RDA）的基础上，由副首相办公室牵头，中央政府多个部门参与，在9个区域分别设立政府办公室（GO），负责协调中央政府部门在各个区域的政策，管理和执行各部门已确定的项目，听取各区域企业、非政府组织及有关专家对区域开发战略、计划、政策、项目的意见，提出本区域需优先考虑的重点领域、重点项目。比如，在2004~2005财政年度，仅副首相办公室就有2700名工作人员在9个区域的政府办公室工作；驻伦敦的政府办公室共代表10个中央政府部门管理40个在伦敦的项目，项目预算总计达40亿英镑。四是在副首相办公室内成立区域协调小组（RCU），以加强对驻各区域政府办公室的总体协调和统一管理。2007年6月布朗接任首相并改组政府后，虽然"副首相办公室"这一内阁部门的职能已由"社区和地方政府部"（DCLG）取代，但上述英格兰区域发展组织框架的其他方面继续维持，未作改变。

二、关于我国设置区域发展机构的思考和建议

温家宝总理在2004年的《政府工作报告》中对我国的区域发展战略做出了完整、权威的表述："要坚持推进西部大开发，振兴东北地区等老工业基

地，促进中部地区崛起，鼓励东部地区加快发展，形成东中西互动、优势互补、相互促进、共同发展的新格局。"2005 年的《政府工作报告》继续坚持和深化了这一战略，同时指出："实行符合各地特点、发挥比较优势、各有侧重又紧密联系的区域发展战略，体现了统筹协调发展的要求。"从区域发展机构方面看，上届政府在国务院成立了负责西部开发的领导小组，并在国家发展和改革委员会单设了该领导小组的办事机构（即"西部办"）。2003 年新一届政府成立后，不仅延续了上届西部开发的机构模式，而且先是为配合振兴东北等老工业基地的需要，参照设立了相应的领导小组及其办事机构，稍后又依托发改委地区经济司设立了促进中部地区崛起工作办公室，赋予相应的中部发展规划、政策和协调职能。这样的区域发展机构的设置状况是否合理，是否适应实施现阶段区域发展战略的需要？

根据发达国家的实践和我国的实际，我认为在设置或改革区域发展机构之前，首先需要厘清以下几个问题：

第一，我国中央政府的区域发展机构应该针对全国所有区域，实现"全覆盖"，还是只针对部分区域，实现"部分覆盖"？（如果答案是前者，一个与之密切相关的问题是，应该以一个还是多个区域发展机构"覆盖"全国？）在以上 4 个发达的英语国家中，澳大利亚和英国在英格兰的情况类似于"全覆盖"，而美国和加拿大的情况类似于"部分覆盖"。就我国区域发展的现实而言，无论是从国家所处发展阶段看，从发挥各区域发展潜力和积极性角度看，还是从各区域所面临的不同的发展问题看，都要求区域发展机构针对全国所有区域，实现"全覆盖"。而在现有的 3 个（套）区域发展机构的基础上再增设一个针对东部地区的区域发展机构，实现 4 个（套）区域发展机构对全国的覆盖，其缺陷是显而易见的：一是完整的国家区域战略和政策被分割；二是形成新的妨碍全国市场统一的区域性壁垒，影响区域之间的分工协作；三是多个区域机构的职能有重叠的部分；四是行政成本因机构增多而成倍增加。因此，只设一个覆盖全国的区域发展机构更为合理。

第二，如何解决我国区域发展机构与其他中央政府部门之间的"接口"问题？无论是全国性的区域发展机构，还是区域性的区域发展机构，其本质属性都是立足于地理或空间角度考察发展问题，其基本目标都是全国各区域之间的均衡发展或加快落后地区的发展。而其他中央政府部门绝大多数都不是按空间而是按专业领域和专业职能划分的，在空间上都覆盖全国各个区域，通常有各自不同的区域视角和空间导向。因此，只有解决好区域发展机构与其他多数中央政府部门之间的"接口"问题，确保区域发展机构的区域视角广为其他部门所接受并理顺相互之间的权责边界，才能避免职能交叉重叠、避免相互"打架"，实现合理、有效的衔接。澳大利亚将区域发展职能"附加"在运输部门之上的模式，能较好解决该部门主导领域的政策（比如交通运输政策）与区域政策的融合问题，能从形式上解决区域发展部门与其他部门的分工问题，但仍然缺乏有效机制，解决其他如建设、贸易、教育、科技、文化等专业领域的政策如何与区域发展政策进行有效衔接的问题，特别是在运输和区域服务部部长及区域发展委员会主席不由联邦政府副总理兼任的情况下，这一问题更加突出。相比之下，布莱尔政府所确立的英格兰模式比较全面地解决了这个"接口"问题，值得借鉴：首先，以"副首相办公室"为区域发展机构之名，并以中央政府唯一的副首相兼任区域发展机构首席大臣，有助于提高其在政府部门序列中的地位，发挥对其他中央政府部门政策区域导向的影响；其次，在9个区域分别设立的政府办公室，不仅代表区域发展部门，也代表其他多个中央政府部门，成为融合区域发展部门与其他中央政府部门的第二层"接口"。这两点实际上表明，区域发展机构既要有与其他中央政府部门相比的"权威性"，也要有与其他部门和谐共事的"包融性"。

第三，如何解决我国的区域发展机构与多个省级政府之间的"接口"问题？在美、加、澳、英四国，区域机构或采取了"请进来"的方式，让州（省、地方）的代表也参与区域政策决策，如美国的阿巴拉契亚区域委员会、澳大利亚的区域发展委员会，都以各州的代表为多数；或采取了"走出去"的方式，到各区域设立机构总部或分支机构、派驻机构，如英国在英格兰9个区域设立政府办公室，加拿大将4个区域发展机构的总部分别设在各个区域的城市而不是集中在首都，并在各地方设立多个垂直管理的派驻机构。其目的都是为了在区域政策这个最需要各个层级的政府共同努力的领域，构建促进它们相互沟通和合作的组织平台。虽然我国中央政府与省级政府的关系与美、加、澳等联邦制国家有很大差异，与英国的中央－地方关系也有不同，但它们在区域发展机构设置的具体做法背后的理念值得借鉴：中央政府需要考虑便于省级政府在区域发展机构中发挥作用的问题，以使中央政府的区域政策更符合各地的实际、适应各地的需要。

基于以上思考，对国务院区域发展机构的合理设置问题提出以下具体建议：

一是在减少国家发展和改革委员会有关微观性、事务性、行业性职能的前提下，赋予其区域发展机构职能，将其改造为"国家和区域发展委员会"，承担起制定和协调实施各区域发展战略、规划、政策的职能，确保国家战略落实到每一个区域和地方，真正实现区域之间的良性互动、优势互补、相互促进、共同发展。二是为解决该机构与其他中央政府部门和省级政府的"接口"问题，可由总理或一位副总理兼任该委员会主任，同时在东部、中部、西部和东北4个区域分别设立垂直管理的区域办公室（也可以考虑在东部设立3~4个区域办公室，在西部设立西南、西北2个区域办公室），并吸收其他中央政府专业部门的代表参加。三是为解决决策科学化、民主化问题，可在该机构单设"发展咨询委员会"，广泛吸纳中央政府部门和省级政府主要负责人、民主党派人士、大型企业负责人及专家学者代表参加，负责提供国家和各区域发展战略、发展规划、重大项目等方面的咨询建议，凝聚区域发展共识。

（2005年春形成初稿，2007年11月修改后提交有关文件起草组领导参阅）

韩国稳定住房市场价格的经验值得借鉴

卢武铉就任总统后的几年间，韩国采取了很多包括遏制房地产投机在内的政策措施，控制房地产价格过快上涨，消除房地产泡沫，成效比较显著，其经验值得我国借鉴。

1997~1998 年的金融危机曾给韩国的房地产业以沉重打击。政府以低利率、减免税收等政策刺激住房需求，房地产业开始复苏，房地产价格回升，到 2002 年，住房价格比 1998 年上涨约 33%。特别是 2002~2003 年，一些城市房地产泡沫比较严重，土地、住房价格上涨过快。比如，2002 年 10 月中旬，城市住房购买价格指数比一年前上涨 17.5%，首都汉城上涨更快，接近 25%。这引起韩国政府特别是 2003 年 2 月就职的卢武铉总统高度关注，迅速研究对策并出台了遏制房地产投机、增加面向无房户和租房户的公房供应、改善住房建设金融服务等综合措施，稳定住房价格。两年多来，成效比较显著，韩国住房价格总体上止升趋跌。到 2005 年 2 月，城市住房购买价格指数已比 2003 年 9 月低约 3%左右。韩国的主要政策包括：

一、以税收等政策遏制房地产投机

抑制住房投机是韩国房地产政策的一个基点。为此而采取的措施包括：

（1）税收政策。在韩国，购买、保有和转让（出售）住房的各个环节都要交纳多种不同的税，有助于减少住房投机。一般在购买时，要按 2%的购买价交纳获得税、按 3%的购买价交纳登记税、按 20%的登记税交纳教育税；在保有过程中，每年要交纳土地税和财产税，并按土地税的 20%交纳教育税；在出售时，根据保有时间的长短，以占转让收益 9%至 36%之间的一个比例，交纳转移收入税。为了进一步以税收政策遏制房地产投机，韩国政府强化了住房保有、转让环节的税收政策。比如，减少了对一些地区新建住房转移收入税的优惠；对拥有 3 套及以上住房的家庭征收 60%的转移收入税，取消因保有时间长而给予的优惠；以综合不动产税代替分别征收的土地税和财产税，并将税基由按面积征收改为按价值征收，使保有不动产时的税收与其实际价值挂钩，提高不动产保有人的实际税赋水平。与之配套，并为减少偷漏税行为，采取的措施还有：引入不动产价格公共评价体系，核定不动产税基；进行全国住房情况普查，建立包含每个家庭住房信息的数据库；建立不动产交易报告体系，要求不动产经纪机构实行交易登记制度；政府税务部门动用大量人力加大针对不动产投机者及交易中介机构的财务、税务稽查，加大对偷漏税行为的处罚力度。

（2）中央政府将一些区域列入受不动产投机控制地区的名单。中央政府成立跨部门的专门工作班子，保持对全国不动产市场供求、价格的跟踪评估，并不断将一些土地和住房价格上涨较快的城市或城市里的某些区域列入受投机控制的地区名单。在这些地区购买土地、住房的准入条件比较严格。比如，已拥有 2 套或 2 套以上住房的家庭不能进入预购名单，5 年内已购买新套房的人不能再预购，等等。在这些地区进行房地产转让的条件也更为严格。比如，转售进一步细分的住房所有权的时间被限定在住房所有权转移登记之后，而不是在签订购房合同之后。一些受投机控制区域还要实行比其他地区更详尽的房地产交易报告制度。

（3）金融政策。主要包括：不断降低贷款购房者抵押贷款占住房价值的比率，由 70%~80%逐步降至 40%~50%；对投资于证券市场所获得的金融资产溢价或红利给予税收减免方面的刺激，引导社会游资由不动产市场转入证券市场。

二、政府主持制定中长期住房供应计划，确保住房供应量不断增长

这是韩国房地产政策的另一基点。在卢武铉总统就职前夕，韩国有关部门就制定了五年住房供应计划，提出在 2003~2007 年，共建造 250 万户住房（包括政府出资建造、面向低收入家庭的 50 万户公共租赁住房），使全国的住房供应率在 2007 年达到 110%。卢武铉总统上任后，以该计划为基础，进一步提出了更长期的全国住房综合计划，要求在 2004~2012 年，每年新建 50 万户住房，到 2012 年，将全国住房供应率提高到 116.7%。为确保向 300 多万户低收

入家庭提供宜居、价廉的住房，将到 2012 年的公共租赁住房建设计划量提高到 150 万户。为落实这一目标，还提出了《国民租赁住房特别法》，落实资金来源等具体措施。据此计划，韩国 2003 年、2004 年分别建设了 64 万和 64.3 万户住房，2005 计划建设 52 万户住房。中长期住房供应计划的制定和实施，对稳定韩国的住房市场也发挥了基础作用。

三、土地政策

韩国的相关土地政策有三个特点：一是抑制土地投机，避免地价过快上涨影响房价。二是制定城市开发规划时，农地转为非农用地要优先保证住房用地，特别是公共租赁住房用地；在进行旧城改造和再开发时，还往往要求开发商建设一定比例的租赁住房。三是在土地价格上，对建造小户型住房的用地实行限价制度。

四、其他政策措施

韩国政府制定和实施房地产政策过程中，特别注意及时向公众传递准确、坚定的政策信号。卢武铉总统就职时提出的"十二大优先考虑解决的国政课题"中，就包含有"稳定住房价格"方面的内容。其他政府官员如总理、分管副总理，财政经济部或建设交通部等部门负责人，也都多次明确、公开表示要抑制不动产投机、稳定住房价格。中央政府成立的跨部门副部长级专门工作班子具体负责研究、制定有关政策，更是多次发布政策信息。不久前，韩国副总理兼财政经济部部长李宪宰因家人涉嫌房地产投机而在舆论压力下辞职，也从一个侧面反映出韩国有关政策得到严格执行。这样的做法显示了政府解决房地产价格上涨问题的决心，对稳定住房需求者心理和预期、稳定房地产市场都发挥了重要作用。

（2005 年 4 月成稿，供有关领导参阅）

对抑制房地产价格过快上涨的几点建议

1998 年取消城镇福利分房制度对培育和壮大我国商品住房市场起到了关键作用，使之由我国住房制度的"补充"演变成为"主体"。也正是这一演变轨迹导致我国住房市场"先天不足"：商品住房价格基数相对于许多家庭的收入而言偏高，对低收入群体而言更高，被排除在市场之外的住房需求者很多。近几年，我国商品住宅价格持续较大幅度上涨，一些城市的上涨累计已超过一倍甚至更多。现在越来越多的中等收入家庭因已经购买或计划购买住房而扭曲消费结构，节制在其他许多产品和服务上的消费，制约了我国其他许多产业的内需扩大、结构升级和持续发展。迅速稳定房价确已成为一项事关经济社会发展全局的当务之急。下面结合韩国等国的经验和我国房地产市场的特点，提出三点建议。

第一，把覆盖全国的房地产宏观政策与针对特定地区的区域性房地产政策结合起来。世界各国的房地产市场都具有十分突出的区域性，这是房地产市场不同于其他商品市场的重要特征。在我国，各地房地产市场的供求状况、发育程度、居民对房价上涨的承受力等方面的差别很大，房地产投机活动影响房地产价格的程度也不一。目前正在实施的提高购房抵押贷款利率、提高首付款比率等金融政策覆盖全国，波及绝大部分购房者。有必要进一步赋予有关金融机构根据各地房价上涨的具体情况实行区域差别化房地产贷款政策的自主权。同时，可借鉴韩国的经验，由中央政府认定一些区域为房地产价格增长过快的区域，在这些区域实施更严格的综合性的抑制房地产投机性需求的政策。如尽快由地方政府开征住房保有、转让环节的税收，并对拥有大面积住房、多套住房者以更高税率征税；配套进行全国居民住房普查，建立住房数据库，建立住房交易报告体系；对预购、转售住房的条件进行限制，特别是适当限制境外购房者和境内跨地区购房者的购房数量；对初次购房者购买中小户型住房实行更优惠的税收、金融政策等。

第二，运用多种政策工具共同抑制房价过快上涨。住房价格上涨是住房供给和需求等因素共同作用的产物，而不只是投机性需求影响的结果。尽快稳定房价，需要像韩国那样，同时从抑制住房投机性需求、增加住房供给、方便建房土地供应、稳定消费心理等多方面入手，统筹考虑抑制房地产投机需求的税收政策、住房消费信贷政策以及土地供应政策、地价政策、房地产开发投融资政策、房地产开发税费政策，等等，不能只依靠住房消费信贷政策。住房作为生活必需品的特性和我国住房需求不断上涨的长期趋势表明，只有在增加住房供应、提高住房供给率的基础上，才能真正实现长期稳定房价的目标。因此，要在保障住房建设土地供应、鼓励建造和购买省地型中小住房、遏制建造奢侈耗地型住房、为住房开发商的投融资提供便利、减免住房开发税费、实行住房开发商建设成本公示等方面采取有力措施，确保适合大多数家庭需要的住房供给能够长期、稳定地增长。

第三，要尽快研究建立新的面向城镇低收入群体的福利住房制度，弥补目前住房体制的缺陷。即使是在最发达的国家，也不是每个家庭都拥有住房所有权，因为低收入群体很难通过购买住房的方式来满足改善居住的需要。在韩国的城市，拥有住房所有权的家庭的比率大约为 65%，其余家庭主要是租用中央政府或地方政府公房的低收入者。1998 年我国取消城镇福利分房制度不应成为城镇住房制度改革的终结。当时提出"对不同收入家庭实行不同的住房供应政策，即最低收入家庭租赁由政府或单位提供的廉租住房、中低收入家庭购买经济适用房"。在实际执行过程中，廉租住房制度存在的主要问题是：以市县政府为主进行操作，支持力度小，覆盖家庭太少；许多城镇都没有制定落实的办法；已实施的地方廉租住房来源以收购现有旧住房为主，集中兴建廉租住房的很少；资助方式以发放租赁住房补贴为主，实物配租较少。而经济适用房制度存在的问题也十分普遍：在商品房销售中占的比重急剧下降，比如，2003年已下降到 13.5%；开发商享受很多优惠政策而销售价格仍然远远超出中低收入家庭承受力；开发和分配环节存在大量不公平、不规范现象，权钱交易等腐败现象严重等。为了不使城镇低收入人群（包括农民工）被排除在改善住房条件的进程之外，有必要对这两项制度进行整合，借鉴韩国及绝大多数发达国家的经验，实行新的低收入人群福利住房制度。并尽快制定有关长期规划，落实资金来源，加大中央政府和地方政府建设公共廉租住房的力度（在韩国 10 年住房综合计划中，计划新建公共廉租住房户数占到全国计划新建住房总户数的30%）。为了降低实行这一制度的成本，还可考虑在建设、物业管理等环节充分引入市场竞争机制，并运用政府土地储备，实行免费供地。这一制度的建立和推广，不仅将直接增加出租房市场上的供给，帮助稳定房租，而且将转移部分购房需求，有助于缓解房价上涨压力。

（2005 年 4 月成稿，供有关领导参阅）

构建合理的原油溢价利益分配机制

2005 年 6 月下旬，国际市场原油价格连创新高。国内成品油价格在年内第 3 次调升，6 月 28 日，35 个大中城市 90 号汽油平均实际零售价比调价前的 23 日上涨 4.4%，0 号柴油价格上涨 3.7%。由此引发社会上对石油相关问题更多的关注和议论，许多人认为年内油价还会上涨。

与此同时，我国石油和天然气开采行业（企业）利润大涨十分引人注目。2004 年，该行业利润总额达到 1777.3 亿元，比上年增长 43.9%，占我国全部工业利润的比重为 15.7%。2005 年 1~4 月，利润增速提高到 69.8%，占全部工业利润的比重达到 21.1%。另据中石油集团的统计，该集团 2004 年实现利润 1100 亿元，增长 49.3%，约占全部中央企业利润的 1/4；2005 年上半年实现利润 713 亿元，同比增长 37.5%。其中包括了该集团在石油和天然气开采环节之外获得的利润。

石油和天然气开采行业利润的规模和上涨幅度都是其他行业无法相比的。这当然离不开相关企业自身的努力，但更主要的是与我国从 1998 年以来一直采用的原油定价机制有关，即由购销双方按国内陆上原油运达炼厂的成本与进口原油到厂成本基本相当的原则协商确定国内原油价格。据此，在国产原油购买者所支付的价格中，有三部分"自动"转化为国内石油开采企业的利润：一是国内原油生产成本低于进口原油的部分；二是国产原油不会发生的进口原油国际运费、保险费、关税等相关费用；三是国际市场原油溢价。显然，后两部分与国内开采企业的经营效率无关；并且从国际市场进口的原油价格越高，支付的国际运费等相关费用越多，国内石油开采企业的利润也越多，原油溢价利益合理分配问题越突出。

一、目前我国原油溢价利益的分配格局及其影响

目前我国原油生产的主要利益相关方分享原油溢价利益的情况怎样呢？

首先看国家和政府。虽然国家通过所得税、增值税等方式从相关开采企业获得的收入同步增加，但作为石油资源所有者的国家或作为国家代表的地方，收取的资源税（费）占原油价格的比重越来越低。比如，我国现行的石油资源税是 1993 年确定的，征收标准为每吨原油 8~24 元不等。虽然目前原油价格已是 1993 年的几倍，但资源税的标准一直固定未变。此外，政府在推进矿产资源有偿使用过程中，收取的资源补偿费、探矿权及采矿权使用费等也都较低。目前这些税费收入与国家作为资源所有者的地位不相称，与石油资源资产伴随原油价格上涨而增值的幅度不相称，与石油开采企业利润增长的幅度也不相称。

其次看海外股东和国内股东。我国三家主要石油集团都以石油开采、加工及销售方面的优质资产成立了股份公司，在国外或香港上市。海外投资者作为股东，获得了高额分红。据证监会有关统计，在 2004 年，中石油、中石化、中海油向境外公众股东分配的利润之和为 87 亿元；并且由于上市时的股票单价较低，溢价很多，进一步提高了海外投资者的回报率。以中石油为例，上市5 年多的时间内，H 股股价上涨超过 3.5 倍。可以说，本国需求者因原油价格上涨而付出的成本，有一部分演变成外国投资者的分红。集团公司作为股份公司的大股东，也获得了相应的分红。另外，中石化还在国内上市，国内股东也获得了相应的分红；但由于在国内上市时的股票单价比海外高得多，并且近年来股价下降较多，国内投资者的综合回报率远低于国外投资者。

再看石油企业内部。一些现职职工的工资、奖金及福利随利润增加而水涨船高，进一步扩大了业已存在的石油行业与其他行业之间收入分配的差距，并且这种不公平延伸到与企业解除劳动关系的下岗失业人员，有些石油企业下岗人员所得补偿费是同一地区其他行业下岗失业人员的三四倍之多。即便如此，一些石油企业下岗人员仍然纷纷要求复岗，近年来几个油田发生的大规模群体性事件，都与收入分配问题密切相关。

最后看上游关联产业。有业内人士认为，处于石油开采上游、对石油开采起到基础性和先导性作用的资源地质调查评价、石油资源详查等工作，未能从

石油溢价中获益，经费不足、条件艰苦、设备陈旧、人才流失等问题依然比较突出；石油企业内部留利中用于国内石油资源勘查、勘探的投资也显不足。这种状况与我国原油进口大幅增长、潜在石油安全问题日益凸现、迫切需要增加国内陆地和海上可采石油资源储备的新形势很不相称。

这些问题已引起一些业内外人士的关注和议论：石油是国家稀缺资源，国家应适时调整资源税费政策；三大石油集团公司是国家控股企业，国家应充分享有所有权收益。这样做，既有利于国家调整行业间收入分配不公，也有利于处理集团内其他非涉油国有企业的减员和破产，或由国家"抽肥补瘦"，处理其他受石油涨价不利影响行业的国有企业、国家退出产业的企业减员和破产。

二、发达国家分配石油溢价利益的一些做法

经合组织（OECD）国家政府主要通过收取石油税费的方式分享石油溢价利益，突出特点有两个：一是石油税费负担水平远高于其他能源产业，占零售价的比重超过60%。二是同时在多个环节征收多种税费，比如，在出让采矿权时收取出让竞价费（bid bonus，业内有时译作"签字费"）；在企业进行原油开采时收取矿区使用费（royalty，业内有时译作"权利金"）；在销售时收取货物税；在使用时收取燃油税；在计算所得时除收取一般的公司税以外，还要收取额外的石油收入税或利润税。据石油输出国组织（OPEC）的研究，1996~2000年，七大工业国平均每年获得的石油税收收入为2700亿美元。

以美国为例，具体做法是：

第一，征收石油"暴利税"（windfall profit tax）。20世纪80年代，在第二次"石油危机"后近10年的时间里，美国曾开征过这一税种，主要针对的是石油行业的不正常高额利润。美国政府共由此获得了约790亿美元的收入。这一做法的难点在于确定什么是超出石油企业合理利润的"暴利"。

第二，在企业获得采矿权后进行开采活动时，政府按事先确定的比例分享资源开采量或其价值的一部分，作为矿区使用费。美国有关法律规定：企业或个人在联邦拥有的陆地开采石油、天然气资源，需要以所生产资源量或其价值的1/8，缴纳矿区使用费；在沿海大陆架开采的，根据水的深浅，需要以所生产资源量或其价值的1/8或1/6，缴纳矿区使用费。开采方可以选择以价值形态或实物形态进行支付，对开采条件恶劣、开采成本高、开采年限长的矿区可

降低缴费率。但只要开采活动未停止，就要连续缴纳。此前，企业在通过竞价获得某一地段或区块的开采权时，先要支付一笔竞价费；若要保留以后在某一地段或区块进行开采的权利，则需缴纳额外的租金，这有助于迫使企业减少矿区闲置。以上石油和天然气开采相关收费是美国联邦政府最大的非税收入之一。比如，2000年，美国矿产管理服务局（MMS）收到约50亿美元的石油和天然气矿区使用费，加上相关的竞价费和租金等收入，共有大约63亿美元。这些收入与石油和天然气价格、开采量等密切相关，在1983年时曾达到100多亿美元。

第三，美国在分配和使用上述收入方面的特点也很突出。在沿海大陆架开采时获得的矿区使用费收入，主要分配给联邦政府的水土保护基金和历史遗迹保护基金，其余的给联邦财政的普通基金。与开采海域相临的州也获得一部分。在联邦拥有的陆地上开采时获得的矿区使用费收入，一般是50%分配给矿区所在的州，40%分配给联邦政府的土地开垦基金，主要用于西部17个州的水资源项目，其余10%给联邦财政的普通基金。在阿拉斯加开采时分配比例不同，该州将获得90%的收入；在印第安人保留地上开采时的相关收入则全部返还给印第安部落。

三、改善我国原油溢价利益分配的建议

基于目前我国原油溢价利益分配中存在的问题和许多发达国家在分享石油溢价利益方面的经验，提出以下建议：

第一，改善原油溢价利益在国家和石油企业之间的分配，确保国家作为资源所有者对溢价利益的分享。可以考虑设计完善与原油价格、开采企业利润联动的石油资源税费制度：一是推广目前只对中外合作矿区收取的矿区使用费，按原油生产量或其价值的1/8到1/12之间的浮动比例，统一向所有矿区收取，同时对开采条件比较差的陆上矿区和海上矿区实行按下限收费；二是在原油价格高出国内平均开采成本一定比例时，开征原油暴利税；三是实现中央与地方对这两项原油税费的共享。中央所得主要用于以下三个方面：支持政府主持的公益性、基础性地质调查评价和石油资源勘探、勘查，促进石油储采比的提高；鼓励农民购买和使用农机的补贴，弥补石油涨价给农民带来的损失；帮助解决石油开采下游产业的历史遗留问题，减轻国家在这方面的开支压力。地方

所得主要用于矿区环境治理、土地整理等。

第二，加强对石油企业成本、利润和收入分配的监管，改善企业留利的运用和分配。目前国内主要石油企业都是有一定垄断地位的垂直一体化的国有集团，既有石油勘探方面的业务，也有石油贸易、加工、销售方面的业务。应要求石油企业将一定比例的利润用于国内石油接续资源的勘探、勘查，用于打井钻探，帮助国家不断增加国内陆地和海上可采石油资源储备，提高石油储采比。也应要求石油企业加快自主技术创新，加速找油、采油、炼油和石油化工等方面的技术进步，大力发展精深加工产品。这对企业自身长远发展也是有利的。

（2005 年 7 月成稿，供有关领导参阅）

加强和改善城市政府对农民工的
管理和公共服务

大量农民工源源不断进城就业、居住和生活的历史性变化，使各级政府特别是作为农民工流入地的城市政府面临一系列新的问题。如何更好地履行职责，迎接这些新市民，加强和改善对他们的公共管理与服务，是城市政府面临的重大课题。

在传统计划经济体制下，整个社会按城乡分割的方式分别实施管理，城市政府的管理体系主要按城市户籍人口的规模和分布进行设置。改革开放以来，随着人口特别是劳动力跨地区、跨城乡流动的规模不断扩大，东部发达地区一些城市劳动力和居民构成发生了重大变化，有的流入农民工人数甚至超过原有户籍人口。进城农民工与拥有城市户口的居民工作和生活在"同一蓝天下"，共同创造了大量财富、提供了大量税收，却因为不具备城市户口，而不能在享受政府提供的公共产品和服务方面得到"市民待遇"，出现"一城两制"的局面。这表明，城市政府在计划经济条件下形成的管理理念、管理体制、管理内容和管理方法，已经严重不适应新的经济和社会基础，不适应工业化和城市化迅速发展的时代潮流，不适应建设和谐社会的要求。需要下大力气，从多方面着手，加强和改善对农民工的公共管理与服务工作。

第一，切实转变城市政府的管理理念。按照以人为本的科学发展观和正确的政绩观的要求，城市政府必须转变管理理念，由过去主要面向和管理户籍人口，转变到同时面向和管理常住人口及流动人口，成为包括进城农民工在内的所有城市居民的政府；由排斥、防范、管制农民工及其家属，转变到公平地为其提供各种公共服务，寓管理于服务之中，建立面向所有城市劳动者和居民的服务型政府。要充分认识到农民工和其他城市居民一样，既是生产要素，也是生活主体、消费主体；他们既有生理、物质方面的需要，也有精神、文化方面的需要，还有政治上当家做主的需要。城市政府在谋划发展战略、设定人均GDP目标、规划公用设施布局、确定财政支出和公共服务规模、制定土地利用和住房建设计划等各个方面，都要将农民工纳入，关注他们的利益，全面、综合地考虑农民工在城市生存和发展的需要。这是加强和改善对农民工的各项公共管理与服务工作的基本前提。

　　第二，不断创新农民工管理体制。现有的农民工管理体制有两个方面的特点：一是在流出地与流入地之间，实行的是"双重管理"，造成职责划分不清和实际上的管理真空；二是在流入地的城市内部，把农民工作为流动人口，由公安部门牵头，劳动、人口计生、教育等部门参与，实行与户籍人口不同的以治安管理为主的管理模式。今后在创新管理体制方面，一方面要按照便利和促进农民工市民化的目标，建立以流入地为主、以流出地作补充的农民工管理和服务新体制；另一方面，在流入城市，要建立农民工管理和服务的综合协调新机制，使政府各部门在研究农民工政策、布置和部署农民工工作、解决农民工面临的问题等方面，能够各尽其责、相互配合、形成合力。近几年，鉴于农民工进城就业、居住和生活不仅涉及发展和改革部门、劳动和社会保障部门及公安部门，还涉及教育、卫生、计划生育、交通、城市规划、土地、建设、财政等多个部门，一些流入地政府为加强对农民工的管理和服务，避免政出多门、互相牵制、推诿扯皮等现象，在建立农民工管理和服务综合协调机制方面进行了新的探索。有的建立了由政府领导参加和主持的多部门联席会议制度，有的在政府综合部门设立了具体负责农民工综合协调工作的常设办事机构，从而为加强和改善对农民工的管理服务提供了组织保障，其经验值得其他城市借鉴。而一些流出地政府针对农民工短期季节性流动及长期双向流动比较普遍的情况，通过实施农民工外出前职业培训、免费向农民工提供就业信息服务、加强农民工有组织输出、维护外出农民工土地权益、做好"留守儿童"的义务教育工作和"留守老人"的救济救助工作等方式，在加强和改善对农民工的管理和服务方面发挥了必不可少的补充作用，其经验也值得其他流出地借鉴。

　　有些地方和专家提出，国外许多已经完成工业化、城市化的国家，仍然设立移民局研究和管理流动人口问题，我国面对农民工这一庞大的社会群体，更应设立专门机构来管理。这是一个需要进一步研究的问题。

第三，进一步提高城市政府公共服务能力。在大量农民工进城就业、居住和生活的背景下，城市公共管理和服务供给与需求的矛盾更显突出。近些年，各地按照中央的统一部署，取消或简化了针对农民工的行政审批事项，取消了一些涉及农民工的收费项目，降低了一些涉及农民务工的收费标准，加强了政府基本公共服务体系建设。这些措施深受广大农民工的欢迎，但提高公共服务能力仍然是各级政府特别是城市政府的重要任务。一要加大城市各类公用设施建设力度和各种公共服务的供给能力，为各类公用设施公平地向农民工开放、各种公共服务覆盖到包括农民工在内的所有常住人口提供保障。二要调整城市公共财政开支结构，城市公用设施和公共服务覆盖到农民工所增加的开支，在各级财政支出中都要有所反映，相关政府资金不能缺位。一些政府部门在加强对农民工公共管理和服务过程中，因使用更多的人力物力而增加的费用，也要由政府财政提供保障。三要在出台公共政策时充分考虑农民工的切身利益。各级政府制定和调整任何一项公共政策，不仅要体现党和政府对农民工的关怀，也要使农民工得到平等待遇和经济实惠。如对农民工反映强烈的春运期间车票涨价问题，有专家测算，一个春节往返，全国农民工因车票涨价就多支出100亿元。还有专家建议每年给农民工一次往返探亲半价车票的待遇，引导农民工错开春节客运高峰，选择农忙季节和其他节假日返乡。

第四，充分发挥城市社区在农民工管理和服务方面的重要作用。城市社区在我国城市管理体系中正发挥着越来越重要的作用。要努力建设开放型、多功能的城市社区，使之成为政府各部门对农民工提供公共管理和服务的"接口"，民政、人口计生、劳动、教育、文化、卫生、治安等方面的公共服务都要依托社区，落实到包括农民工在内的每一个社区成员。同时，要充分发挥社区的社会融合功能，使之成为促进农民工与城市原有居民平等相处的熔炉、加速农民工融入城市并成为新市民的桥梁、避免农民工边缘化的"生活共同体"。特别要通过赋予农民工在社区这一基层自治组织中平等的成员资格，促进其参与社区管理和服务以及进行自我管理和服务，增强其作为社区主人的意识和活力，培育互信互助、共存发展、团结合作的社区精神。浙江省一些地方依托城市社区，对农民工实行统一管理、统一服务、统一培训、统一收费、统一办证的"五统一"服务模式，将就业证、暂住证、计生证有关内容统一记录在暂住证上，实行"一证式"管理的制度，值得各地学习借鉴。

第五，建立各方面互联、共享的农民工信息统计调查系统。科学、全面、及时、准确地掌握农民工总量、结构、分布及其变化趋势方面的信息，是政府制定相关规划和政策、加强农民工公共管理和服务的一项基础性工作。要切实解决目前农民工管理信息和统计信息"缺""乱""旧"等方面的问题。首先，在管理信息方面，要以流入地为主，整合劳动、农业、统计、公安、人口计生等部门的相关信息网络，构建以城市社区为信息输入端、流出地和流入地共享、多部门互联的农民工管理信息系统，使各级政府对农民工的管理和服务工作建立在统一、客观、全面的数据基础之上。其次，在农民工统计调查信息方面，要针对农民工这一统计对象的特点，改革现有农民工统计调查制度，引入新的统计调查制度和方法，做好农村劳动力就业的普查和每年一次的专项调查，掌握农民工的总体数量和主要特征，预测农民工发展变化趋势，为各级政府的相关决策和管理、服务工作提供基础信息。

（2005 年 8 月成稿，作为国务院研究室牵头完成的农民工问题调研总报告一部分，供有关领导参阅并成为相关农民工文件起草工作的参考）

中国与印度：国外的一些比较研究

一、西蒙·郎的调查与观点

英国《经济学家》杂志 2005 年 3 月的一期上，发表了西蒙·朗的一篇题为《印度和中国专题调查》的文章。他认为，中印两国面临着同样的挑战：失业、地区差异和农民贫困都是首要的经济问题。两国人口众多，对资源的需求也相应提高，如何防止环境污染是重要的课题。他还对中国与印度进行了一些其他方面的比较：

（1）1981～2001 年，中国日收入低于 1 美元的人数大约减少 4 亿。1977～2000 年，印度贫困人数减少 6900 万。现在，35％的印度人日收入低于 1 美元，而 17％的中国人日收入低于 1 美元。目前中国的居民消费规模和能力要远远超过印度。此外，中国拥有优越的基础设施，比如，高速公路总长 3 万公里，是印度的 10 倍；中国每 1000 人拥有的移动和固线电话数量是印度的 6 倍。

（2）印度的优势是其受过良好教育的中产阶层及法律、机构、金融市场等"软基础设施"。在高端市场上，印度有大量英语流利的技术人才，而在劳动密集型制造业方面，中国工人在基础教育方面有很大优势。尽管印度有知名的 IT 专长和繁荣的外包产业，但这与广大群众并不相干。整个 IT 行业大约只有 100 万名从业人员，其产值仅占印度 GDP 的 4％。印度制造业增长速度远低于服务业，而且只能提供很少的就业机会。2002 年，印度制造业只吸纳了 620 万劳动人口，而中国制造业却有 1.6 亿从业人员，中国已经成功地变成了"世界工厂"。

（3）他估计印度和中国将成为"竞争性合作伙伴"。印度担心中国可能取代它在 IT 服务和外包输出方面的领先地位。只需几年，中国就能够造就与印度数量相当的软件工程师和会说流利英语的大学毕业生。鉴于中国在全球经济中的巨大影响，中国可能会取代印度这项竞争优势。更重要的是，印度是否能在出口型劳动密集制造业方面与中国分庭抗争呢？这将是印度经济增长赶上中国在过去 20 年达到的水平的唯一途径。印度希望成为出口大国，但在发生重大变革之前，它不可能达到这个目标。假如印度不着手第二轮大刀阔斧的变革，它不可能达到中国的增长速度，更谈不上赶上中国的发展水平。

二、马丁·沃尔夫的观点

2005 年 2 月 25 日英国《金融时报》刊登马丁·沃尔夫的文章《中国与印度：殊途同归的亚洲巨人》，对中国与印度的经济发展进行了比较。他认为，这两个亚洲大国的经济崛起，是这个时代最重要的事件，将对全球资源需求、经济重心以及实力均衡产生巨大影响。他引用印度国际经济关系研究委员会专家阿尔温德·维尔马尼的研究表明，按购买力平价计算，到 2025 年，中国可能成为全球最大的经济体，印度可能成为全球第三大经济体。

20 世纪 70 年代中期，两国的人均国内生产总值（以共同国际价格衡量）差不多，都大致相当于美国的 1/20。1980～2003 年，中国经济以年均 9.5% 的速度增长，印度的年均增长率为 5.7%；中国的实际人均 GDP（按不变国内价格计算）增长得比世界上任何一个国家都快，印度在增速方面排名世界第 9 位。到 2004 年，中国的人均实际收入已达到美国水平的 15%，而印度大致相当于中国水平的一半。相对美国的人均 GDP 水平，2004 年的印度大体相当于 1986 年的中国。以绝对数字计算，印度则相当于中国在 1993 年的水平。

他还对两国其他经济指标进行了比较：

（1）2002 年，中国国民储蓄总额为国民总收入的 44%，而印度仅为 22%。中国的基建投入是印度的 8 倍。中国在这方面的支出占 GDP 的比例是印度的 3 倍多。1996～2002 年，中国电信领域的私人投资为 130 亿美元，印度为 92 亿美元；而在能源领域，中国的私人投资为 143 亿美元，印度为 75 亿美元；在交通领域，中国的私人投资为 159 亿美元，印度仅为 23 亿美元。

（2）印度的合并财政赤字占 GDP 的 9%，而中国则低于 4%。印度公共部门储蓄占 GDP 的比例一直为−3%，而在 20 世纪 90 年代，这个比例是 1%~2%。

（3）2002 年，中国商品进出口占国内生产总值的 49%，而印度是 21%。2003 年，中国创造了 5.8%的全球商品出口，成为全球第 4 大出口国，还创造了 2.6%的全球商业服务出口，成为全球第 9 大商业服务出口国。印度只创造了 0.7%的全球商品出口，列第 31 位；并创造了 1.4%的全球商业服务出口，列第 21 位。

（4）2003 年，流入中国的外国直接投资存量为 5015 亿美元，而印度仅为 308 亿美元。同年，流入中国的外国直接投资为 535 亿美元（占资本构成的 12.4%），而印度为 43 亿美元（占资本构成的 4%）。

（5）2000 年，印度的总体文盲率为 35%，而中国仅为 6%。印度儿童中只有 47%接受了 5 年制小学教育，而中国的这个比例为 98%。中国务农人口比例从 1981 年的 68%降至 2001 年的 45%，而同期印度的下降速度比较缓慢，从 67%降至 59%。在印度就业人口中，正规行业雇佣的人数所占比例不到 10%，其中仅有 1/3 在私人部门。中国现代化产业雇佣的劳动力至少占全国就业人口的 20%，而且这个比例还在上升。

中国经济增长的主要内部制约是制度性的：比如缺乏法治，导致产权不明晰，国有企业效率低下，金融体系存在严重弱点，向现代政治的转型可能面临重大风险等。中国制度性缺陷的一个重要特征，就是在资本利用方面缺乏效率。比如，与其他快速增长的亚洲经济体相比，中国的投资率一直要高出很多，但增长率却并非如此。中国可能有高达 40%的贷款被认为是坏账，浪费的规模"惊心动魄"。另外，中国还有可能受到外部制约。

有理由相信，中国至少将再快速增长 20～30 年。这需要持续且痛苦的改革。但在中国的决策者们看来，如果选择让经济动力放缓，那一定更加糟糕。

印度的政治稳定性、牢固确立的民主、相对高效的金融体系、日益深化的国际经济一体化，以及不断改善的基础设施环境等，都有力地预示着未来的经济增长。印度人口构成产生的效益将更好。与中国不同，2050 年前，印度的工作年龄人口在总人口中所占比例将持续上升，同时其劳动力质量也在改善。随着生活水平改善且子女抚养比率下降，印度的私人储蓄率将继续提高。自 1980 年以来，印度的劳动生产率增长势头一直相当良好，全要素生产率（每单位劳动力和资本投入的产出增长）每年大约提高 2%。

印度经济增长的制约因素在于：公共部门的负储蓄大大限制了资本构成。尽管政治和法律体系发展良好，但仍然臃肿、低效。政治上缺乏对发展的关注。此外，迄今为止，需求上升一直未能赶上日益增加的劳动力供应。

三、伦敦经济学院德赛勋爵的预言

2003 年 11 月，国际货币基金组织在印度召开了一次以中国和印度为主题的研讨会。国际上著名的印度问题专家伦敦经济学院的德赛勋爵 (Lord Desai) 在提交的论文中指出，"对印度来说，问题是在多样性中达到和谐统一"。但中国则是一个 "一元化的强势政体，可以坚定追求一个单一目标，并在此过程中最大限度地动用资源" "中国将再次成为一个真正的强国，印度或许将成为一个伟大的民主国家"。

四、经济合作和发展组织得出的结论

经济合作和发展组织 (OECD) 2001 年 5 月第 21 期《要点》对国际上一些有关印度和中国的预测性研究进行了汇总。最后得出的结论是：

中国和印度的人口增长都在变缓，而经济持续发展。更现实的是评估两国在减少贫穷方面的前景而不是预测其经济规模到底会有多大。在这个意义上，中国比印度处于更有利的地位：不只是人均 GDP 或其他发展指标，而且中国在对外贸易和国际投资方面也更加开放。印度的优势包括有一大批受过良好教育的、能熟练运用英语的科学家和企业家，他们将活跃在 21 世纪世界经济的主流领域并会将他们的祖国作为其未来活动的一个地点。当然，印度也面临一个危险：经济增长加深阶层之间和地区之间的裂痕，特别是当经济增长主要依赖于高技术或知识和资本密集型产业的时候。

总的来看，当两国都致力于改善其人民的生活时，有利条件都多于不利条件。但是两国转型的过程都将不会是一帆风顺的。

(2005 年 3 月编辑成稿，供有关领导出访印度时参阅)

美国的创新驱动型增长及启示

从产品角度来观察经济增长就会发现，现有产品的生产规模的扩大可以促进经济增长，新的产品不断涌现更能促进经济增长——前者可以形象地称为"横向增长"，后者可以形象地称为"纵向增长"。历史上，大国经济上的成功崛起都同时依赖于两种增长相结合即"纵横交错式"的增长，而不能只局限于现有产品生产规模的扩大。在美国崛起为全球经济规模最大的国家并长期处于最前沿的"创新领导者"的过程中，我们可以很清楚地看到纵向增长以及作为其基础的创新的巨大作用。100多年来，美国不断推陈出新的令人眼花缭乱的新产品和新服务，也为全人类的发展做出了不可估量的贡献。

纵向增长靠什么？对于美国这样处在发展的最前沿的国家，只有靠创新，美国人引以为自豪的说法是"创新存在于美国的基因中""创新是美国的灵魂"。但对于大量像中国这样的后进国家，在追赶的过程中，则主要靠学习和模仿。

促进美国创新的源泉是什么？所有的创新都是由人进行的。长期以来美国的创新能力远高于其他国家，就是因为美国有一整套培养、吸引创新型人才和促进人们进行创新活动的制度安排。比如，源远流长的、完备的专利等知识产权保护制度，充分竞争的市场机制包括为创新提供融资激励的风险投资体制，一流的素质教育体系特别是大学教育制度，以及广揽世界英才的技术移民制度，等等。

——美国在通过其教育制度培养人才方面的成就，无论是对于美国实现对英国的赶超，还是对于美国维护其世界领先地位，都具有十分重要的意义。半个多世纪前的20世纪50年代，美国成年人的高中文凭人口比率达到了36%，大学及以上教育程度人口比率达到 6%；2004 年，这两个比率分别上升到 85% 和 28%。经济学者对美国 1950~1993 年间经济增长的计量分析表明，这期间美国生产率增长的大约 1/3 归功于美国教育水平的提高。这是因为受过良好教育的劳动力能更好地发现、适应和使用带来更高生产率的新技术和新观念。2002 年，美国为扼制中小学教育质量和学生素质下降的趋势，曾专门颁布了一部名为《不让一个孩子落在后面》的法律（No Child Left Behind Act）。从这部法律的名称就可以看出美国人对教育的重视和在教育上的平等观念。

美国充分竞争的劳动力市场能激励人们接受更多的教育。1975 年，美国获得学士学位的劳动力每年要比只获得高中文凭的劳动力多挣 14220 美元；2004 年，两者年收入差距增加到 23000 美元。这对高技能劳动力有很大激励。

美国的职业培训制度也很有特色，使众多劳动者的终生学习成为可能。许多美国企业很重视对在岗员工的培训。美国的社区大学更是在职业培训中发挥着十分重要的独特作用。2005 年，联邦政府为支持低收入家庭学生上社区大学拨出赠款 70 亿美元。2006 年，美国提出了一项进一步加强联邦政府对职业教育支持力度的计划，设立了"职业进步专项账户"（Career Advancement Accounts）。

——美国长期以来实行的永久居民移民（即绿卡）制度和临时居民移民（居留 3 年内，可延长一次至 6 年）制度，为美国吸引世界各国的高素质人才、特别是在美国的外国留学生成为美国劳动力的重要组成部分，发挥了特殊作用。比如，1996 年，美国 25~44 岁的科学家和工程师中，有 17% 为移民，2002 年，这一比例提高到 24%。并且学位越高的群体中，移民占的比例越高。2002 年，在获得过博士学位和职业学位（professional degrees）的科学家和工程师中，外国出生的占到 43%；在数学、计算机和生物、物理领域，这一比例更是高达 50%。这一群体是美国创新群体中的活跃分子。目前美国的大学每年要从世界各地招收大约 15 万名科学和工程方面的研究生。这些留学生中获得博士学位者，有 3/4 都愿意长期或短期留在美国，美国的临时和永久居民移民制度为这些高技能毕业生留美工作"开了口子"，为美国的高新技术产业补充了最有竞争力的一部分劳动力。

——根据美国总统科学和技术顾问委员会（PCAST）的报告，长期以来，美国联邦政府在知识产权的创造和转移中发挥着十分重要的作用。在 2000 年财政年度，美国全国用于研究开发的资金有 30% 来源于联邦政府，67% 来源于私人部门。而 1975 年以前，来源于联邦政府的研究开发资金比来源于私人部门的还要多。这些资助不仅用于政府机构的研究开发活动，而且以政府研究开发合同的方式，用于资助大学、企业等非政府机构的研究开发活动。近些年，美国在这方面的一个突出趋势是，联邦政府尤其对生命科学的研究开发越来越重视，资助额占到联邦全部资助总额的一半左右。

——美国创新体制中颇具特色的另一个组成部分，是联邦政府对其所资助技术创新成果转移的大力支持，以此促进技术成果的商业化、产业化。比如，在早期，美国联邦政府注重将军事和国防技术向民用领域转移，广泛提供技术推广特别是农业技术推广服务，一百年多来一直支持科学技术文献的公开出版，等等。这方面最为重要的政策，是 1980 年通过《Bayh—Dole 法》和《Stevenson—Wydler 技术创新法》，统一了各政府部门资助的发明创造的专利权政策，使得企业和大学等非营利机构能够拥有政府所资助发明创造的所有权，并从拥有所有权中获益，从而极大地激发了这些机构加入到政府资助的研究开发活动中来进行创新、加速所创造技术转移的积极性。

当然，源远流长并且不断强化的知识产权保护的意识和法规，是上述政策能够发挥效力的制度基础。美国知识产权保护的历史和美国的历史一样长。200 多年前，在 1787 年美国宪法的第一条第八款中，就有对著作和发明给予专利保障的规定；并且在 1790 年 7 月 31 日，由当时的总统华盛顿、国务卿杰斐逊和司法部长伦道夫三人共同签署，颁发了第一份专利授权。2004 年全年，美国共授予了 187170 项专利。长期以来，美国在知识产权密集型服务贸易和专利费、技术许可费收支方面都有较大顺差。

——美国政府有关部门还以多种多样的方式暗补像波音飞机这样的高科技企业，也从一个侧面反映出美国政府对企业创新活动的支持特点。比如，根据欧盟和美国国内有关机构的研究，这种支持具体包括以下几个方面：

第一，美国航空航天管理局和美国国防部通过研发项目对波音公司提供大量补助。包括：美国航空航天管理局和美国国防部通过合同形式将研发项目交给波音公司去做，波音公司可以使用这些研发项目的成果；这两个机构以报销的形式返还波音公司自己的一部分研发项目费用；这两个机构的研究人员会以各种形式协助波音公司的研发工作，而不需要波音公司支付任何形式的费用；

这两个机构还允许波音公司无偿使用他们的研发设备和场地。根据欧盟的估计，在过去 20 年间，美国政府通过研发项目对波音公司的补助高达 166 亿美元。

第二，美国航空航天管理局和美国国防部还通过政府采购的形式向波音公司提供隐性补助。比如，根据摩根士坦利的一项报告，在美国国防部向波音公司采购 B—767 空中加油机的合同中，该机构给波音公司开出的价格足以使波音公司的利润率达到 15%，尽管该型号飞机的正常利润率仅为 6%。

第三，美国政府的其他职能部门和机构对波音公司也是关照有加。比如，美国进出口银行的主要职能是向外国买家提供低息贷款，或者向外国买家的私人银行贷款提供担保。这样的做法实际上是将外国买家的一部分成本转嫁到美国纳税人身上，其主要目的是为美国出口商赢得更多的订单。从本质上看，这类似于政府补助。多年来，美国进出口银行被冠以"波音银行"的嚎称。从 1995 到 2004 年间，美国进出口银行提供的贷款，或为私人贷款提供的长期担保，金额总计共 530 亿美元，其中 280 亿用在波音公司的名下。1999 年，美国进出口银行 68% 的补助流向波音公司。2001 年，一名波音高层承认，波音公司 20% 的海外销售获得了进出口银行的财政支持。其他政府机构如商务部在日常工作中，也对波音提供特殊的关照，支持波音公司对海外市场的拓展和维持。

第四，通过海外销售公司法（*Foreign Sales Corporation*）等立法，美国政府给波音公司很大的税收优惠。根据欧盟的估测，美国政府通过税收形式给波音大型民用客机的补贴，1989 ~ 2006 年，高达 22 亿美元。2006 年后，美国政府同意终止据此法给予的补贴。但波音公司还会以 2000 年的海外收入排除法案和 2004 年的美国就业机会创造法案为依据，继续享受相当的政府暗补。

第五，美国有些州政府和地方政府也通过各种形式对波音公司提供暗补。这方面最常被提及的例子是华盛顿州、堪萨斯州和伊利诺伊州。华盛顿州通过税收豁免、税收优惠和基础设施建设的方式，向波音公司提供了 40 亿美元的政府补助。类似地，堪萨斯州也通过税收豁免和所谓的"波音债券"的形式向波音公司提供了 9 亿美元的补助。

——除此之外，美国一些非政府非营利组织如基金会在促进创新活动方面也有许多成功的做法值得借鉴。

　　总之，可以说，如果我们学到了美国如何培养和吸引创新人才、促进创新活动的制度，就学到了美国制度的精华——很多美国人可能不认同这样的看法，而认为美国的政治制度是世界上最好的。美国在创新方面的成功经验实际上告诉我们，要使我国经济走上持续的创新驱动型增长之路，关键还是要做好"制度"这篇大文章，激发"所有人"的积极性和创造性。

（本文于 2006 年 11 月成稿，供有关领导参阅）